中国海油
四十年十大成就

本书编写组　著

中国石化出版社

图书在版编目（CIP）数据

中国海油四十年十大成就 /《中国海油四十年十大成就》编写组著 . -- 北京：中国石化出版社，2022.2
ISBN 978-7-5114-6578-8

Ⅰ . ①中… Ⅱ . ①中… Ⅲ . ①海洋石油工业—成就—中国 Ⅳ . ① F426.22

中国版本图书馆 CIP 数据核字（2022）第 024014 号

中国石化出版社出版发行
地址：北京市东城区安定门外大街58号
邮编：100011　电话：（010）57512500
发行部电话：（010）57512575
http：//www. sinopec-press. com
E-mail：press@ sinopec. com
北京富泰印刷有限责任公司印刷

*

710×1000 毫米　16 开本　20 印张　347 千字
2023 年 4 月第 1 版　2023 年 4 月第 1 次印刷
定价：128.00 元

编写说明

2022年是中国海油成立40周年，按照中国海油党组要求，宣传工作部组织编写了《中国海油四十年十大成就》一书，全面展示了中国海油在党的领导下实现高效快速发展所取得的辉煌成就和成功经验。

本书重点记录了中国海洋石油集团有限公司从1982年成立到2022年的40年来取得的成绩和经验成果，由各相关部门和单位大力协助，审核把关，历时两年，先后多轮，向公司内外部专家广泛征求意见，全面系统梳理、提炼、总结出中国海油40年发展的十大成就。

须加以说明的是：

一、本书以章节为主体，综合述、图、表、录等形式，采用章、节、目结构，共收录“保障能源安全，建成国内外多个油气生产基地”“坚持科技创新，全面建成我国海洋石油工业体系”“致力绿色低碳，牢牢占领国内LNG行业领军地位”等10章内容。

二、本书所有数据由相关单位提供，经责任部门审核。

三、本书资料来自历史文献和档案、年报以及报纸、杂志、电视等公开出版物。

四、本书除非必要，公司名称一般使用简称，具体见附录《中国海油及各所属公司全称及简介》。

《中国海油四十年十大成就》编写组

编委会

创作组

总　　编： 朱烈斌　刘俊山

副 总 编： 张彦甫　林建功

执行编委： 陈柏君　张燕俊　高　歌　南　岱

编　　辑： 孙凤忠　张维易　范子涛　李　莉　李　竞　裴　雯　刘　瑶　徐昕联　高舒淇　冯建悦　罗云丹　陈熠文

目录　CONTENTS

1 第一章
保障能源安全，建成国内外多个油气生产基地

2 第二章
坚持科技创新，全面建成我国海洋石油工业体系

3

第三章

致力绿色低碳，牢牢占领国内 LNG 行业领军地位

4

第四章

打造全产业链、上中下游一体化产业布局

5

第五章

大力发展金融贸易业务，打造产贸融一体格局

6

第六章

坚持党建领航，充分发挥国有企业政治优势

7

第七章

深化改革创新，建立高效规范现代企业管理体系

8

第八章

致力人才兴企，打造精干高效海油铁军

9

第九章

弘扬石油精神，构建新时代海油文化体系

10

第十章

履行央企责任，助力全面建成小康社会

附录

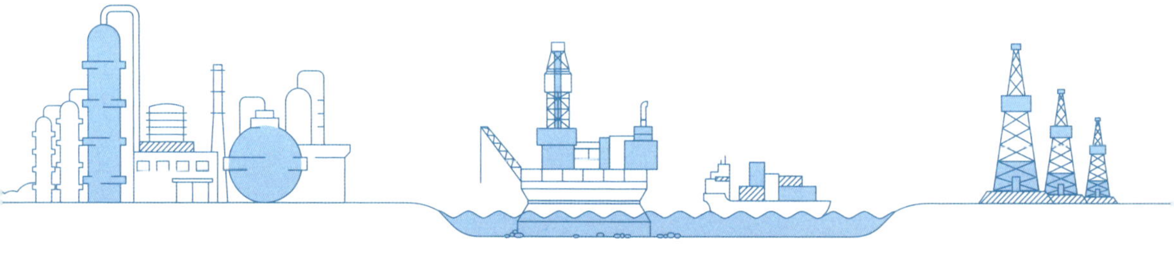

第一章 保障能源安全，建成国内外多个油气生产基地

“我为祖国献石油”，保障国家能源安全，始终是中国海油不懈奋斗的目标。40年来，在一代代海油人矢志能源报国的接续奋斗下，中国海油完成了从常规油气到非常规油气、从传统能源到新能源、从海上到陆地、从传统模式到数字化的四大跨越，努力发挥着我国海上油气增储上产的主力军和压舱石作用。

作为中国最大的海上油气生产运营商，中国海油一直坚持高水平对外合作，围绕集团公司“1534”总体发展思路，以实施“三大工程”和“一个行动”为抓手，以高质量能源发展为主题，突出发展油气主业，持续优化产业结构，加快推动能源转型，着力强化科技创新。

第一节

开发蓝色国土，发展海洋石油

中国的海洋石油工业开启于20世纪50年代，是在一穷二白、百废待兴的基础上起步的，注定要走一条自力更生、艰苦创业之路。改革开放为中国海洋石油工业的快速发展提供了机遇。在老一辈中央领导的直接关怀下，海洋石油工业在全国各行各业中率先对外开放，向国际石油公司敞开大门，引进资金、技术和管理经验，走向快速发展的快车道。

1967年6月14日，“海一井”打出工业油流后，中国海洋石油工业拉开序幕；到1982年中国海洋石油总公司成立时，年产油气9万吨；1996年，中国海油产量突破1000万吨，为海洋石油工业的发展夯实了基础。

一 中国海洋石油总公司正式挂牌成立

中华人民共和国成立后，在大力发展陆上石油工业的同时，也开始勘探开发海洋石油。从20世纪50年代开始，经过20多年的奋斗，中国海洋石油工业经历了从无到有的发展过程。

（一）艰苦奋斗，初创海洋石油工业

中国海洋石油工业始于20世纪50年代的全国石油普查。1957年，石油工业部派专家到莺歌海调查油气苗，中国石油人的脚步第一次走向大海。1960年，驳船冲击钻在英冲1井、英冲2井捞得约150千克原油，石油人第一次从海里获得原油。1964年3月，（南）海1-3井正式开钻，迈出下海找油的实质性一步。1966年12月，中国建成第一座固定式海洋石油钻井平台——“1号平台”，1967年打出了中国海上第一口工业油流井——海一井，国务院发来贺电（图1-1）。1972年，发现渤海第一个海上油田——海4油田，这是我国海上石油生产的起点，累计试生产原油60.3万吨。至此，海洋石油进入工业化发展阶段。

（二）对外合作的先行者

1973年，石油工业部先后从新加坡、美国等国家引进一批具备当时国际先进技术的海洋石油钻井平台等，较大地提升了中国海洋石油勘探开发能力和工作效率。1978年，党的十一届三中全会确定了改革开放的路线，坚定了海洋石油对外合作的信心。海洋石油利用国外资金、技术、装备进行地球物理勘探，开启了海洋石油工业的对外开放，成为中国走向开放的“首发站”。

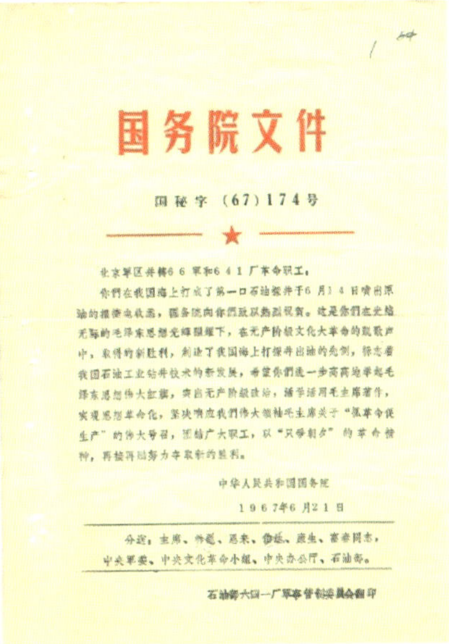

国务院文件

国秘字（67）174号

北京军区并转66军和641厂革命职工：

你們在我国海上打成了第一口石油探井于6月14日喷出原油的振奋喜讯，国务院向你們致以热烈祝贺。这是你們在光焰无际的毛泽东思想光辉照耀下，在无产阶级文化大革命的凯歌声中，取得的新胜利，创造了我国海上打探井出油的先例，标志着我国石油工业钻井技术的新发展，希望你們进一步高高地举起毛泽东思想伟大红旗，突出无产阶级政治，活学活用毛主席著作，实现思想革命化，坚决响应我們伟大领袖毛主席关于“抓革命促生产”的伟大号召，团结广大职工，以“只争朝夕”的革命精神，再接再厉努力争取新的胜利。

中华人民共和国国务院

1967年6月21日

分送：主席、林彪、恩来、伯达、康生、富春同志，中央军委、中央文化革命小组、中央办公厅、石油部。

石油部六四一厂军事管制委员会翻印

图1-1 1967年6月21日，国务院致海一井打出工业油流的贺电

1979年4~7月，我国先后与13个国家的48家外国石油公司签订了8个物探协议，用时一年，在南海、南黄海完成了42万平方千米的区域性地球物理勘探工作，发现了大批构造，为国际招标作了重要的物质和技术准备。1980年5月29日，在邓小平等中央领导的批示和推动下，中法、中日（图1-2）分别在北京、东京签署有关渤海湾、北部湾石油勘探开发合同。至此，海洋石油对外合作取得突破性进展。

图1-2 1980年，中日签订渤海石油勘探开发生产合同

（三）“蓝色国土”开辟“海上特区”

1982年1月30日，经国务院批准，《中华人民共和国对外合作开采海洋石油资源条例》及其配套的30多个通用法律法规正式对外发布执行，奠定了中国海油高质量发展的法律基石。

“海上特区”一系列优惠政策，打开了与世界各大石油公司合作的窗口，既维护了中国的主权和经济利益，也让外国投资者的合法利益得到法律保护，保证了对外合作能够在平等互利原则上得以顺利推进，大大加快了中国海洋石油工业的发展速度。

（四）第一个国家石油公司成立

我国海洋石油工业对外开放是由党中央、国务院、石油工业部策划运作的。1979年，海洋石油对外合作业务都是以外事局为主，由石油工业部机关部门共同完成的，与外国公司合作时有诸多不便。石油工业部决定组建专门机构加快海上石油勘探，提出了建立一个专门的对外合作机构的设想，以便更好地与国际接轨。1981年10月6日，国务院召开常务会议，正式决定成立对外合作开发海洋石油资源的国家海洋石油公司。1982年2月8日，国务院批复石油工业部，同意成立中国海洋石油总公司，为国务院直属（副部级）单位。1982年2月15日，中国海洋石油总公司在北京东长安街31号挂牌成立（图1-3）。

图1-3　1982年2月15日，中国海洋石油总公司挂牌成立

中国海洋石油总公司成为一个按照市场规则和国际惯例经营发展的国家石油公司，成为按照国际石油公司模式规范运作的经济实体，是石油和石油化工业改革开放的“领头羊”。从此，中国海油逐步走向国际化专业管理、专业运营的道路，为中国海洋石油工业现代化发展奠定了坚实的基础（图1-4）。

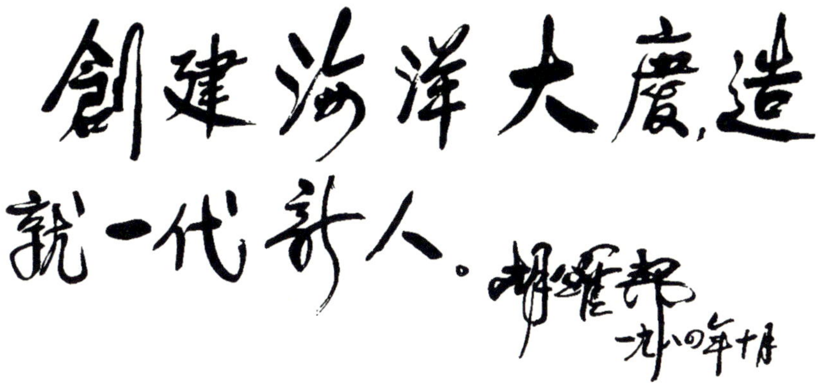

图1-4　1984年10月21日，胡耀邦视察渤海石油公司并题词：创建海洋大庆，造就一代新人

二　四轮招投标，全面开展对外合作

1982年，中国海洋石油总公司成立后，为加快产能建设，把四海的“黑金”转化为实实在在的油气生产能力，亟须引进外国资金和先进技术，中国海油开始了全面对外合作的发展道路。

（一）中国海成“希望之海”

1980年，海上大规模物探作业结束后，海上油气勘探进入资源评价阶段。11个国家的31家石油公司开始对重达130吨的原始地震磁带、123套报告和图件资料进行处理和资源评价。1981年7月，中外双方的评价结果出炉，双方的认识基本一致，通过地震解释，发现了一大批局部构造：其中，珠江口盆地169个，莺歌海盆地47个，南黄海盆地74个。中外双方的评价结果均显示，各盆地沉积岩厚度超过4000米，都存在成熟的生油层。在这些地区发现了多种类型的圈闭，评价较好、利于找油的构造280多个，其中，面积在100平方千米以上的大构造有13个。珠江口盆地的前景尤其乐观，预测石油地质储量180亿~211亿立方米，具备了一个大型含油气盆地的基本石油地质条件。中国海域良好的油气资源前景给中外双方增添了十足的信心。

（二）准备就绪，招标获国务院批准

石油工业部经过3年的准备，完成了包括签订物探协议、海上物探大会战、资源评价、区块划分、出台招标文件等多个重要环节的工作。1980年8月，石油工业部召开了海洋石油对外合作工作会议，会议确定除继续与日本、法国开展双边谈判的渤海湾外，南黄海盆地、南海珠江口盆地、莺歌海盆地、北部湾盆地，都进入国际招标的范围。

1981年11月29日，招标的准备工作基本到位以后，石油工业部向国务院呈报《关于海上对外合作第一轮招标请示》。翌日，全国人大五届四次会议确定，我国将开展海上石油勘探合同的对外招标。1982年1月22日，国务院批准了石油工业部的请示，并向有关部委、省、市发出关于支持海洋石油对外合作的通知。

（三）中国海域全面对外开放合作

1982年2月16日，中国海油在成立的第二天，向媒体发布了国际招标的消息。第一轮招标吸引了十几个国家的40家外国石油公司申请投标（图1-5）。经过两年评标和谈判，9个国家的28家公司中标19个区块：南海珠江口盆地13个、北部湾3个、南黄海3个，合同区面积共4.24万平方千米。

图1-5　1983年5月10日，中国海上对外合作第一轮招标第一批合同签字

1984年，中国海油开启第二轮招标，共收到10个国家的24家公司递交的报价书，4个国家的15家公司中标8个区块。1989年1月3日，中国海油发布第三轮招标公告，签订3个石油合同。1992年6月30日，中国海油对外发布第四轮招标公告，最终，外国公司中标10个石油合同区块、6个物探协议区块、2个联合研究区块，面积共6.42万平方千米。

通过开展四轮国际招标和双边谈判，使中国南海、渤海、南黄海、东海全海海域实现了对外开放。在四轮国际招标中，中国海油共与外国公司签订了39个石油合同、21个物探协议、19个联合协议。

（四）继续推进对外合作

在举行四轮招标之后，中国海油还利用招商、双边谈判和小规模招标等方式，不断推进对外合作。1994年4月，中国海油发布招商通告，包括珠江口、莺歌海和琼东南3个海域；8月，中国海油发布了在辽东湾部分海域开展勘探开发石油资源前期研究的招商函；1995年2月，共与5家公司签订了5个石油合同；1996年1月，发布在珠江口盆地3个区块开展合作勘探的招商函。

1994年，中国海油通过对外合作与自营，在渤海、南海和北部湾等海域建成投产12个油田、1个气田，另有6个油气田在建设中。海上石油和天然气的产量呈现大幅度增长的态势，1994年达到640万吨。

三 "两条腿走路"，打开自营勘探新局面

1983年2月，国务委员康世恩正式提出，海洋石油必须是对外合作与自营勘探并举，"两条腿走路"。一方面，继续对外合作；另一方面，外国石油公司不开发生产而中方认为有经济价值的，自己开发生产。

（一）"两条腿走路"

"两条腿走路"方针是对我国海洋石油发展的深谋远虑，包括引进国外先进技术，租用外国设备，雇用外国作业队，借用外国资金，等等。经过几年对外合作，我国掌握了海上物探，海上钻定向井，导管架和平台的设计、制造、安装，以及海上大型作业的指挥、管理等四套本领，技术水平和管理水平得到了

较大的提高。

“两条腿走路”自营勘探的区域主要是渤海和南海西部海域，南海东部和东海主要开展地震作业。从1986年开始，南海东部石油公司在珠江口东部地区进行地球物理勘探。南黄海石油公司从1985年开始将勘探工作的重心由南黄海转向东海，主要工作也是地球物理勘探。

（二）大力推动自营勘探开发

在中国海洋石油对外合作开始后，石油工业部协商有关部委和地方政府，积极准备设备制造、技术服务、后勤支持等，并按照“对内联合、对外合作”的方针，组建了承包公司，给国内相关产业带来了机遇。

到1988年年底，中国海油发现了12个含油气构造，其中，评价证实的油气田有6个，3个投入开发建设，为在辽东湾和北部湾形成两个自营开发区打下了基础。1989年以后，中国海油将自营勘探作为公司的五大发展战略之一。1992年，中国海油的自营勘探投入达到3.7亿元。1992~1997年，自营勘探完成二维地震测线100134千米，三维地震4658.5平方千米，钻探井128口，平均每年探井21口，超过了对外合作勘探；探明石油地质储量2.94亿吨，天然气地质储量1683.1亿立方米。

四 上产1000万吨，筑牢海油发展基石

1982年中国海洋石油总公司成立时，原油年产量9万吨，1990年，海上石油首次突破百万吨，到1996年成功上产1000万吨，中国海洋石油工业走上了发展的“快车道”。

（一）南海东部油田对外合作成效显著

开始全面对外合作后，南海东部油田原油产量逐年上升，1996年，原油产量占当年中国海油年产油量的79%。

流花11-1油田。1987年，在南海珠江口盆地发现流花11-1油田（图1-6），探明地质储量超过2亿吨。这是中国海油对外合作中在南海珠江口盆地发现的最大海上油田，也是中国最大的生物礁滩油田。1996年3月29日，流

花11-1油田成功投产，成为当时中国近海中外合作的最大油田，高峰期年产原油250万吨。

图1-6 流花11-1油田

惠州油田群（图1-7）。1990年12月，发现惠州32-2油田，1995年6月16日投产，1996年产油66.63万吨。1991年发现惠州32-3油田。1996年发现惠州32-5油田，是中国南海第一个采用水下井口和管线回接至现有固定平台进行开发的油田。1997年，发现惠州26-2-1A油田。惠州油田群的发现和发展是滚动勘探开发、少井高产、高速开采、单个油田有效高产、油田群接替稳产、中型高效益油田通过联合开发带动小油田开发的典型。

图1-7 1990年9月13日惠州21-1油田建成投产

西江油田群。在珠江口盆地发现的第一个具有商业价值油田是西江24-3油田（图1-8），1994年11月16日油田建成投产，1995年产油166.88万吨，1996年产油193.54万吨，达到产量峰值。西江24-3油田西江24-1区是边际小油田，1985年10月，钻西江24-1-1井发现第三系珠海组油层。这是中国首次用一口大位移井成功地开发一个油田，是中国海洋石油钻井史上的创举。1988年，发现西江30-2油田，石油地质储量3157万吨，1995年建成投产，西江30-2油田是一个油气关系比较复杂的多油层高产油田。

陆丰油田群。1987年，发现陆丰13-1油田（图1-9），探明石油储量1770万吨，1993年10月8日建成投产。1989年，发现陆丰22-1油田，是中国已开发的水深最大的油田，1997年12月27日投产。

图1-8 西江24-3油田生产平台

图1-9 陆丰13-1油田生产平台

（二）渤海油田自营勘探开发大丰收

20世纪90年代以后，渤海油田逐步形成渤海海域油气勘探的新思路，发现了一批油田和含油构造，为自营开发奠定了基础。

稠油油田试验开发成功。1987~1993年，渤海先后发现的绥中36-1油田（图1-10）、锦州9-3油田、旅大5-2油田、歧口18-1油田等6个油田，探明石油地质储量约4亿吨，其中，稠油储量达3亿吨。1987年发现的绥中36-1油田是当时中国海上发现的最大的油田。该油田原油黏度高、密度高、胶质沥青含量高，地处北纬40°的冰区，是开发难度非常大的稠油油田，被称为“挑战21世纪新技术的油田”。

图1-10　绥中36-1油田

1988年1月，中国海油开始研究试验区开发，试验区设计生产规模为年均100万吨，计划开采15年，累计产油836.1万吨。1995年5月12日，试验区进入全面开发阶段，油田日产油达4500吨。绥中36-1大型稠油油田的成功开发，既是对海洋石油现代化管理、海上油田勘探开发科学技术体系的一次综合考验，也是对装备实力、队伍素质的全面检阅。

秦皇岛32-6油田。1995年，中国海油深入研究和评价秦皇岛32-6构造，重上石臼坨。1995年6~9月，首批预探井完成钻探，见到大段油层，测算含油面积67平方千米，石油地质储量1.9亿吨。秦皇岛32-6油田成为继绥中36-1油田后，自营发现的又一个亿吨级大油田。

渤西油田群。渤西油气田群所在区域断层多，圈闭小，单个圈闭储量较少，无法形成独立开发规模。渤海油田采用半海半陆式开发方案，对小油田联合开发，集中管理，实施共用，既可以充分利用油田群所在海洋水浅、油田离岸近的优势，以陆地为依托，上、下游一体化发展，又可以实现向天津市供油供气。开发工程分为两期进行，一期开发歧口18-1油田和歧口17-3油田，二期开发歧口17-2油田。

锦州9-3油田。1988年8月，发现中国最北的海上油田锦州9-3油田，探明石油地质储量4537万吨，天然气地质储量13.15亿立方米。1995年5月，钻锦州9-3-8D评价井，在主力油层下又新增加原油储量168万吨，天然气储量2.68亿立方米。1996年重新设计总体开发方案，设计油田建成年产100万吨的生产能力，生产期15年。

南堡35-2油田。在对秦皇岛32-6含油构造进行评价井钻探的同时，渤海油田在南堡35-2构造上布置了预探井，钻探发现明化镇组下段油层8层，厚54.8米，控制地质储量6972万吨。

（三）南海西部油田油气并举

20世纪80~90年代，中国海油南海西部油田在海上以自营勘探为主，其中在莺歌海盆地及琼东南盆地自营勘探中，共完成地震测线72342千米，钻探18个构造、钻探井44口，其中获油气流井28口；在莺歌海盆地找到3个气田，发现6个含气构造，探明天然气地质储量1606.64亿立方米。

崖城13-1气田。1984年4月至1989年11月钻评价井5口，获高产气流，探明天然气地质储量904.01亿立方米，凝析油储量285万吨，1996年1月1日正式投产（图1-11）。1996年3月1日，正式向海南省供气，11月1日，正式向香港送气。崖城13-1气田的开发，对香港的平稳过渡与经济繁荣，对海南省的经济发展都起到重要作用。

涠西南油田群。1986年8月8日，涠洲10-3油田A平台投产，这是南海西部片区最早投产的油田，也是南海西部片区最早与外资石油公司合作开发的油田。涠10-3北油田与涠10-3油田联合开发，于1991年8月投产。涠洲11-4油田是南海第一个我国自营开发建设的海上油田，1993年建成投产，含油面积123平方千米，探明石油储量为2367万吨。1991~1993年，南海西部油田在涠洲12-1构造东南自营勘探了3个构造，发现1个油田、1个含油构造（图1-12）。1993年1月钻探的涠洲12-8-1井，发现涠洲12-8油田。

东方1-1气田。1988~1995年，南海西部油田在莺歌海盆地进行了大规模地震资料采集，发现了大批泥底辟背斜和三角洲、河道砂、砂坝等地层-岩性圈闭。1990年，“南海502”地震船在莺歌海海域进行地震采集工作，发现东方

图1-11　1996年1月10日，崖城13-1气田投产庆典在北京举行

图1-12　涠洲12-1油田

1-1大背斜。1991年11月15日，东方1-1-1井开钻。1992年7月3日，东方1-1-2井开钻，发现了中方自营勘探的大气田东方1-1气田，探明天然气储量801.55亿立方米。

文昌油田群。1995年，南海西部油田在文昌8-3至文昌13-1构造区采集地震资料。1997年，发现文昌13-1油田、文昌13-2油田等4个油田，石油地质储量合计达7754万吨，天然气地质储量合计达128.3亿立方米，奠定了联合开发的储量基础。

莺琼盆地天然气勘探。东方1-1气田发现后，继续在莺歌海盆地展开自营勘探工作。1993年，发现乐东22-1构造；1996年开钻，发现两套含气层系，经测试获日产122万立方米气流，二氧化碳含量非常低，是优质高产井。1996年5月，乐东22-1-2井开钻，测试日产37万立方米。还发现了一批含气构造，莺歌海盆地的天然气勘探获得成功。

（四）东海油田勘探开发新发现

1989年，东海平湖4井获高产油气流，黄岩7-1井获工业油气流，1989~1990年，中国海油同上海海洋地质调查局联合钻探了黄岩7-1（残雪）及黄岩14-1（断桥）两个背斜，获得了石油和天然气产量较高的黄岩7-1含油气构造，控制加测试的天然气储量为182亿立方米，凝析油155.5万吨，原油342万吨。黄岩14-1构造控制的天然气地质储量64.8亿立方米，凝析油地质储量144万吨。1996年，丽水36-1-1井获得突破，测试日产天然气28万立方米，凝析油18.67立方米。

（五）中国海油国内原油产量突破1000万吨

1996年9月9日，中国海油在北京举行新闻发布会，对新闻媒体宣布，截至9月6日，中国海油当年生产原油已达1000万吨，提前116天完成国家下达的生产任务。1996年，中国海油原油产量达到1500万吨，标志着中国海油技术能力、经济实力都迈上了一个新台阶，得到了党和国家领导人的充分肯定和高度评价。同年10月22日，李鹏、吴邦国、罗干等中央领导同志在中南海专门接见了海洋石油工业劳动模范和先进集体代表（图1-13）。江泽民总书记为中国海油题词："开发蓝色国土，发展海洋石油"。

图1-13　1996年，李鹏在中南海接见中国海洋石油工业劳动模范

第二节

发扬大庆精神，建成“海上大庆”

20世纪90年代，国民经济持续高速发展，中国对石油天然气的需求量不断增加。1993年，中国成为石油净进口国，对石油进口的依存度逐年上升。2003年，我国石油消费2.75亿吨，排世界第二，石油净进口9945万吨。

2003年，国务院总理温家宝提出“中国可持续发展油气资源战略的研究”课题并正式启动。秉承着“为祖国加油、为民族争气”的信念，中国海油提出，到2010年，国内年产原油要达到4000万吨、天然气达到150亿立方米，油气当量合计达到5500万吨。2004年，中国海油产量突破3000万吨。2010年，中国海油油气当量达5134万吨，占全国油气产量的1/4，成功实现“上产5000万吨，建成海上大庆油田”目标。从此，海洋成为国家最现实、最可靠的能源接替区，我国跨入海洋油气生产大国行列。

一 勘探大突破，为5000万吨产量奠定资源基础

1996年，中国海油突破1000万吨产量大关，1997年，中国海油将“三个1000万吨”正式确定为中期战略发展目标：渤海原油生产上1000万吨，南海东部稳产1000万吨，天然气产量达到100亿立方米以上，油气当量折合1000万吨。海油人创新地质认识，转变勘探思路，调整勘探方向，开展集束勘探和滚动勘探，获得四海勘探大丰收，为实现5000万吨产量目标奠定了坚实的资源基础（图1-14）。

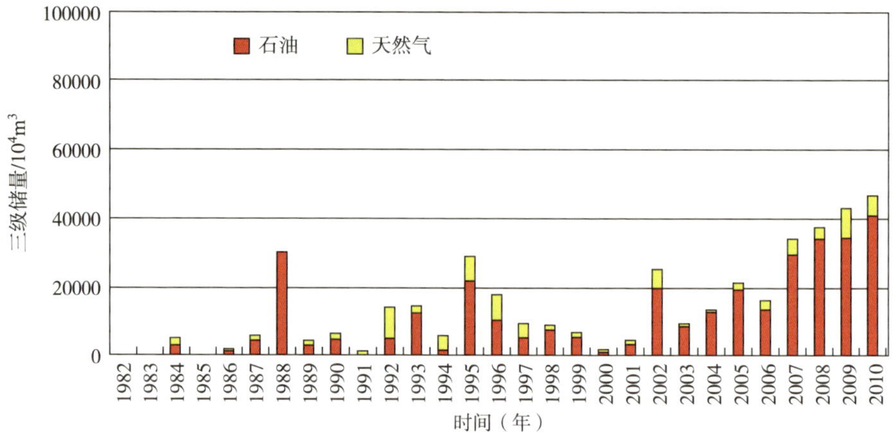

图1-14 中国海油油气勘探自营三级储量发现柱状图

（一）调整勘探思路，渤海发现27亿吨储量

作为上产三个1000万吨的主战场，渤海油田更新认识，把渤中富生烃凹陷及其周围的隆起区作为主要勘探方向，1995年，在石臼坨发现亿吨级大油田——秦皇岛32-6油田。

此后，中国海油人转移勘探重点，进一步形成渤海海域油气勘探新思路。1999年，菲利普斯石油公司在接受中方意见后，发现了原油远景地质储量超过6亿吨的整装大油田——蓬莱19-3油田，为在渤海湾找到浅层油质好的大油田开辟了新领域。秦皇岛32-6油田、蓬莱19-3油田等的发现，让渤海湾迎来了第二次对外合作的高潮。1995~2000年，渤海油田共发现近10个大中型油田，估算三级地质储量约17亿吨，奠定了渤海原油生产上1000万吨的储量基础。

2002年前后，渤海油田凸起区勘探程度不断提高，渤海油田成功运用“集束勘探”新思路发现并快速评价了旅大5-2、旅大4-2、旅大10-1这3个油气田，实现了当年预探、当年评价、当年报储量及当年做开发前期研究的目标，创造了渤海油气勘探史上的新纪录。在深化总结发现旅大油田群经验的基础上，渤海油田进一步形成“立体勘探”思路。2004~2010年，渤海油田将勘探领域从凸起区转向凹陷区，以储层及断裂带差异成藏为突破口展开研究，创建了“活动断裂带油气差异富集理论”，发现三级石油地质储量10余亿吨，天然气地质储量近900亿立方米，为3000万立方米总目标的顺利实现奠定了重要的储量基础。

（二）克服垮塌高温，南海西部高效开发边际油田

南海西部油田为实现油气上产1000万吨目标，全力攻克“井壁垮塌”“高温高压”两大难题，“十一五”期间高效开发了12个边际油气田。

北部湾涠西南油区钻井坍塌阻卡事故率高，油井报废率高，严重影响油田开发进度和效益。2004年，南海西部油田形成了一套以确保井壁稳定为核心的钻井综合技术，并首次应用在涠洲12-1北第二批钻井中，取得“开门红”——19口井钻井作业遇险率为零。南海西部油田又将优化后的研究成果应用到涠西南油田和文昌油田的64口井的钻探中，再次全部取得成功。

莺琼盆地区域是南海重要的天然气区，也是世界三大典型高温高压海区之一。通过多年的理论研究和实践应用，研究人员寻找到适合莺琼盆地特点的地层超压预测方法，形成了一套高温高压井钻井程序，研制出高温高压钻井所需的钻井液和完井液，并应用在崖城油田、东方油田、乐东油田等的多口井的钻探中。以此为基础，南海西部油田加大力度勘探莺琼盆地，钻井周期显著缩短，钻井费用大幅降低，钻探的东方1-1-14高温高压探井首获优质高产超压气层，评价的东方13-1气田获得探明地质储量上百亿立方米，使我国海洋石油工业跨过了一个走向深水开发必经的门槛。

（三）实施“五个调整”，南海东部取得多领域勘探突破

南海东部油田是中国海油上产1000万吨的主力，经过多年勘探开发后，难有新突破。1998年以后，南海东部油田大力动用已经发现的边际油田和含油构

造，拓宽油气勘探的领域，实现挖潜增储。在勘探方向上，南海东部油田实施“五个方面调整”：从合作勘探到自营与合作并举，从单纯找油到油气并举，从浅水区到深水区，从浅层勘探到深层勘探，从简单构造圈闭勘探到复杂圈闭勘探。从2001年开始，南海东部油田与外国石油公司实行联合作业，边开发，边勘探，接连发现惠州32-5油田、惠州26-2油田等9个油田，逐步形成主力油田群——惠州油田群；在珠江口盆地首次发现天然气田——番禺30-1气田、番禺34-1气田；并在碳酸岩、深水自营、古近系等多个领域取得勘探突破。

（四）转变勘探思路，东海挖掘勘探潜力

经过30年勘探，东海发现几个储量不高的油气藏，这里的勘探工作潜力巨大。2005年，在对东海地质构造进行深入研究后认为，东海具有寻找大型油气田的条件。东海油田把勘探方向由中深层转向深层、超深层，由常规油气勘探带动致密油气勘探，勘探取得突破。为解决勘探中遇到的低孔低渗问题，东海油田研发出多套适用于开发低渗气藏的技术、工艺体系，攻克了由于压实等作用而产生的低孔低渗问题。在此过程中，由中国海油承建、位于西湖凹陷中的平湖油气田于1999年向上海成功供气，年产气4.2亿~5亿立方米。

二 国际化发展，油气资源储备大大增加

经过近40年的改革发展，中国海油精心布局海外业务，起步亚太，进入北美，扩展非洲，扎根中东，海外业务实现了从无到有、从小到大的历史性跨越，海外油气产量迅速增加，大大增加了中国海油的油气资源储备。

（一）亚太，走向海外的第一站

1995年，中国海油提出“九五”期间海外发展的目标：1998年，海外工作权益产油量达到100万吨，2000年，达到200万吨，5年内增加可采储量5000万~8000万桶，争取在天然气上游项目参股。

1994年9月，中国海油成为印度尼西亚马六甲区块最大股权拥有者，以管理者、作业者的身份参与油气勘探开发，有了第一个海外油田。此后，中国海油在亚太区域先后完成澳大利亚西北大陆架、西班牙瑞普索公司的印度尼西亚

资产、印度尼西亚东固等多个海外收购项目，为广东及福建的LNG接收站锁定了气源（图1-15）。其中，收购瑞普索印度尼西亚资产为当时国内最大的海外并购案，中国海油因此成为印度尼西亚最大的海上石油生产商。

图1-15　2006年5月26日，首船LNG运抵大亚湾

（二）北美，进入多种资源市场

自2005年起，中国海油通过收购加拿大MEG能源公司、特里斯曼能源公司、OPTI等，向当地油砂、天然气、沥青等多种资源市场迈出重要一步。通过购入美国切萨皮克能源公司鹰滩页岩气项目33.3%的权益，中国海油对总量约40亿桶油当量的页岩油气进行了开发。

（三）非洲，海外勘探开发走向深水

2006年，中国海油与赤道几内亚国家石油公司签署了S区块的联合作业协议，成功拿下在海外担当作业者的第一个深水勘探项目。2006年1月，中国海油收购尼日利亚第130号海上石油开采许可证（简称OML130）所持有的45%的权益（图1-16）。OML130所在的尼日尔三角洲是世界上油气资源储量最丰富的盆地之一，水深为1100~1800米，在开发过程中，中国海油不断提高走向海外深水的技术，培养了人才，提升了能力。2006年4月29日，中肯双方签署

关于石油开发的一系列协议，中国海油获得6个区块的产品分成合同，标志着中国海油的海外勘探业务已成功扩展至东部非洲。

图1-16 2009年，尼日利亚OML130区块AKPO油田投产，图为该油田FPSO（浮式生产油轮）

（四）伊拉克米桑油田进入项目回收期

海湾战争后，伊拉克推出技术服务合同进行招标，以借助外国公司的资金投入尽快提升石油产量。2012年10月2日，米桑油田群原油日产量已连续30天超过合同规定的费用回收产量目标，正式进入项目回收期（图1-17）。

图1-17 伊拉克米桑油田天然气处理厂复产后的全景

中国海油海外业务布局和投资结构持续优化，海外项目运作质量和效益持续提升，国际化经营规模持续扩大。2012年，海外生产原油1329万吨，天然气51亿立方米，油气当量占中国海油当年总产量的27%。

三 解开发难题，为年产5000万吨目标积蓄力量

2004年提前一年实现“三个1000万吨”的发展目标后，中国海油在3000万吨产量基础上不断提高管理水平，理顺工作流程，在油气田大规模投产过程中解决了一系列开发建设方面的难题，在保持稳产的同时积蓄力量冲击年产5000万吨目标（图1-18）。

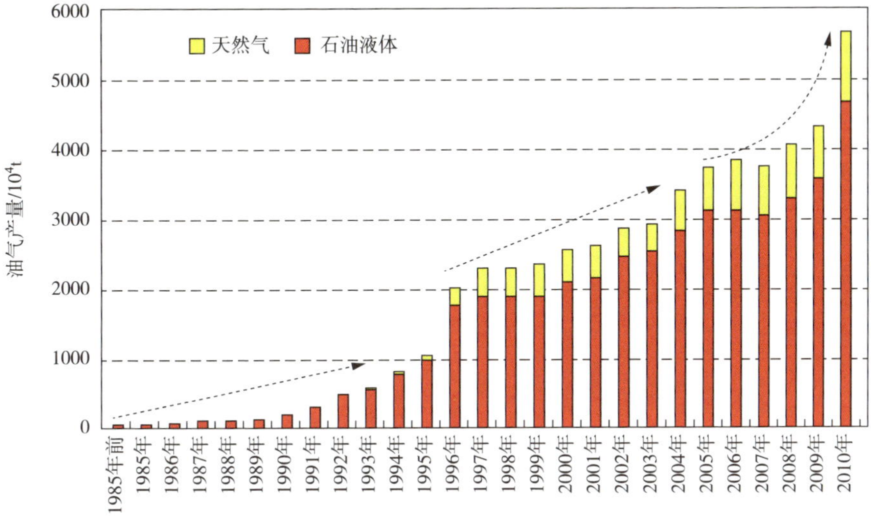

图1-18 中国海油1985~2010年油气产量示意图

（一）加快新油气田开发建设速度

为完成产量目标，油田开发建设的工作量十分巨大。从2004年到2010年，仅渤海油田就将有18个自营油气田和2个合作油田投入开发建设，需新建34座海上平台，铺设770千米海底管道和200千米海底电缆，建设2座油气处理终端，扩建1座终端码头，还要对原有工程设施进行大量改造。

2006年，渤海油田根据中国海油“十一五”国内上游油气产量规划目标，编写了《3000万方实施计划》，制订了连续四年的钻完井作业计划和巨大工程建设计划的施工计划。同时，渤海油田建立了“提前介入，无缝衔接”的前期研究工作模式，加快油气田勘探开发。在该工作模式下，渤中28-2南构造创造了当年发现油田、当年完成ODP方案的最快纪录；金县1-1油田的评价比常规

评价提前了6个月；渤中29-4油田等做到了当年发现、当年评价、当年申报储量。渤海油田还于2005年成立调整井钻完井项目组，利用油田现有生产设施打调整井。此后，通过尝试增打适度防砂井，压力控制钻井，使用安装顶驱的修井机等新技术新工艺，非常规钻井实现优快钻进。油田作业能力和生产效率大幅提高，开发效益实现最大化。

（二）有效延缓老油田产量递减

针对老油田产量达到高峰后递减较快这一现状，中国海油通过加强地质油藏研究、打好调整井和加密井、优化注水、注聚合物驱油等，取得了较好的效果。

在秦皇岛32-6油田开发中，开创了渤海油田开发随钻油藏模型调整技术的先河。在绥中36-1油田Ⅰ期综合项目中，项目设计钻井58口，提高油田采收率10.4%，增加可动用储量1224万立方米，为世界上首次对海上油田井网进行大规模加密调整。2010年，中国近海以注水为主的工艺措施产量达到216万立方米，有效延缓了老油田的产量递减。

2001年，渤海油田启动国家“863”计划研究课题——“渤海油田深部调驱提高采收率技术”，选择绥中36-1油田J3井组作为先导试验井组，2003年9月至2005年11月期间共累计增油5.7万立方米，提高采收率1.17%，取得了预期效果。渤海油田继续扩大注聚规模，截至2010年，共在3个油田实施注聚合物驱，注聚井31口，年增产50.5万立方米。

（三）开发边际油田

边际油田是指在当时的各种条件下，采用常规开采方式所取得经济效益较差的油田。2004年，在中国近海发现的70多个油气田中，边际油田占比超70%。为高效开发这些油田，中国海油通过建造简易平台，共享生产设施建设及服务资源，实现区域联片开发等措施，不断降低油田开发成本。经过一系列努力，涠西南油田群高峰年产量达到100万吨；惠州油田群通过开展滚动勘探开发，解决了油田开发的储量和产量的接替问题；渤海油田实现了渤西南油田群联合开发设想。2001~2005年，中国海油开发了14个边际油田，高峰年产量1075万立方米。2006~2010年，中国海油开发了14个边际油田，2010年贡献产量575万立方米。

四 四海一心，建成“海上大庆油田”

中国海油经过不懈奋斗，2010年年产油气5000万吨，建成“海上大庆油田”，用不到30年时间走完了西方发达国家百年历程，为我国战略性新兴产业发展、能源安全建设做出了重大贡献。

（一）渤海油田实现年产油气3000万立方米

2004年，渤海油田成功上产1000万吨。2007年，渤海油田召开“落实渤海3000万立方米实施计划”会议，落实年产3000万立方米的各项工作任务。在实现3000万立方米产量目标的过程中，渤海油田逐渐形成三大重要油气生产区：以蓬莱19-3油田为主的蓬莱区；以绥中36-1油田为主的辽中区；以渤中25-1南油田、渤中28-S油田为主的渤南区。2010年，三大油气生产区产量占渤海油田当年原油的67.8%。

蓬莱19-3油田（图1-19）是中国近海最大的油田，一期开发工程于2002年12月投产。它拥有世界浅水区吨位最大的浮式生产储卸油装置——30万吨的“海洋石油117”号FPSO，储油能力可达200万桶，原油日处理能力可达19万桶，年处理能力1000万立方米。2010年，蓬莱19-3油田产量为779万立方米。

辽中的主力是绥中36-1油田（图1-20），高峰年产量为450.7万立方米。1997年11月，绥中36-1油田整体开发方案编制完成，2002年二期工程建成投

图1-19　蓬莱19-3油田

图 1-20　绥中 36-1 油田

产，产量达到高峰。为延缓产量递减，绥中36-1油田一期开创了海上油田大规模加密调整的先例，实现了地质油藏认识、钻井防碰技术等多项突破。2010年，绥中36-1油田产量为429万立方米。

渤南油田群通过大量采用简易平台，共享油气处理和供电系统，使已有资源得到合理利用，提高了复杂边际小油田开发的经济性。2004年，曹妃甸11-1油田投产，揭开了曹妃甸油田群整体开发的序幕。后续投产的曹妃甸11-2油田、曹妃甸11-3/5油田，当年贡献产量80万吨。随着曹妃甸11-6油田、曹妃甸12-1S油田等多个油田的相继投产，2010年，渤南油田群产量为360万立方米。

（二）南海西部油田油气当量突破1200万立方米

作为海上天然气的主要生产基地，南海西部油田建成东方、崖城两个重要天然气产区，形成年产75亿立方米的产气规模，成为中国海油天然气的"生产大户"。其中，东方1-1气田为我国海上最大自营气田，年产天然气16.5亿立方米，与乐东22-1气田（图1-21）、乐东15-1气田3个气田实现联网配气、互为备用，所产天然气主要供给中国海油在海南岛建设的东方大化肥装置、洋浦电厂以及海口市民用，为下游用户持续、安全用气提供了保障。崖城13-1气田是我国海上最大合作气田，年产能35亿立方米。

南海西部油田还建成文昌油田群、涠西南油田群两个重要油气生产区。1997年，南海西部发现文昌13-1/2油田，2002年7月建成投产。南海西部制定了科学

图1-21　2009年8月28日，乐东22-1气田准备举行投产仪式

的地质油藏开发方案，在文昌13-1油田布井9口，文昌13-2油田布井11口，并启动文昌19-1油田、文昌15-1油田等4个边际油田的开发。2010年，文昌油田群油气产量为278万吨。涠西南油田群相继投产涠洲6-1油田、涠洲11-1油田等多个油田。2010年，涠西南油田群油气产量为182万吨，油气当量193万吨。

（三）南海东部油田稳产1000万立方米

南海东部油田自1996年成功上产1000万立方米后，一直保持着千万立方米级的产量。老油田的稳产以及多个新油田的发现和建成投产，保证了储量和产量的接替，主力区块为西江23-1油田和番禺/惠州天然气项目（图1-22）。2005年12月，番禺/惠州天然气项目一期工程建成投产。

图1-22　番禺30-1导管架海上安装

2007年，南海东部油田提前一年成功复产遭受台风重创的流花11-1油田，并在修复过程中创造多项纪录。其成功复产使中国近海2007年的油气年产量达到3385万吨。

（四）东海油田为长三角地区稳定供气

平湖油气田是东海油田第一个投入开发的油气田，探明天然气地质储量170.5亿立方米，凝析油306.3万吨，石油地质储量597万吨，1998年11月投产，1999年4月8日正式向上海市民供气，实现了高产、高速、高效开发。1997年7月，东海油田钻探丽水36-1-1井，发现丽水油气田，打开了台北坳陷勘探的新局面。2003年8月19日，中国海油与中国石化、壳牌公司等签署东海西湖凹陷5个合同区的石油天然气勘探开发合同，决定春晓气田与天外天气田、断桥气田、残雪气田实施联合开发。2005年6月30日，春晓气田群3座平台比计划提前15天完工。

2010年12月19日，中国海油宣布实现年产油气5000万吨目标，胡锦涛总书记做出重要批示："中海油发扬大庆精神，建成'海上大庆油田'可喜可贺。望继续努力，为我国海洋石油工业的发展做出新贡献。"

第三节

勇担时代使命，保障能源安全

21世纪，世界海洋油气产业资源勘探由近浅海向深远海发展，由单纯的资源勘探开发向资源多元化应用和拓宽产业链方向倾斜，由单纯的重视开发国内油气资源向注重国际合作开发转变。2011年，中国工业生产总值成为世界第一，能源消费不断增长，原油进口快速增加。2013~2018年，全国原油进口量由2.82亿吨增至4.6亿吨，国内原油产量由2.09亿吨降到1.89亿吨，我国原油对外依存度由57.5%升至71%。

中国海油牢记“我为祖国献石油”的使命，坚决贯彻落实习近平总书记重要指示批示精神，以建设能源强国为目标，加大国内油气勘探开发力度，加快新能源产业发展，努力为经济、社会和环境的可持续发展提供清洁能源；对标国际一流，加快数字化建设；不断深化“一带一路”沿线能源合作，用奋斗和实干为全面建成小康社会和实现中华民族伟大复兴的中国梦贡献海油力量。

一　渤海油田——中国海上最大的油气生产基地

渤海油田是中国海洋石油工业的重要发源地，是中国海油规模最大、经济效益最好的主力油田。2010年油气产量首次突破3000万吨，成为国内第三大油气田。2019年，渤海油田落实“七年行动计划”，加大国内勘探开发力度。短短两年时间内，在渤海先后斩获千亿立方米大气田渤中19-6气田，亿吨级油田垦利6-1油田、渤中19-6气田（含渤中13-2油田）、垦利10-2油田等一系列重大油气发现。至2020年，渤海油田连续11年实现稳产3000万吨目标。

（一）组合价值一体化勘探，地质储量增加近30亿吨

2010年以来，渤海油田以寻找大中型油气田为主线，做实勘探开发一体化，成功评价蓬莱9-1、秦皇岛29-2东、垦利9-1等商业或潜在商业含油气构造，新增三级石油地质储量16.1亿吨油当量，发现5个亿吨级油田。从2016年开始，渤海油田持续推进一体化滚动勘探，在渤中凹陷寻找大型气田获重大突破。首次实施“一井双眼”滚动勘探获成功，金县1-1油田、旅大4-2油田围区获较好油气发现，为在生产油田持续稳产提供了储量保障。新增三级石油地质储量12.6亿吨油当量，发现4个亿吨级油田。

随着油气勘探难度的不断加大，渤海油田创新形成“湖盆成气”理论，首次在我国油型湖盆中发现了渤中19-6千亿立方米凝析大气田，打开了富油型盆地天然气勘探的新局面，落实了新的油气富集区带；创新提出了“汇聚脊”成藏理论，在莱北低凸起首次发现一整装的新近系优质大型岩性油田——垦利6-1油田，探明石油地质储量1.07亿吨，主力油层最高日产可超180立方米；创新应用勘探开发一体化管理模式，将探井直接转为生产井进行试采，再获大型油气发现渤中13-2油气田，探明地质储量亿吨级油气当量，实现了渤海海域

“覆盖型”潜山勘探的重大突破；创新勘探思路，提出新近系岩性油藏成藏新模式，于2021年9月30日获得垦利10-2油田大型发现，打破了渤海油田凹陷带浅层从未获得亿吨级岩性油田发现的局面。

（二）“区域开发”“稳快突破”增产能

渤海油田按照“整体规划、统一布局、阶段推进、分区实施”的原则稳步推进油田区域开发。2010年以来，通过“稳产老油田、加快新油田、突破低边稠”的开发策略，开展并完成47个新建开发项目前期研究工作，产能规模3638万吨；累计实施投产开发井1771口、调整井1756口，合计3527口（数据取自开发生产动态库，截至2022年8月31日）；新建设平台91座，终端4座，38个新油田、11个油田综合调整项目及1628口调整井陆续投产，累计落实新增探明石油地质储量6.6亿吨，新增技术可采储量2.53亿吨。累计落实新增探明石油地质储量6.96亿吨，新增技术可采储量2.62亿吨（滚动新增储量数据统计自2011年至今）。

（三）钻完井再创新，渤海油田再提速

2013年，渤海油田在工程技术领域率先实施“优快”再创新工程，以歧口18-1油田综合调整项目为试点，跟进实施垦利油田群开发项目和秦皇岛32-6油田综合调整项目。歧口18-1油田综合调整项目，仅用4个半月顺利钻完井8口，比计划工期提前66天，平均单井钻井周期较前次“优快”提高40.5%。“优快”钻井3个项目，钻井144口，完井110口，打破了14项22井次中国海油钻完井纪录，累计节约工期572天，节省投资6亿元。在7个新建项目中，随钻168口井，优化调整方案48井次，减少低效井29口，新增探明石油地质储量1500万吨，贡献产能100万吨。

2021年3月30日，中国海油“新优快”垦利16-1油田试点项目启动。“新优快”试点是推动钻完井技术进步、提升钻完井工作质量和效率的一项重大举措，是解决勘探开发“急、难、险、重”问题的一个有效途径，也是实现公司油气增储上产目标的重要战役。9月1日，“新优快”垦利16-1油田试点项目钻井作业全部完成，项目实施过程中刷新了四项纪录。10月8日，“新优快”垦利16-1油田试点项目圆满收官。通过管理与科技创新双轮驱动，钻完井作业效率

提升58%，多项近海钻完井技术达到国际领先水平，打通了渤海“低、边、稠”油田储量高效开发大通道，为我国油气增储上产发挥了重要作用。

（四）数字化转型推动油田现代化发展

渤海油田坚决贯彻集团公司“1534”发展思路要求，加快数字化、智能化转型发展。2020年8月，垦利3-2油田WPFB平台渤海油田首座智能化无人平台建成并投用，该平台通过简化工艺流程、减少设备数量，提高设备可靠性，以智能巡检机器人与远程操作终端构成智能巡检系统为主。2021年10月15日，中国首个海上智能油田建设项目——秦皇岛32-6智能油田（一期）项目全面建成投用。该项目应用云计算、大数据、物联网、人工智能、5G、北斗等信息技术为传统油田赋能，实现流程再造，在渤海湾打造了一个现代化、数字化、智能化的新型油田。

（五）全力上产四千万

“十三五”以来，渤海油田新增探明石油地质储量连续多年高速增长，渤海油田资源基础更加雄厚，特别是千亿立方米大气田渤中19-6凝析气田的横空出世，渤海油田真正进入了油气并举时代。截至2020年年底，渤海油田累计发现133个含油气构造，87个油气田（亿吨级18个），总计发现三级地质储量68.7亿吨油当量，已报国家探明地质储量45.2亿吨油当量。累计生产油气超4.6亿吨，为保障我国能源安全和推动经济社会发展做出了重要贡献。现有6个区域化油气生产作业公司，50个在生产油气田，172座海上平台设施，4艘FPSO（海上浮式生产储卸油装置），6个陆地终端，256条海管，长度2363千米。已建成集勘探开发、工程建设、生产运行于一体的综合性油气生产基地。渤海油田的勘探开发和改革创新，为建设4000万吨大油田提供了更多的资源保障和动力源泉。

二　南海东部油田——中国深海最大的油气生产基地

南海东部油田是中国海洋石油早期对外开放的主要阵地。1996年，南海东部油田原油产量首次迈上1000万吨的台阶，占到全国海洋原油产量的80%，成为当年继大庆油田、胜利油田、辽河油田之后的第四大油区。从1996年到2021年，南海东部油田25年间连续保持千万吨的纪录，自2015年起，连续6年保持年产1500万立方米。2021年南海东部油田多措并举，产量突破2000万立方米，达到历史最高。

（一）勘探开发一体化，助力陆丰油田群重生

2019~2020年，陆丰地区石油探明＋控制地质储量超0.7亿立方米。但随着采出程度的增加，作为南海东部油田投产最早的老油田之一，陆丰油田面临油轮老化、产量递减、安全生产压力大等问题。新发现的几个油田属于低渗油藏，开发难度大，且没有一个能迈过独立开发的经济门槛。在一体化思路之下，有限深圳分公司在陆丰老油田周边开展滚动评价，陆续获得几个新发现，夯实了储量规模，也盘活了边际含油构造，让陆丰老油田看到了新希望。一个崭新的陆丰区域开发项目正在有序建设，其首个开发项目——陆丰14-4油田于2021年11月投产，为陆丰区域开发拉开大幕，为南海东部油田上产2000万吨贡献可观产量。

（二）创新注水模式，开发低能量油田

南海东部油田多数油藏属海相沉积环境，主要依靠天然能量开发。2012年2月，为解决惠州25-3油田主力层L30up的能量不足问题，进行了专项试验，采用倒灌注水到自流注水方式，使油层的能量问题得到解决，从而开启了南海东部油田自源闭式注水开发的模式。2016年，恩平18-1油田和惠州25-8油田相继投产，开展自源闭式注水，取得了预期成效。2017年，开展惠州25-8油田能量补充技术研究，形成了独具特色的自源闭式注水技术，在两口注水井实施后，采油速度提高4.5%，年增油达14.8万吨。2020年，惠州25-8油田产量85.9万立方米，有效延缓了产量递减。开发人员围绕“可量化、可考核、可跟踪、可提升”的注水提升目标，全面提升注水质效，向着海域油田规模注水开发大步迈进。恩平18-1油田是南海东部油田稠油开发难的代表，2021年，通过开展地热注水先导性试验，设计油田整体注水开发方案，形成了注采配套工艺技术，使恩平18-1油田日产量成功翻倍，实现了连续3年产量零递减，解决了能量补充不足带来的生产瓶颈问题，为恩平油区推广注水开发奠定了基础。

（三）千亿方深水气田群保供粤港澳

迈向深海寻找大气田，是南海东部石油人的梦想。2006年，中国海油在南海东部1500米水深海域发现了荔湾3-1大型合作气田，标志着中国海上油气勘探开发从浅水走向深水，成为中国油气勘探史上一个新的里程碑。随后，在合作与自营并举的战略下，相继发现了流花34-2合作气田以及番禺34、番禺35自营气田。至此，在南海东部发现了探明储量规模达千亿立方米的气田群。2014年，深水合作气田荔湾3-1气田投产。同时，我国的深水天然气开始经珠海高栏港终端对外供气。高栏终端成为此时亚洲最大的天然气处理终端。此外，番禺34-1气田、番禺35-1气田、番禺35-2气田在2014~2015年投产，为南海东部天然气产量再添气源，带来2015年天然气产量超过44亿立方米的喜人成绩。

2019年，南海东部天然气年产量突破60亿立方米，此后年年刷出新高，满足了粤港澳大湾区发展对清洁能源的持续需求。2020年，合作气田流花29-1气田投产；2021年，我国首个自营深水气田流花29-2气田投产，为深水天然气发展再添新力量。截至2021年10月，南海东部油田已累计外输天然气超过430亿立方米。

（四）深水油田开发硕果累累

2012年，南海东部海域荔湾6-1区域约1500米水深成功钻探一口深水井，使我国成为第一个在南海自营勘探开发深水油气资源的国家，成为我国海洋石油勘探开发由浅水迈向深水的重要里程碑。同时通过多年的攻关与实践，形成了集优化理论、创新设计、精细控制于一体的海上大位移井钻井技术体系，推动了南海东部复杂地层大位移井作业技术进步，降低了油田开发经济门槛，实现了安全高效的边际油田开发。

这些年来，南海东部油田的深水钻井技术不断精进提升，2018年打出的LW22-1-1井，水深达到2619米。深水钻井时效不断刷新纪录，其中，BY15-1-1井钻井周期9.96天，刷新了深水钻井作业周期纪录；LW22-1-1井钻井周期16.92天，作业时效99.57%，也创造了国内2500米以上超深水井钻井周期最短纪录。LW22-1-1井水深2619.35米，打破了西太平洋地区最深作业水深记录。流花16-2油田群开发项目的全面建成投产实现了我国500米级自营深水油田开发工程技术的历史性突破。

“十三五”以来，南海东部石油人勇于突破、不断创新，高质量实施了以流花16-2油田群为代表的多个高难度开发项目。2019年以来，我国首个深水自营油田群流花16-2油田群投产，该油田群包括流花16-2油田、流花20-2油田和流花21-2油田三个油田。流花16-2油田群采用的是全水下开发模式，截至2021年年底，该油田群累计外输原油突破500万立方米。

三 南海西部油田——中国海上油气并举的生产基地

南海西部油田是中国海洋石油工业的发源地，是中国海油油气并举的综合性油气田，是中国海上最大天然气产区。2008年，油气当量产量首次突破1000万立方米。至2020年，连续13年实现油气稳产1000万立方米目标。近年来，南海西部油田持续攻克深水、高温高压等世界级海洋油气勘探开发难题，成功促成我国首个1500米级超深水大气田“深海一号”和全国最大高温高压海上气田东方13-2气田如期投产，目前正朝着“2025年上产2000万立方米”的目标不断迈进，推动建成南海万亿大气区的构想逐步变成现实。

（一）精心组织高效勘探

南海西部油田勘探工作长期坚持对外合作与自营相结合的工作思路，对北部湾、珠江口、莺歌海、琼东南四大盆地进行勘探。

北部湾盆地。随着勘探程度的不断深入，南海西部油田勘探领域逐渐从构造油藏发展到隐蔽油藏，近年来发现了涠洲11-12油田、涠洲11-2E油田等规模较大的油田，保障了涠西南上产稳产500万立方米目标的实现。2020年，涠西南凹陷新增原油探明地质储量1182.1万吨，三级地质储量2043万吨。此外，乌石凹陷近年来通过滚动扩边工作取得了良好成效。2020年，乌石凹陷勘探重点在东区反转构造带、乌石中区展开，共钻探10口井，合计获得勘探新增原油地质储量探明1473万立方米，新增三级原油地质储量2049万立方米。

莺歌海盆地。通过长期的高温高压勘探技术储备，勘探人员在中深层黄流组一段发现高含烃气层，证实了高温高压条件下游离相气藏的存在，并相继发现东方13-1气藏、东方13-2气藏等千亿立方米级气藏，取得了高温高压领域天然气勘探重大突破。随后在乐东10区测试获得优质高产天然气，实现了超高温超高压领域勘探重大突破。2020年，莺歌海盆地在东方区中央底辟带黄流组海底扇领域相继获得潜在商业气田发现，全年勘探新增天然气地质储量合计探明132.01亿立方米。

琼东南盆地。随着对深水区天然气藏成藏认识的提升和自营勘探装备、技术的创新，2014年，琼东南盆地通过自营深水勘探发现我国首个自营深水千亿立方米大气田——陵水17-2气田，实现了深水区自营勘探的重大突破。2015年，南海西部再获陵水18-1气田、陵水18-2气田及陵水25-1气田3个大中型优质天然气田，新增三级地质储量1079.78亿立方米，探明669.57亿立方米。2020年，琼东南勘探主要围绕松南低凸起、乐东-陵水凹陷进行勘探评价，中央峡谷陵水17-2-10d井获得商业评价成功，陵水18-4-1井获潜在商业发现；陵水25-1W-2井规模商业突破，证实深水区梅山组海底扇发育优质成藏组合，陵南低凸起陵水26-1-1发现莺歌海组优质纯烃气藏和中生界潜山两大勘探领域。2020年，天然气探明地质储量220.12亿立方米。

珠江口盆地。2000年以后，围绕富烃凹陷断裂带勘探，发现了文昌19-6、文昌19-1油田N块、文昌8-3油田E块等多个中小型油气田。2017~2021年，围绕中深层、断裂转换带进行勘探，发现了文昌9-7中型油田和文昌19-1油田8井区块、文昌19-9、文昌9-3气田S块等多个小型油气田。近40年的勘探，发现了13个油气田，建成了年产超200万立方米油当量的油气田群。

（二）解题低渗油气藏

针对低渗油气藏地质条件复杂、单井产能低、开发难度大的问题，南海西部油田开展了多项科学实验、综合评价及研究，建立了南海西部低渗油藏开发评价技术系列，文昌13-6油田及文昌9-2气田、文昌9-3气田、文昌10-3气田顺利投产。针对文昌海相疏松砂岩低阻油层难以识别、储层“甜点”预测困难、产能较低等制约开发的难题，形成了文昌油田海相疏松低渗砂岩油藏有效开发的技术系列，文昌13-2油田综合调整项目顺利实施。

（三）开发高温高压气田

南海西部油田通过海上高温高压气藏产能综合评价技术研究、海上高温高压气藏提高采收率技术研究、海上高温高压气藏生产优化及综合调整技术研究，掌握并建立了包括高温高压气藏产能测试、准确评价和可靠预测、合理开发方式等，以及开发生产过程中生产制度的优化、技术的选择等在内的海上高温高压气藏有效开发技术体系，推动了东方13-1气田、东方13-2气田的顺利投产。

（四）进军深水气田

南海西部油田通过南海深水油气藏储量评价技术、油气藏储层综合评价技术等一系列研究，在海南陵水海域发现中国首个千亿立方米超深水大气田陵水17-2气田，并推动实施系列配套工程建设，建成全球首座十万吨级深水半潜式生产储油平台“深海一号”能源站，完成1500米水深级别海管铺设、海底管汇安装、海底生产设施安放调试，高效实施了11口深水开发井钻完井作业。2021年6月25日，“深海一号”超深水大气田顺利投产，向粤港澳大湾区和海南岛同时供气，并依托“崖城-香港”管线进一步完善南海万亿大气区海底管网建设，带动了周边陵水25-1气田、陵水18-1气田的经济开发。

（五）攻关难动用储量

南海西部油田主攻大气区，促进难动用储量投入开发。仅2019年，新建产能便超过500万吨油当量；积极尝试“移动采油平台+一体化商务”模式助力涠洲油田群的边际油田开发；积极推进南海天然管道登陆粤西项目；推动超高温高压气田乐东10-1气田、深水气田陵水25-1气田项目开发进程，促进南海大气区建设。同时，加快开发建设，实现陵水17-2超深水大气田提前开钻，保证中国首个海上高温高压整装气田东方13-2气田的实施成效，确保文昌13-2油田综合调整项目高效投产，文昌9、10区保稳定供气；深化开发调整，围绕涠洲6-1油田、涠洲11-1油田等老油田挖潜减缓涠西南递减，推进文昌19-1、文昌13-6调整确保新文昌稳产，加大东方1-1调整保证下游组分需求。

（六）深化增产工艺

在常规增产措施方面，南海西部油田开展了换大泵提液、解堵、补射孔等稳产增产配套工艺等多类型作业，通过开展长岩心水驱油效率科研攻关，在涠洲11-4油田、文昌13-1/2油田等合计开展了超过200井次提液；针对崖城13-1气田、东方1-1气田、乐东22-1气田堵水、排水采气、管柱防腐等方面开展科研攻关，形成了成熟的高温低压气井机械堵水技术，累计应用7井次，累计贡献产量234万立方米/天；形成了连续油管防腐泡排气举、环空气举、投棒泡排等气田综合治水技术，累计应用6井次，措施成功率100%，保障了产水气井成功复产，累计贡献产量130万立方米/天。

四 东海油气田——助力长三角发展的能源明珠

东海油气田是中国海洋能源权益的守护者，1998年开始为上海供应天然气，为长三角地区清洁能源供应做出突出贡献。2021年，油气总产量已达227万吨，天然气勘探获得重大突破。2010年以来，东海狠抓油气地质研究和勘探技术创新，明确了东海天然气资源潜力和勘探前景。2013~2014年，发现了两个天然气大气田和多个大中型勘探目标，证实了西湖凹陷为富烃凹陷的论断，提升了东海天然气勘探开发地位。2017年以来，积极转变勘探思路，在岩性勘探领域每年都有天然气新发现，为产能建设提供了储量保障。近年来，继续奋力拓展大中型天然气勘探新领域，以规模储量发现推动天然气产能建设跨越式发展。

（一）油气年产量突破220万吨

2011年以来，东海油气田进入产量快速增长阶段。“十二五”期间，东海勘探开发取得较大突破，油气产量不断增长，2012年首次突破100万吨油当量，至“十二五”末期，天然气日供气能力突破400万立方米，年产突破160万吨油当量。2019年以来，加大立体挖潜力度，精细研究、精准挖潜，调整井工作量创历史新高，为老区增储上产打稳了根基。特别是黄岩区在地质认识上获得突破，以储层构型理论为核心，探索并建立了“格、储、流”三元重构的储层精细表征技术系列，实现了中深层低渗气藏高效开发技术突破。2020年油气总产量首次突破200万吨，2021年油气总产量进一步增长至227万吨，再创新高。在2020年终结了连续13年的亏损局面的基础上，以内生动力保持公司持续盈利，在东海油气开发可持续发展的道路上迈出了稳健的步伐。

在新冠肺炎疫情全球蔓延、国际油价低迷等诸多困难和挑战下，2020年，东海油气田通过大力推进老油气田的增储上产，持续开展降本增效，生产经营情况不断优化改善，完成了扭亏为盈的奋斗目标，实现净利润0.15亿元。2021年，上海分公司继续坚持“增储上产”和“降本增效”两条主线不动摇，2021年实现油气销售收入23.68亿元、税前利润4.27亿元、净利润3.30亿元。

（二）全力推进开发建设

进入新时代，东海油气田积极践行新发展理念，更加侧重技术创新、经济高效和绿色低碳发展。2017年，创新性地采用钻井船作为生产装置，依托现有平台处理流程，启动海上首口气井延长测试，顺利完成宁波19-6岩性油气藏储量评价，拉开了东海岩性油藏勘探开发的序幕。2019年，围绕宁波19-6中型油气田，勘探开发紧密结合，多专业联动，探索岩性油气藏快速开发模式创新，持续推动平台简易化、无人化设计，为边际油气田经济有效开发作出很好的探索。2021年，东海迎来重要发展机遇，公司上下联动，全力以赴，快速完成珍珠项目方案复核及决策，较既定计划用时提前60%，为大气田按期建产打下了坚实基础；抢抓机遇，创新推进宁波17-1项目实施，创造了3个月完成可研方案的“东海新纪录”，助力公司产能建设再上新台阶。近年来，开发项目高效推进，为公司七年行动计划落地，为持续向长三角贡献清洁能源，建成华东清洁能源基地贡献了“东海力量”。

（三）加快生产数字化转型

东海油气田响应集团公司“1534”总体发展战略，引用先进的自动化、数字化、智能化技术，成功实现海上油气田井口平台从传统有人驻守管理模式向现代无人驻守管理模式的跨越。从2016年1月至2020年8月，成功实现了8座井口平台的无人化，海上油气田减员达24%，削减两艘守护船，直升机飞行时率下降12%。2017~2019年，在劳动成本、维修成本和安全环保投入攀升的情况下，实现生产操作费年均降幅10%，生产时率稳步上升。初步形成了无人平台管理体系，进行了无人平台从设计、工程建造和生产运维全生命周期一体化管理的探索实践，为后续无人化、数字化、智能化平台建设打下了坚实基础。

（四）全面建设清洁能源基地

东海油气田分布于东海大陆架上，战略位置十分重要，资源以天然气为主，符合国家绿色低碳发展战略要求。东海油气田所生产天然气主要面向浙江和上海市场，该区经济活跃、需求旺盛、气价承受力强。宁波气田群探明天然气储量达到上千亿立方米，潜在资源量上万亿立方米。尽快开发这批大气田，连同已开发的油气田形成的大气区，不仅能靠近长江三角洲建成一个重要绿色能源基地，还能有效促进华中腹地的经济建设，带动长江经济带和东海经济的多元发展，为长江经济带的绿色发展和产业转型提供清洁能源。

（五）成立中海油融风能源有限公司

中国海油是国内最早探索海上风电业务的中央企业，2007年，在渤海湾成功安装了中国第一台海上风力发电机组，有力地助推了海上风电行业实现零的突破。

2018年，中国海油做出大力发展海上风电业务的决策。2019年4月，中国海油的首个集中式海上风电项目在江苏开工建设，同年5月，中海油融风能源有限公司在上海临港正式注册成立，标志着中国海油正式进军海上风电市场。2020年9月15日，首个海上风力发电项目并网发电。该项目规划装机容量300兆瓦，在海上建设67台风机，并于2021年实现全容量并网，年上网电量达约8.6亿千瓦时。与同样发电量的常规燃煤火电机组相比，每年可节约标准煤27.9万吨，减排二氧化碳57.1万吨。该项目的投产，标志着中国海油向积极推进能源转型、践行绿色低碳战略迈出坚实步伐。2021年，融风能源还在陆上风电和光伏方面开展新能源业务，积极落实国家双碳目标，践行集团公司绿色发展战略。

五 非常规和新能源快速发展

2010年，中国海油增资入股中联公司，持股50%，负责中联公司日常经营管理。2014年年底，中国海油全资收购中联公司。2019年，中联公司整体并入中国海油有限公司。中联公司在经营思路、管理理念等各方面开始从煤炭企业模式逐步转变为油气企业模式，在企业文化上逐步与中国海油融合。在业务方面，中联公司以非常规能源为主营业务，统筹规划中国海油“三气并举”，即强攻致密气、发展煤层气、探索页岩气；以资产经营为核心，全力创建具有中联特色的非常规跨越式发展管理模式，打造形成中国海油陆上清洁能源板块；以非常规天然气产销为一体，布局晋陕内蒙古宁清洁能源一体化产业建设。

（一）发现临兴气田，打开鄂东致密气开发新局面

临兴区块位于鄂尔多斯盆地东缘，山西省吕梁市境内。2013年年底，临兴6井喷出滚滚工业气流，点燃了中国海油致密气开发的星星之火。中联公司对优中选优的“甜点区”进行先导开发试验。为提升开发效果，中联公司创造性提出开展滚动勘探开发一体化的探索。2017年和2018年，中联公司开辟了两块一体化试验区，钻探47口井，气层发现率100%，气井高产率88%；实现了当年钻井、当年试气、当年建管线、当年销售，新增了470亿立方米的探明储量，建成了2.3亿立方米的产能。2021年2月，中国海油宣布在临兴气田探明地质储量超1010亿立方米。按照规划，中联公司力争在未来3年内将临兴气田建成年产能33亿立方米、年产量27亿立方米的大气田，建成后将大大增强华北地区清洁能源供应能力。截至2022年7月，临兴气田累计钻井1080口，建设场站11座，铺设管线800公里，投产以来累计供应天然气43.96亿立方米。

2019~2021年，致密气高产井比例增幅达169%，无阻流量增幅达133%。2021年，临兴气田实现日产天然气超700万立方米，地质工程“双甜点”技术助力临兴区块主力层位接连收获2口百万立方米高产水平井，投产后平均日产量是定向井平均日产气量的12倍，致密气高效开发取得历史性突破，打破了中国海油非常规天然气纪录。临兴区块自营日产气量已经创历史新高。

深煤层、高效井台建设作为中联公司未来发展潜力的重要领域，不断实现

新突破。目前，已建成高效井台1个，共有8口致密气高产井，试气测试无阻流量超40万立方米井台2个，已完成2口深煤层气井压裂施工，为增储上产提供了保障。

（二）神府气田“从无到有”，乘势快发展

神府气田与临兴气田毗邻，位于鄂尔多斯盆地东缘，在陕西省榆林市境内。2016年首次获得探明地质储量，但此后几年，这个地区只钻探了少量探井，开发建设工作进展比较缓慢。2019年，中联公司专门成立机构，并与神木市达成战略合作协议，大力推动陕北地区天然气勘探开发进程。中联公司在神府区块推行勘探开发一体化，短短7个月的钻井数就相当于过去6年的总和，实现了当年勘探、当年提储、当年建产、当年售气。

神府气田率先向神木市供气，日输气量达6万立方米，可满足5万户家庭每天的用气需求。2021年，神府1号、2号集气站及神府4号集气站相继投产，神府3号集气站正在建设，每天输送神木市锦界工业园区的天然气超过50万立方米，为进一步开拓陕西市场夯实了根基。

2022年，神府气田建设加速。4月，神府区块首个整体开发项目、中联公司目前投资和设计产能最大、井数和场站最多的气田开发项目——神府南开发项目的基本设计顺利通过中国海油有限公司投委会审查，神府区规模勘探开发的序幕全面拉开。5月，中联公司2022年首个致密气高效井台顺利完成压裂施工，采用“同步+拉链”式压裂工艺，创新应用6项新技术，刷新了中国海油陆地区块单井台压裂时效最快、压裂工艺应用最多、连续压裂施工时间最长等多项纪录。7月，中联公司神府区整体实现三维地震全覆盖，为致密气勘探开发一体化奠定了坚实基础。

（三）全国首个年产超十亿立方米煤层气田

潘河潘庄煤层气田位于山西太行山脉上的沁水盆地南部，面积79.9平方公里，煤层气资源量约221亿立方米，是中联公司煤层气勘探开发的主战场，也是中联公司非常规天然气事业的发源地。

多年来，中联公司不断优化勘探开发、地面集输、排采工艺集输体系，将潘河潘庄气田建设成为我国首个10亿立方米煤层气田，至今已累计稳产17年，

成为国内稳产时间最长的煤层气田，创造行业标杆。截至目前，累计钻井948口，完井933口，建设管线383.1公里，建设场站10座，累计产气量达119.5亿立方米，占中国海油陆上非常规天然气开发的“半壁江山”。

为了最大化发挥功勋区块的潜力，中联公司坚持科技创新引领，成功探索出一套适用于当地水平井开发的项目管理模式，聚力攻克煤粉问题，精心组织老井新层排采工作，新层位15#煤的33口单支水平井全部投产并实现智能化排采，平均23天见气，日产气量突破20万立方米，稳产高产前景良好。潘庄区块也在成功开发3#煤层基础上着手开发了15#煤，同样取得了良好效果。

2021年，潘河潘庄气田产气量再攀高峰，天然气日产量突破460万立方米，年产量近16亿立方米，实现全面超产，储量任务完成率超200%；潘庄项目屡获突破，从年产量5000万立方米攀升到如今的11.7亿立方米，投产至今累计产气量达61亿立方米；实现当年部署、当年钻井、当年压裂、当年投产、当年评价、当年提储“六个当年”，实现国内首次薄煤层开采提储20亿立方米，并提出多层叠置薄煤层多层合采开发模式，为气田产量增长带来了新的加速度，为国内煤层气开采提供了新思路。

（四）打造全国最长非常规天然气长输管道，助力冬季保供

作为中国海油从海上向陆上、从常规油气向非常规油气跨越的主力军，中联公司怀抱“争做清洁能源领军企业”的雄心，积极谋划、统筹推进神木－安平煤层气管道工程（简称神安管道）项目。2016年，神安管道项目获批复，并正式纳入国家能源局煤层气（煤矿瓦斯）开发利用“十三五”规划。2020年7月28日，神安管道工程项目正式投入建设。2021年7月，神安管道的闫庄－鹿泉段采用惰性气体隔离间接置换方案完成天然气置换作业，成功为管道后续升压调试工作奠定了基础。同年10月20日，神安管道顶管穿越南水北调中线干渠施工作业正式竣工，标志着国家重点管道工程神安管道项目阶段性竣工。神安管道山西至河北段自2021年7月分段通气以来，已累计向山西、河北地区供应超8亿立方米天然气，有力保障了华北地区冬季民生用气需求。

2022年3月28日，神安管道终端陕西至山西段开工建设，正在加速推进全线贯通。

（五）日超千万立方米，“非常规”突破

2020年12月19日，中联公司非常规天然气日产气量突破千万立方米大关，创造了中国海油陆上非常规油气生产的标志性成果。从建成我国首个示范工程实现商业开发“零的突破”，到晋陕滇快速增储上产遍地开花，从煤层气精细排采到煤层气综合勘探开发，从决战沁水盆地到撬动鄂尔多斯盆地东缘，中联公司已成长为集产供销用于一体的清洁能源公司，为晋陕能源转型做出不可磨灭的贡献。

2021年8月19日，中联公司当年累计产量超过2020年全年产气总量，仅用231天再创公司产量历史新高。12月20日，中联公司天然气日产气量达1400万立方米，较2020年同期增长40%，对中国海油天然气增量贡献超52%，产量、增速居全国煤层气企业第一，主要经营指标实现历史最优。为实现日产1400万立方米产能目标，中联公司强化管理，全面加强随钻研究，积极推进地质工程一体化设计，从钻前优化、随钻调整到钻后评价，进行了全流程精细化管理，临兴一体化五期项目仅用20%的工作量完成了全部产能设计要求，实现了少井高产阶段性目标。

2022年2月28日，中联公司首次钻完井越冬作业顺利完工，历时105天。中联公司晋城分公司、太原分公司、晋西分公司、神府分公司四个分公司完成钻井81口，完成率180%，完井78口，完成率142%，建设井场43座，提前建成产能超过2000万立方米，打破了传统“冬休模式”，全面实现钻完井冬季连续作业。

六 在“一带一路”上展现新作为

作为“走出去”的先行者，中国海油积极响应“一带一路”倡议，深度参与沿线国家和地区油气产业发展，为当地创造社会经济价值。

中国海油以“五个战略”为指引，围绕“开拓中亚－俄罗斯、做大中东、做强非洲、拓展拉美、做实亚太、优化欧美”六大区域发展布局，持续推进海外业务实现高质量发展。截至2021年年底，上游板块海外油气资产遍及亚非美欧澳五大洲，在俄罗斯、印度尼西亚、巴西和圭亚那等20多个国家拥有40多个油气资产。

（一）中东地区

2010年，中国海油与伊拉克石油部签署合作协议，同年12月签署米桑油田技术服务合同。2011年1月，中海石油伊拉克有限公司正式成立。十年来，米桑油田日产量由不到9万桶，增至20多万桶，一座现代化油田在战后重建的伊拉克平地而起。

截至目前，伊拉克公司完成175口新井的钻井作业，累计进尺70万米；完成118口大修井作业；建成年处理能力1600万立方米的原油处理厂、年处理能力15亿立方米的伊拉克境内第一个天然气处理厂、年处理能力410万立方米的淡水处理厂、年处理能力700万立方米的含油污水处理厂以及总装机容量110兆瓦的燃气透平发电厂；新建了183千米集输干线；自建53千米外输管线；完成了185个新建井场和177条新井管线建设。

伊拉克公司2012年实现IPT产量目标，开始项目费用回收；2015年永久营地办公楼竣工并投入使用；2016年成功达产16万桶/日；2017年成功达产19万桶/日；2018年成功实现日产25万桶产量目标。截至2021年6月底，项目累计现金支出67亿美元，项目TTS基金支出4200万美元。

（二）南美地区

2010年3月，海油国际与布里达斯能源控股有限公司签署股权购买协议，收购其全资子公司50%股权，并成立泛美能源有限公司（PAE）。在与BP公司签署上下游资产置换协议后，PAE和Axion整合为上下游一体化公司——泛美能源集团公司（PAEG）。

经过10余年的发展，PAEG油气产量已达到阿根廷总产量的19%左右，炼油能力居阿根廷第二位，成品油市场份额汽油为14.7%，柴油为15.7%，位于全国第三位。

10年间，公司不断优化、调整投资方向，PAEG实现了从常规油气向非常规油气、从陆地向海洋、从常规能源向新能源的3个跨越。PAEG在保持产量稳中有升的同时，保持储量替代率在100%以上。2010年至2020年年底，PAEG平均年油气产量为8300万桶油当量，累计产油气9.1亿桶油当量。

2020年2月，PAEG坎帕纳炼厂提质扩容项目一期完工，该炼厂是整个拉丁美洲最现代化、唯一能够100%从重质原油完全提炼轻质燃油的炼油厂。PAEG已成为阿根廷第一家年产低硫柴油达到220万立方米的企业，扭转了长期以来阿根廷在低硫柴油上完全依赖进口的被动局面。

截至2021年8月，BC能源投资公司账面总资产为82.9亿美元、净资产56.9亿美元，与2011年年底账面总资产相比，分别增长了46.1亿美元和33.4亿美元。

2005年9月，中海石油尼克森圭亚那石油有限公司在巴巴多斯注册并在圭亚那成立分支机构。2018年12月，公司正式更名为中海石油圭亚那有限公司。2014年8月，中国海油进入圭亚那斯塔布鲁克（Stabroek）区块并持有25%工作权益，作业者埃克森美孚（ExxonMobil）和合作伙伴赫斯（Hess）分别持有45%和30%工作权益。

自2015年该区块获得第一个商业发现以来，到2021年年底，已累计获得27个商业发现，区块内已发现可采资源量达100亿桶油当量。整个区块规划7~10期开发，其中一期（Liza 1）已于2019年12月顺利投产。截至2021年年底，已实现总产量7030万桶，二期（Liza 2）预计于2022年一季度投产，三期（Payara）和四期（YellowTail）分别计划于2024年6月和2025年12月投产。预计到2027年，至少有5艘FPSO在斯塔布鲁克区块作业，原油日产量有望实现100万桶/天。

截至2021年年底，中国海油已成为在圭亚那投资金额最大的中资企业，累计资本投资31.4亿美元，累计实现原油净产量1535万桶，累计销售原油1497万桶，累计实现销售收入8.1亿美元，累计实现净利润3.16亿美元。

（三）北美地区

2013年，中国海洋石油有限公司正式并购尼克森公司。2018年3月，正式启动海外业务“二次整合”，将尼克森公司资产并入国际公司。

中海油北美公司目前拥有加拿大东部海域的EL1144和EL1150两个勘探区块以及美国墨西哥湾的MC525等6个勘探区块。2021年，北美公司完成首口Pelles井的深水钻探任务，通过各项设计优化、作业方案优化、共享作业资源和精细技术管理，降本3890万美元，超过预期约130%。

长湖西南开发工程项目于2018年获得有限公司FID批复，新建井场回接将为海油贡献约26000桶沥青/天的产量。项目自从2018年开始详设，到2019年开始施工安装至2020年年底机械完工后，2021年8月份开始注蒸汽预热，11月开始见产。

2015年以来，长湖作业区实施了油井调整项目，2018~2019年分三期分别实施了27口调整井，一期总产6100桶/天，二期总产5600桶/天，三期总产7200桶/天，有效地补充了油田产量递减的损失。

长湖油砂原油产量从2013年收购时的年产678.5万桶增加到现今的1643.5万桶，SOR蒸汽采油比从5.0降低到2.8。通过组织优化、提高自检自修水平等一系列措施，公司的生产操作费从接管初期的4亿美元以上降低到现在的2亿美元以下，SAGD单桶油成本由17美元降低到11.96美元。

（四）英国北海

北海油田是中国海油在英国北海的重要油气资产，北海油田群主要包括Buzzard油田（图1-23）、Gold Eagle油田（图1-24）、STaR油田群等主力油田。

图1-23　Buzzard油田

图1-24　Gold Eagle油田

Buzzard油田于2007年1月正式投产，高峰产量21万桶/天，该油田长期位居英国产量最高油田排行榜之首，截至2021年3月，Buzzard油田累计产量达到7.75亿桶。Gold Eagle油田是继Buzzard油田之后英国最大的油气发现之一。该油田中国海油自主勘探开发并于2014年投产，2016年实现高峰产量7.5万桶/天，截至2021年3月，Golden Eagle油田累计产量达1.16亿桶。STaR油田群由3个油田组成，其中最大的Scott油田于1993年投产，迄今为止已有28年历史。

2019年，国际公司在英国北海钻获Glengorm新发现，Glengorm是该区域十年来最大的油气发现。目前，Glengorm区块正在评价阶段，如果评价成功，将有助于实现该地区油气储量和产量稳定，平衡中国海油油气产品占比。

（五）东南亚区域

1994年5月，中国海油与美国阿科（ARCO）公司在美国正式签署有关马六甲区块权益转让的销售购买协议，取得印度尼西亚马六甲区块32.58%股权权益。这是中国海油迈向国际市场、建立国际化石油公司的第一步。

为更好管理印度尼西亚资产，中国海油于2002年在印度尼西亚成立东南亚公司，这也是中国海油成立的第一个海外油气上游公司。2011年，东南亚公司曾同时在9个合同区块拥有权益。随着区块陆续到期或退出，目前东南亚公司运营的两个项目（HCML项目、东固项目）天然气三级地质储量为4.19万亿立方英尺（探明4.00万亿立方英尺，海油份额，1立方英尺=0.028立方米），凝析油三级地质储量为4911万桶（探明4867万桶，海油份额）；2009~2021年累计实现权益产量1.24亿桶油当量，净产量为1.03亿桶油当量。通过油气资产并购与处置，加之生产经营过程中不断加大投入，中国海油东南亚公司在印度尼西亚已拥有较高质量的油气资产，为公司在当地的可持续发展奠定了坚实基础。

（六）尼日利亚区域

尼日利亚公司现有OML130、OML138、OML139及OML154共4个区块。截至目前，4个区块共钻探井及评价井26口，可采储量共1578百万桶，权益产量共约11.8万桶/天。

2017年，尼日利亚公司成功钻探Preowei-3评价井，并获得重大勘探发现，2018年完成Preowei油田回接EGINA油田FDP方案研究并通过审批，增加可采储量107百万桶，油田预计2026年投产，为EGINA油田产量接替奠定了坚实的储量基础。EGINA油田于2018年12月底正式投产，2019年5月实现高峰日产20.8万桶。

截至2020年年底，整个OML130项目累计贡献净产量2.75亿桶，累计油气销售收入201.9亿美元，税前净利润49.6亿美元，自由现金21.9亿美元。OML130项目于2019年年底实现累计投资（包括前期并购费）全部回收。

经过历时近3年的艰难谈判，2021年7月1日，PSC伙伴方中国海油、尼日利亚国家石油公司和南大西洋石油公司与道达尔公司正式签署了OML130区块PSC方《天然气权益协议》和《天然气销售协议》。该协议的签署是中国海油深化“一带一路”油气合作、保障国家能源安全的重要成果。

（七）乌干达

2006年，英国传统石油公司（Heritage）和图洛（TULLOW）公司相继在阿尔伯特湖区发现具有商业性的油气田。2012年，中国海油和道达尔入股图洛（TULLOW）公司后，陆续开展一系列勘探和评价工作，项目储量得到进一步落实和升级。截至2016年年底，乌干达阿尔伯特湖区累计钻探勘探、评价井72口，共获得16个油气商业发现，总地质储量达60.77亿桶。

2012年2月，政府颁发了Kingfisher油田开发生产许可证。2013年9月Kingfisher油田开发方案正式获乌干达政府批准。2016年8月30日，Jobi-Rii等8个油田群开发方案获批，取得生产许可证。2021年11月4日，乌干达项目一期最终投资决策方案获得批复，项目正式进入建设阶段。

中国海油作为Kingfisher油田的作业者，将一如既往地展示中国特色国际能源公司的综合素质和社会责任，持续推进Kingfisher油田开发项目，支持道达尔主导的Tilenga油田群和外输管线项目，推动乌干达阿尔伯特湖区油田早日投产，实现乌干达成为产油田的想象，造福乌坦两国人民。

（八）俄罗斯

北极LNG2项目位于俄罗斯格丹半岛，是目前北极最大的天然气开发一体化项目，也是中国海油参与的首个北极油气资源开发项目，将成为“冰上丝绸之路”的重要支点之一。项目包括资源勘探开发、工程设计、工程建造、LNG生产和销售等，采用重力式基础平台（GBS）和模块化建设方式。该项目计划建造3条生产线，每条生产线产能为660万吨/年，共计1980万吨/年，其中第一条生产线计划在2023年建成投产。

截至2021年11月，北极LNG2项目建设整体进度过半，已完成GBS1整体框架混凝土浇筑和第一条生产线模块的交付。此外，北极LNG2项目将全球首创性地在勘查加和摩尔曼斯克分别建设两座浮式转运站，缩短ARC7冰级船队的运输航距，降低项目运输总成本。

第二章 坚持科技创新，全面建成我国海洋石油工业体系

正如习近平总书记指出的，“科技是国家强盛之基，创新是民族进步之魂”，科技实力决定着世界政治经济力量对比的变化，决定着各国各民族的前途命运。能否抓住历史机遇、增强创新自信、提高科技实力，同样决定着企业的兴衰荣辱、百年基业。

40年来，由“浅水”向“深水”、由“上游”向“中下游”、由“国内”向“海外”，中国海油将加速科技进步，不断提高科技实力作为一项基本决策，走出了从引进国外先进技术高起点发展科技的特色之路。回顾中国海油40年的发展历程，思想解放和科技创新如同车之双轮、鸟之双翼，驱动着海油巨轮乘风破浪、砥砺前行。

第一节

油气勘探领域技术成果

勘探是海洋石油工业迈出的第一步，通过各种勘探手段可以了解地下的地质状况，认识生油、储油、油气运移、聚集、保存等条件，寻找和查明油气资源，为下一步开采奠定基础。早期的找油是从观察出露到地表的油或气（被称为“油气苗”）入手的，中国海油的发端就来源于莺歌海上一缕汩汩而出的油气苗。经过几十年的发展，高水平的科学技术和油气田大规模勘探开发，为勘探提供了地质资料，许多新型找油技术也应运而生。40年来，中国海油持续攻坚克难，为祖国找油找气，研发了一系列先进勘探技术，大大提升找油找气效率。

一 随钻地层压力监测技术

该技术为在海上石油钻井过程中随钻评价和量化地层压力的技术，自2010年年初应用以来，对海上钻遇的异常地层压力进行了有效的随钻监测，在渤海、东海、南海的钻井作业中，特别在深水、超深水、深层及新区的钻探作业中，对地层压力进行了有效的监测，为钻井作业的安全和钻井参数优选提供了优质的技术服务。随钻监测结果与地层实际压力符合良好，使其成为在深水、深层及新区钻探过程中普遍使用的技术项目。同时，该技术走出国门，在国外海域的超深水钻进中发挥了积极的作用。

二 地质导向技术

地质导向技术利用定向井、测井、录井、地震等多种随钻地质参数及中国海油自主研发的“璇玑”系列旋转导向随钻测井工具（图2-1），依托导向多属性建模、电阻率反演等多项关键技术手段，提前预测和实时判断井眼轨迹与产层的位置关系，精确、高效地控制轨迹走向，提升作业效率，规避钻井、地质

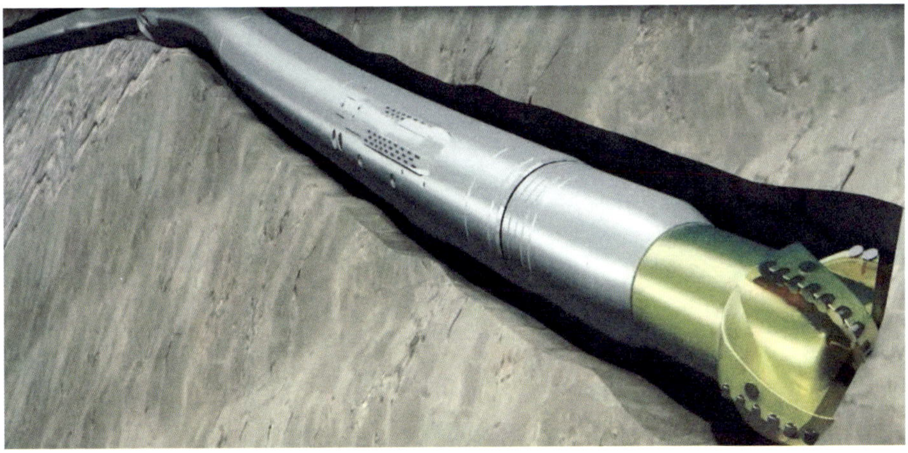

图2-1　“璇玑”系列旋转导向随钻测井工具

风险。该项技术打破了国外公司多年来的技术壁垒，广泛应用于国内各大主要油气区块并进军海外市场，成为中国海上油气田开发中不可或缺的一环，为中国油气田勘探、开发增添了海油力量。

截至2021年11月，“璇玑”累计海外作业11井次，作业关键指标得到国外客户的高度认可。该技术为海洋油气勘探开发的必要技术，能够精准控制井下钻头，按照预算轨迹，直达地下油气藏。2014年，该技术首次海上试作业一举成功，标志着中国海油成为国内首家、全球第四家完全掌握该项技术的公司，中国成为第二个拥有此项技术的国家。凭借此项技术，中国更全面地掌握了我国海洋地质勘探信息，并拥有了独自勘探开发复杂油藏的能力。

三　三维定量荧光录井技术

该技术是利用原油中所含的芳香烃在紫外光照射下能够被激发并发射荧光的特性，通过检测岩屑中的荧光光谱及相关参数定量计算储层的含油气丰度及储层原油性质的一种光学分析技术。自2012年引入中国海油各海域之后，已在1000余口井中得到有效应用。该技术主要应用于储层含油气性评价、微弱油气显示识别、真假油气显示判断及储层原油性质划分等，渤中19-6油田太古界潜山裂缝储层中荧光显示微弱，三维定量荧光录井技术有效地解决了这一难题，为有效储层的深层次勘探开发起到不可或缺的作用。

四 地球化学录井技术

该技术为海洋油气勘探开发的重要技术，是通过分析岩屑（岩心）中的烃含量对地层进行评价的技术。自2007年引进地化录井技术以来，在渤海、上海、深圳及湛江各海域作业了1200余口井。该项技术可应用于油田勘探、油藏描述与评价、油田开发与采油工程等诸多领域，能够评价烃源岩有机质丰度、类型、成熟度，研究油气的成因、油气源对比和生烃量的计算等，可评价储层流体性质、分析研究油藏生物降解、预测原油密度，为油气资源预测提供基础性数据，能够快速、准确地获取储层流体信息，定量评价储集层含油气丰度、烃组分分布状态等，为油田生产管理和动态监测提供地质依据，对现场录井生产及施工方案的制定起到了积极的作用。

五 元素录井技术（XRF）

该技术是利用X射线对样品进行激发并发射荧光X射线，通过测量荧光X射线的能量及强度来进行岩屑样品的元素定量分析技术。X射线荧光分析技术在地质领域应用已经有40余年的历史，2012年中国海油从渤海油田开展实践与探索，取得较好应用效果并逐渐推广四海应用。元素录井技术主要应用于地层界面卡取、岩性识别及沉积环境分析等方面，特别是在渤中19-6油田的潜山界面卡取，通过敏感元素组合的差异，实现潜山界面卡取误差在两米以内，对油气层保护和工程作业安全起到事半功倍的作用。

六 实时甲烷碳同位素录井技术

δ13C1测量的是甲烷中12C和13C的一个比值关系，可以根据δ13C1数值来帮助识别潜山储集层是否有油气显示，辅助钻井。ST34-3-1井（图2-2）2016年3月在湛江分公司开钻，设计井深2864米。设计主要目的层为前古近系基底花岗岩风化壳。该井2702米钻进前古近系，钻速降至1.39米/小时。为了兼顾主要目的层油气勘探，继续钻进，但甲烷碳同位素从2703米出现明显突降趋势，油气特征消失，建议完钻。本井钻进至2754米完钻，较设计提前110

米，节约钻井时间近80个小时。实时甲烷同位素录井对潜在油气的预判，大大降低了钻井成本。

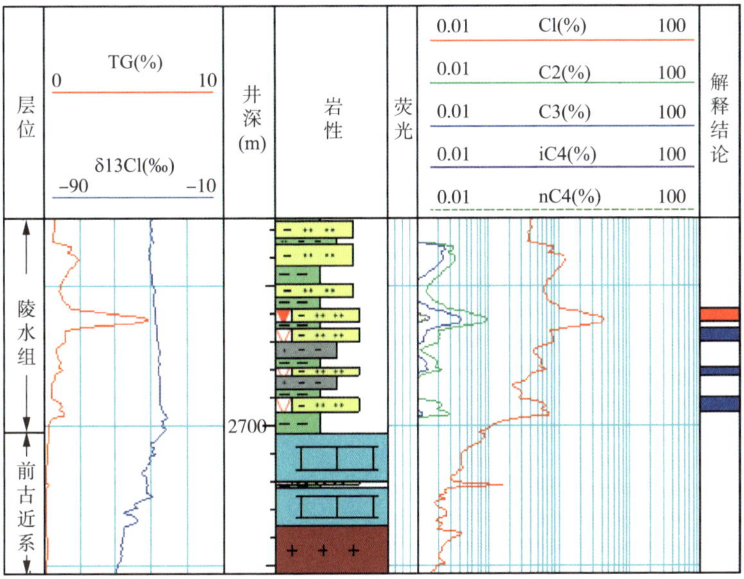

图2-2　为ST34-3-1井综合录井图（蓝色曲线为同位素曲线）

七 X衍射全岩定量录井技术（XRD）

该技术是利用高能X射线对样品进行轰击并产生X射线衍射，通过分析衍射图谱来判断样品中化合物的各种物相，进而实现矿物鉴定和定量计算的一种粉末衍射技术。该技术最早主要应用于冶金、矿物学、化学等领域，自2012年引入中国海油地质录井行业，主要应用于岩性识别、地层界面卡取及储层物性评价等方面。该技术在山西致密砂岩气的应用中，通过测量矿物成分，得到储层脆性指数，从而指导测试“甜点”层位及储层压裂工艺选取，有效提高了致密储层的产量。

八 综合录井技术

该技术为油气勘探开发的必要技术，通过井场安装各类传感装置全面感知钻井过程，获取第一手钻井工程、地质等各类数据，具有实时监控钻井作业安全工况、及时有效直观发现油气层的作用，被誉为勘探开发的“眼睛”。伴随着海油工业持续迭代升级，以及geoNEXT系列智能录井系统的引进，带动了录井行业的产业升级，标志着我国向智能化录井迈出新的一步。目前该技术正在向智能化、多元化和一体化方向发展。凭借该项技术，不仅促进了我国全面掌握海洋地质勘探信息，还有效保障了钻井作业安全，为我国的油气勘探开发做出了巨大贡献。

九 东海深层大型气田勘探评价技术

该技术全面支撑了东海深层大中型油气田的勘探发现，在东海西湖凹陷中央带探明2个千亿立方米大气田，发现和评价多个千亿立方米潜在大气田，在西部斜坡带探明多个中小型油气田，为东海建设形成我国东部优质清洁能源基地提供重要技术支撑。该技术包括深部高精度重磁震联合反演技术、深层低渗－致密气层测录井综合评价技术、深层宽频宽方位高精度地震采集处理技术和基于优势储层沉积相带的地质－地震联合预测技术等，其中“双宽”地震技术（图2-3、图2-4）在连续记录、自主处理等多个关键技术点打破国外公司垄断，形成自主技术。

东海深层大型气田勘探评价技术中的深层宽频宽方位高精度地震采集处理技术于2021年在东海盆地西湖凹陷平北斜坡带宝团区成功应用，通过双船平缆深拖宽频宽方位高密度地震采集技术和宽频高精度地震处理技术的有效实施，地下4000米深度岩性体可分辨率达到20米，为海域中深层岩性油气藏的勘探开发奠定了坚实的基础。

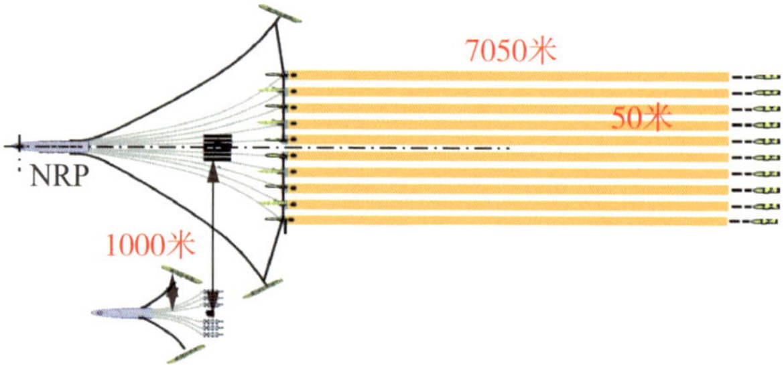

图2-3 东海西湖凹陷宝团区“双宽”地震采集技术

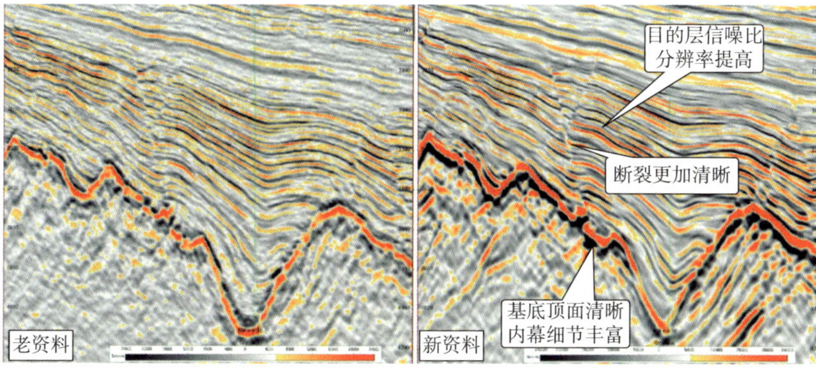

图2-4　东海西湖凹陷宝团区“双宽”地震技术应用效果

十　南海北部陆缘深水油气地质理论技术创新

该项技术创新是深水油气勘探的重要成果，突破了传统的深水油气地质理论，创建了南海非典型被动陆缘深水拆离盆地“成盆－成烃－成藏”油气地质理论。2007年，该技术应用以来，共发现了13个大中型商业油气田，其中陵水17-2储量超千亿立方米，共探明天然气地质储量超3000亿立方米，原油地质储量超5000万立方米。项目经国内相关院士专家的鉴定，项目研究成果整体达国际先进水平，其中轴向峡谷水道成藏模式的提出、模块化测试技术的创立等达到国际领先水平，并荣获2016年国家科学技术进步二等奖。

十一　南海西部地震数据存储系统的建立

该存储系统应用了多项在石油行业内首次应用的单项技术，建设起一套适合石油行业地学软件和数据动态应用的存储系统。2005年，该存储系统的应用有效保障了数据的安全性，使数据、软件在管理和应用层面上都变得更加简洁明了，有效提高了工作效率，为科研、生产创造了协同的工作环境。该地震数据存储系统项目的成功实施，标志着中国海油在地震数据的存储、管理和应用领域达到了国内乃至国际同行业的先进水平，对日后同类型系统的建设具有良好的借鉴作用。

十二 北部湾盆地油气地球化学勘探关键技术

该项目应用发展了沉积相、有机相及生物相等“三相”融合分析技术，定量确定优质烃源岩的显微组分、生油潜力，准确预测高效烃源灶的时空分布，为寻找有利勘探方向奠定了基础。2015年，本项目技术成果，有效指导了北部湾油气勘探，经实施钻探，效果十分显著，发现了乌石16-9油田、涠洲12-10油田两个大中型油田与乌石1-6等多个含油构造，合计发现原油地质储量达5400万吨，预计累计可增加收入51.5亿元，取得了良好的社会经济效益，成果技术达到国内先进水平。

十三 南海西部深水区富烃凹陷评价技术与天然气勘探

该项目针对南海西部深水低探区烃源岩识别和储层预测难点问题，首创了低探区烃源岩识别与富烃凹陷评价方法，形成了无井少井储层预测与烃类检测方法体系，系统揭示了中央峡谷、海底扇和生物礁储集体分布规律，优选和评价了有利勘探区带和重点勘探目标。2010年，项目成果在陵水22-1构造天然气勘探中获得重大突破，成功实现了深水区天然气勘探突破，总体达到国内领先水平，其中深水峡谷沉积体系研究达到国际先进水平。

十四 莺琼盆地超压地层压力预监测方法

该方法提出了基于地质模型的钻前地层压力预测方法。2011年，研究成果在南海多个含气构造的勘探中得到成功应用，明显提高了少井区探井的钻前地层压力预测精度；建立了超压多机制耦合的地层孔隙压力的计算方法，突破依据欠压实机制的单一预测技术瓶颈，发展了莺琼盆地超压地层压力预监测方法；研发了中途VSP处理与反演的技术，打破了国外的技术垄断；形成了一套地层压力随钻动态预监测技术，为钻井方案的优化调整和工程安全提供了保障。

十五 北部湾盆地海上复杂小断块油田群高效勘探开发技术

该技术从提高勘探成功率、提高采收率、节能环保、降本增效4个方面，解决了勘探开发时所面临的难题。2007年，该技术在南海涠西南凹陷推广应用后，勘探成功率由30%提高到66%，新增原油储量3.26亿立方米，探明原油储量1.57亿立方米，新增原油产量1046万立方米，大大提升了我国在海上复杂小断块勘探开发领域的技术水平和国际竞争力，带动了我国海上油气勘探开发相关行业的技术进步，并已经产生或即将产生明显的经济效益和社会效益。

十六 低孔渗油气藏测井解释评价技术

该技术针对油气勘探中的高温超压、低孔低渗、低对比度油气层快速判别、储层品质及渗透率解释等亟待解决的测井精细评价问题提出了可行思路。2015年12月，该项技术的成果形成了各目标区新的中低孔渗储层测井含油气性快速识别方法、图版与技术，在测井应用中，对中低孔渗油气层快速识别符合率高达85%以上；储层分类判别结论与地质综合研究、储层动态测压取样及DST测试结果相匹配；渗透率解释精度由数量级（绝对）误差减小至半个数量级以内。

十七 海底节点式三维地震勘探技术

海底节点式（Ocean Bottom Node，OBN）三维地震勘仪是一种铺设于海底，可以独立采集、记录地震信号的多分量地震仪。与其他技术相比，一个个独立的OBN按照施工设计布放在海底，既摆脱了电缆的束缚，又能灵活地单点式独立作业，可应用于油田复杂障碍区，获得全方位保真数据。2021年，惠州26-6OBN二次三维地震项目完工，标志着中国海油具备了进行海底节点地震勘探项目完全自主实施的能力，完善了我国海上地震资料采集作业方式，同时将惠州26-6油田的勘探开发提供宽频带、宽方位、高覆盖地震资料，为油田后期储量的落实和开发方案的设计提供可靠基础资料，为南海东部成熟油田区二次三维勘探提供宝贵的经验。

十八 油气勘探“源-汇-聚”评价体系

该评价体系是基于珠江口盆地勘探程度尚低、油气分布贫富不均的特点提出并建立的。通过对“烃源”“运汇”“聚集”3个关键成藏要素的定量化评价，寻找“复式油气聚集带”，有助于确定勘探方向和优选上钻目标（图2-5），从而实现高效立体勘探。2014年以来，该评价系统充分应用在珠江口盆地的深层古近系、古潜山和新区新洼陷等油气勘探中，实现陆丰南古近系商业油田群、恩平-阳江东凹新油田群、惠州26-6古潜山油气田等重大突破，探明原油储量近2亿吨，勘探实践表明该评价系统符合海上油气勘探实际情况，对其他海域勘探也有重要借鉴意义。

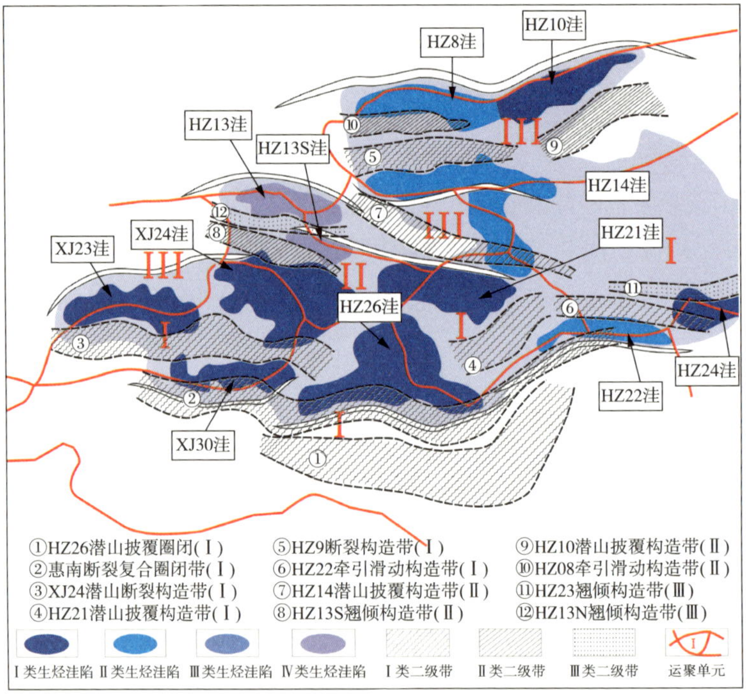

图2-5 珠江口盆地珠一坳陷古近系“源-汇-聚”评价有利目标预测（以惠州凹陷为例）

十九 珠江深水扇油气地质理论

2004年，中国海油在对南海白云凹陷开展大量层序地层学研究基础上，通过海上长电缆地震处理和信息提取技术攻关，在水深500~2000米的深水区发现了大量相互叠置的低位扇，解决了白云深水区勘探的储层问题，揭开了南海深水扇油气勘探的序幕。在此基础上，建立深水区断裂和流体底辟复合控藏模式，提出珠江深水扇油气地质理论，有力地推动我国深水油气勘探，指导了白云凹陷荔湾3-1等近千亿立方米优质天然气田群的发现，开创了我国海域深水天然气勘探新局面。

二十　微体古生物及岩石薄片AI智能鉴定技术

2021年，中海油能源发展工程技术分公司中海油实验中心正在研发利用深度神经网络术实现古生物和岩石矿物的类别智能鉴定。目前，项目组已研发出海油首套微体古生物全景智能扫描系统、首套全光性岩石薄片数字化动态采集系统，并攻克了小样本模拟合成、图像智能标注、多角度图像对齐融合、蚀变岩石图像去噪、古生物化石图像智能鉴定等多项技术难关，形成了“孢粉类古生物化石显微图像数据库管理和智能识别系统（1.0版）”，并投入生产试用，为中国海油数字油田建设提供了两万余张高清岩石薄片和古生物化石全息数字图像。

二十一　致密气/煤层气配套实验技术

2014~2016年，非常规勘探开发重点实验室建成了非常规油气储层物性、渗流、含气性和地球化学四大非常规实验技术体系、40个实验项目共计100余项参数测量，其中，粉碎法孔隙度、启动压力梯度等8项实验实现了海油内部自主完成，有效填补了中国海油在非常规油气实验技术领域的空白。该技术助力中国海油在陆上成功发现了临兴千亿立方米大气田。目前，该气田正进一步加快勘探开发，建成后将大大增强华北地区清洁能源供应能力，为实施新时代西部大开发战略和雄安新区建设提供绿色清洁的能源保障。

二十二　高温超高压电缆测井系统

测井技术被誉为地质家的“眼睛”，该系统能在复杂恶劣地质环境下准确获取地层各项参数，有效解决了深层、超深层地质勘探开发难题，让深藏地下的油气“无所遁形”。2018年，该系统首次完成205摄氏度、耐压140兆帕作业，系统整体耐温、耐压水平达到国际一流水平。2021年2月，该系统在四川元坝702井作业中，克服井下163兆帕超高压和160摄氏度高温极限条件，成功录取测井数据，为全球首次在160兆帕超高压条件下完成电成像作业。目前，该系统已广泛应用于我国海上油气勘探开发，并陆续国内各大主要油气区块，标志着我国在该领域突破测井技术在耐高温高压和复杂地层适应性方面的制约，实现关键核心技术自主可控，为我国深层高温高压油气藏勘探开发提供技术保障。

二十三 自主研发海洋地震拖缆采集装备技术

中国海油攻克检波器、采传一体化、大容量记录控制系统、固体电缆制造等一系列关键核心技术，建立完整的海洋地震拖缆采集装备产业链，打破作业深度及道间距等技术限制，形成“海亮”固体拖缆系列采集装备产品（图2-6）。

2021年1月29日，中海油田服务股份有限公司对外宣布，具有我国自主知识产权的“海亮”拖缆采集装备和“海途”拖缆综合导航系统打破作业深度、道间距等技术限制，在南海西部零故障完成6米×6000米海上三维地震采集规模示范应用及商业应用作业，灵敏度、稳定性和一致性优于国外主流设备，地震资料品质符合行业标准，填补了国内装备技术空白，标志着我国自主研发海洋地震拖缆采集装备技术达到国际先进水平。

图2-6 “海亮”固体拖缆系列采集装备产品

二十四　宽频地震资料采集处理一体化技术

中国海油自主研发的宽频采集处理一体化技术，能有效消除鬼波影响，获得高信噪比、宽频带的地震数据，从而提高解释精度，降低勘探风险。2015年，该技术首次在中国东海某工区完成生产应用，标志着中国海油成为国内首家掌握该技术的公司。目前，该技术广泛应用于东海和南海油气田勘探，推动了深水勘探全面进入宽频地震时代，并在西非和南美洲实现了大规模推广应用。凭借此技术，中国成功实现了海上油气田由常规地震勘探到宽频地震勘探的革命性转变。

二十五　转换波地震资料处理技术

转换波地震资料处理技术通过纵、横波联合处理，大幅提升了气云区的勘探精度，弥补了纵波勘探的不足。2020年7月，该技术首次在渤海某工区实现生产应用，达到先进水平，中国海油成为国内首家掌握并成功实现生产应用的公司。目前，该技术已在国内全海域地震勘探中实现推广应用。凭借此技术，中国成功实现了海上油气田多波地震资料的生产应用，大幅降低了油气田勘探风险。

第二节

油气田开发领域技术成果

探明油气田的储量后，就要开始实施产能建设和油气生产的经济活动，也就是所谓的油气田开发阶段。油气田的开发是一个在油田生产过程中持续不断的过程，它不仅要在规模投产前集中进行开发井网钻井和相应的地面设施的工程，还要在生产过程中不断补充实施，以弥补油井产量的自然递减或提高产能。

为此，中国海油研发了稠油热采、智能注采等一系列油气田开发技术，并不断推动油气田开发向现代化、数字化、智能化跨越。

一 海上稠油规模化热采有效开发技术

2020年9月1日，我国海上首个规模化稠油热采平台旅大21-2油田WHPB平台（图2-7）正式注热，标志着我国海上稠油向规模化有效开发迈出关键一步。2010年以来，渤海油田通过矿场先导试验，开创了国际海上稠油热采先河，攻关形成了海上热采开发方案设计及效果评价、小型化注热装备系统、射流泵注采一体化、长效防砂等具有海上特色的稠油规模化热采有效开发技术，并在南堡35-2油田、旅大27-2油田、旅大21-2油田等成功应用。未来，该技术体系的不断完善和推广应用，将为海上稠油热采2025年上产300万吨提供强有力技术支撑。

图2-7　我国海上首座大型稠油热采开发平台——旅大21-2平台投产

二 稠油蒸汽吞吐热采关键技术

通过该技术攻关成功突破了海上稠油热采高温高压技术壁垒，研发出了适合海上作业条件的蒸汽吞吐热采配套技术，解决了全井筒高温高压测试、井筒安全控制，以及集成化、小型化注热装置等瓶颈性问题。对相应技术成果开展了20余次现场应用，为渤海稠油油田规模化热采提供了重要的技术依据，形成的技术体系具有重要的推广价值。

三 海上复杂河流相油田高效开发关键技术

该技术为海上河流相油田高效开发的必要技术，能够精细刻画砂体形态及内部构型，首次形成河流相油田高效开发模式，实现单砂体井网部署，取得了海上河流相油田水平井高效开发理论新突破。该项技术有力指导渤海24个河流相油田高效开发，采收率整体提高8%，十年持续稳产1500万吨，核心关键技术处于国际领先水平。凭借此项技术，树立了海上河流相油田高效开发新形象，为国内外应对复杂河流相油田的开发起到示范引领作用。

四 海上油田丛式井网整体加密提高采收率技术

该技术填补了国内外海上油田加密调整技术的空白，解决了少井稀测线多层合采条件下的剩余油精确预测、丛式井网加密防碰等世界级难题，技术成果荣获2012年度国家科学技术进步二等奖。应用该技术成功指导了全球首个海上油田综合调整项目——绥中36-1油田整体加密项目的实施，加密后绥中36-1油田日产油量翻倍，采收率提高幅度超10%。目前，该技术已应用于秦皇岛32-6油田、蓬莱19-3油田等多个海上油田整体加密，形成了系统成熟的海上油田加密调整技术系列，对持续提高海上油田采收率意义重大。

五 渤海高含水后期油田持续稳产开发技术

该技术为海洋油气高效开发的关键技术，在储层内部构型精细刻画、水淹层定量解释、剩余油定量表征及描述、水平井组合井网挖潜调整等方面实现技术突破。“十三五”期间，在渤海油田得到了广泛应用，有效指导了老油田加密调整，保障了渤海油田持续稳产3000万吨，高效推动了渤海油田开发进程。在保障京津冀能源安全、环渤海经济持久稳定发展方面做出了突出贡献，为类似海上油田高含水后期高效稳定开发提供了借鉴范本。

六 渤海中深层复杂油气藏高效开发技术

该技术主要紧盯埋深在海底以下2000~4500米复杂油气藏增储上产和降本增效问题，能够有效解决深层砂岩、基岩潜山油气藏构造、储层预测、产能评价及钻井周期长、费用高等关键问题。目前，形成了一套中深层复杂油气藏高效开发技术体系，技术指导垦利10-1、旅大16-3、旅大4-3、渤中19-6气田试验区等7个油气田成功实施开发井93口，采收率提高5%~6%，滚动新增动用储量1152万吨，贡献产能220万吨。

七 西湖凹陷中深层低渗气藏高效开发技术系列

针对海上中深层河流相低渗气藏开发难题，创新形成了一套“以重构地下认识、精细气藏描述为主线，以改善低渗气藏开发效果、增储上产为目标”的海上中深层低渗气藏高效开发技术系列，自2019年起提出并推动实施30口调整井/开发评价井，大幅增加在生产油气田储量和产量，实现了海上低渗气藏高效开发，引领和推动海上中深层低渗气藏高效开发技术进步。

八 基于构型理论的海上深层少井条件下储层精细表征技术

针对海域少井、深层、强非均质性储层特点，创新建立了基于储层构型理论的油气藏精细表征关键技术，厘清了单一“甜点”发育规律及分布样式，重构地下沉积认识，重组地下井网，推动低效油气田经济高效开发，实现中深层低渗气藏（图2-8）。2019年以来指导10口井应用实践，成功率100%。

九 天然气膨胀压缩机国产化维修改造技术

膨胀压缩机是天然气处理厂生产高价值液相产品的核心设备，其关键技术大都被国外公司垄断，造成维修改造周期长等诸多困难。2015年以来，通过攻关实践完成两轮次不同型号膨胀压缩机核心部件叶轮转子、喷嘴叶片的国产化维修及改造，投用后显著提升了液相产品回收率，大大增加了产值。

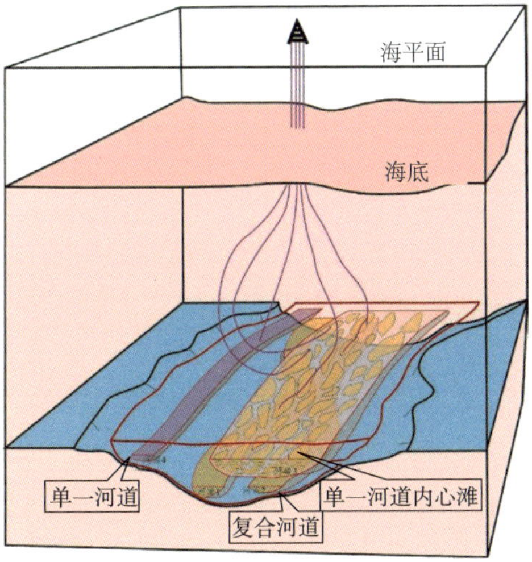

图2-8 针对“甜点”规律的预测及井位部署

十 南海东部海相砂岩高速高效开发理论与实践

珠江口盆地海相砂岩地质条件好，但油田规模小、水深大，面临工程投资高、技术难度大等一系列技术、经济挑战。20世纪90年代以来，通过不断探索实践完善，创立了海相砂岩高速高效开发理论，建立了高倍水驱提高油田采收率理论体系，大幅提高了海相砂岩预测采收率，实践中充分利用天然能量，大量采用水平井（包括分支井）高速生产，通过层内加密、层间接替和滚动开发实现全油区高产稳产。该理论指导了南海东部累计探明地质储量超8亿吨的海相砂岩油气田高速高效开发，平均高峰采油速度超8%，主力油田采收率达60%，丰富和发展了我国油田开发理论体系。

十一 南海西部海域油气田稳产1000万立方米勘探开发关键技术

该项技术致力于解决扩展勘探成熟探区地下潜在油气资源，让小规模、低品位、强非均质性的油气地质储量经济有效地转化为产量，以及有效挖潜老油田井间剩余油，提高二次采的效率，降低调整实施的风险等勘探开发难题。截至2016年年底，已累计指导发现油气探明地质储量2.2亿立方米油当量，预计累增油气1701万立方米油当量。为保持南海西部矿区油气持续增产稳产，与勘探、钻完井、开采专业协同，联合攻关，组织开发了适用于南海西部海域复杂地质条件的高效勘探开发技术，为矿区油田群增储上产提供了必要的技术支撑，保证了南海西部矿区原油产量连续9年超1000万立方米。

十二 海上非重复性时移地震技术

该技术利用海上不同时期非重复性采集的地震资料进行油藏地球物理综合研究，最大限度地消除了新老地震因采集带来的时移地震差异响应，以此得到油藏开发引起的地震差异响应，同时结合生产动态，对剩余油分布进行综合性研究。该技术突破了时移地震采集严格重复性的限制，为海上剩余油落实提供全新技术思路。2014年，该项技术首次在中国海油西江24-1油田开发调整项目中应用，对该油田二次开发方案的顺利实施具有重大意义。

十三 人工举升技术

海洋石油98%产量依赖人工举升，高端举升装备被国外公司垄断，国产低端检泵周期短，故障率高，检泵作业量大，操作费高。经过10余年科技攻关，从消化吸收实现国产替代进口，到面向海洋环境、平台条件、复杂井况井筒，围绕机采井全生命周期，自主创新研发一系列“卡脖子”核心技术产品，在海油四海推广应用3000余井次，检泵周期提升2.7倍，故障率降低3倍，大幅减少检泵修井作业，桶油操作成本持续降低，贡献价值超50亿元，保障了海上油田稳产上产、绿色低成本高效开发，建成海油特色的人工举升技术体系与“HAILOONG LIFT”品牌产业，获集团公司科技进步奖并入选渤海地区“十三五”十大科技成果。

十四 智能注采技术

注采工艺是海上油田提高采收率的核心要素，数字化是油气行业持续提质、降本增效的有效途径和必由之路。中国海油以国家科技重大专项等为依托，历经10余年，以智能注采工艺核心产品系列化为基础，利用数字化串联注采智能产品，形成了可为油气田精细开发提供一体化解决方案的智能注采技术，打造3大类7个系列智能注采产品，搭建首套“物联+数字+智能决策”的智能注采数字平台，将专业技术以数字技术服务的新形态融入智能油田建设中，形成了一套可复制推广的“数字+”技术解决方案，整体技术达到国际先进水平。相关技术成果广泛应用于四海，并陆续推广至胜利油田、阿塞拜疆油田等20多个油田。该技术已经实现海油自主化，有效地引领了注采工艺技术发展方向。

十五　海上油田聚合物驱提高采收率

渤海油田从2003年9月开展了渤海绥中36-1油田聚合物驱先导矿场试验，逐步扩大。先后在渤海SZ36-1油田、LD10-1油田、JZ9-3油田开展，最大达到44口注入的规模，动用地质储量达1.13亿立方米。形成了海上油田聚合物驱技术体系，包含方案编制、动态跟踪与优化调整、驱油效果评估、驱油剂研发与评价、聚合物溶液地面配注、分层注聚与保黏工艺、采出液处理与污水回注、注采能力保持等技术，获得了国家科技进步二等奖。截至2021年12月，累计增油791万立方米，提高采出程度7.1%。聚合物驱的成功实施，开创了海上化学驱大幅度提高采收率的规模化应用。

十六　海上油田注气提高采收率技术

该项技术为油气田开发的重要技术，通过注气油藏精细描述、注气室内实验和机理研究，编制了海上油田注气方案，提高了油井采收率。截至2008年5月，涠12-1油田中块涠四段油藏注气实施项目虽然未全部完成，但已经产生地层压力恢复、采收率增加等明显效益。该阶段研究成果涉及专业领域广，对注气油田开发油藏工程、采油工艺、地面工程及动态监测系列配套技术具有指导意义，形成的海上油田注气开发系列技术具有很大的推广应用潜力。

十七　高温高压油气藏开发评价实验技术

高温高压油气藏开发评价实验技术为海洋深水深层、高温高压油气藏开发评价重要支撑技术，重点解决高温高压油气藏开发领域的科技难题，实现基础理论、应用研究的突破。4项高温高压实验分析技术达到了国际先进水平，成功打破了国内外在高温高压油气领域流体评价、渗流机理评价等方面的技术壁垒。2018年以来，该技术已经在高温高压低渗、深水油气藏领域实现成功应用，并推动了中国首个自营深水大气田的顺利投产与开发。

十八 CLS高抗扭螺纹套管设计制造技术

CLS高抗扭螺纹套管的成功设计研发，满足了在大斜度井与水平井的尾管下入过程中对高性能油套管的迫切需求，具有高抗扭、高密封、高连接强度、可弯曲度大、承载能力大等性能特点，目前已在渤海全区域和深圳部分区块形成规模应用。该技术达到了进口同类产品技术水平，实现了该类产品的国产化，摆脱了在高性能套管上被外国公司“卡脖子”的境地，并以其鲜明的技术特点和先进的技术水平，引领了公司特殊螺纹油套管产业的技术进步，推动了海油系统内特殊螺纹油套管产业的飞速发展。

第三节

海洋工程领域技术成果

国之重器在深蓝国土上稳稳矗立，海洋石油工业给人的印象大多是海上的一座座“钢铁巨人”。这些“巨人”就是海洋石油工程建设的成果，这里不仅是生产操作的平台，还是海洋石油工人们工作生活的场所。这个“巨人”的身上连接着数不清的管线和海缆，就像人体的血管和神经，有了它们，“巨人”才能够正常生产。中国海油围绕海洋工程研发一系列新技术、新举措，由浅水走向深水，由深水走向超深水，让一座座“巨人”成为蓝海里的守望者。

一　海上固定平台工程设施标准化、系列化设计、建造、安装、调试技术

结合渤海30多年工程实践经验，研究梳理了渤海不同海域环境、土壤能力，以及不同油田工程开发方式，对固定平台生活楼、（钻修机模块）上部组块、导管架和设备设施等的规格、形式等进行分析，提出了一套可在渤海海域油田使用、可组合（65种）的标准化、系列化设施（5种生活楼、11种上部组块、11种导管架），4种典型的单体（无人平台、四腿井口平台、八腿井口平台、浮托中心平台），形成了一套满足重复使用、批量建造的标准化、系列化成果文件，解决了在渤海不确定海域、不确定油田开发的工程难题。相关技术成果的应用加快了渤海油田工程建设速度，提高了油田开发效率，达到了缩短设计、采办、建造周期的目的。目前，该技术已在渤海海域油田开发中广泛应用。

二　超大型海上结构物设计、建造、安装技术

在超大型海上结构物方面，形成了30000吨级超大型海上结构物设计、建造、安装技术，填补了我国该领域的多项技术空白。其整体技术达到（部分超过）国外同类先进技术水平，打破了国外公司设置的技术壁垒，使我国摆脱了国外公司在大型海洋石油工程设施设计、建造及海上安装技术方面的垄断，为开发我国海上深水复杂油气田提供了强有力的技术支持与保障，在我国能源发展战略中，尤其是对南海深海油气资源开发具有非常重要的战略意义。

2013年以来，我国先后完成世界上难度最大的浮托安装、世界上运用“动力定位浮托法”安装最大海洋石油平台及世界上运用“低位浮托法”安装最大海洋石油平台等多项高难度项目。浮托安装是对传统吊装技术的一场“革命”，能够大幅降低海上安装费用、缩短油气平台投产周期。截至目前，中国海油利用浮托安装替代传统吊装进行海上作业，节约工期5年以上，节约成本超10亿元。中国海油作为总承包商完成的荔湾3-1中心平台，导管架重达32000吨，组块浮托重32000吨，是亚洲最大的导管架平台，此次施工代表了国内最先进的海上石油工程开发技术水平，达到了国际同等先进水平。

三 300米级深水导管架设计、建造、安装技术

攻关形成了300米级水深深海柔性导管架平台尺度优化技术、动力分析技术、疲劳分析技术、节点加强及静水压溃设计技术等多项技术，打破了国外垄断；自主形成了高强度钢焊接、焊接缺陷评估、尺寸精度控制、横向裂纹控制、整体组对建造、多机合抬等技术的深水柔性导管架建造技术体系；形成了水下灌浆系统及注水系统调试技术、风载荷涡激振动抑制技术等专项技术，编制了组块建造重量控制、水下灌浆系统调试推荐做法等方面的企业标准，实现了精益三维设计建造、人机工程设计等标准化程序。通过实施内波实时监测、沙波沙脊处理、船舶极限能力评估及升级改造技术，完善了安装技术体系，保障了船舶资源的高效利用。创新技术成果在陆丰14-4、陆丰15-1、陆丰12-3、流花11-1等多个项目中成功应用，标志着中国海油已掌握了300米深水导管架的设计、建造、安装技术，在桩基式固定式平台技术领域处于世界领先行列。

四 远海油气田开发海洋工程技术

该项技术从综合钻采平台、中心处理平台+井口平台到区域滚动开发，从国内首次采用气田全年不停产的“台风模式”作业到统筹控制区域气田群油气生产、处理、混输、分输、集输，从国内首次10000PSI级DBB实现管汇紧凑轻型化到核心设备（天然气TEG脱水及再生撬、大型燃气透平驱动压缩机等）首次国产化，以及大型平台连接调试首次采用无生活支持船解决方案，实现了离岸350公里、海洋环境最恶劣的东海区域油气田群开发。该项技术最早应用于1999年建成投产的平湖油气田，之后在2005年建成的春晓气田群和2016年建成的黄岩及周边气田群建设过程中实现了一系列技术创新，标志着中国具备了独立开发远海油气田群的能力，相关技术在国内各海域气田及区域开发中得到广泛应用。

五 深水半潜式生产平台设计、建造、安装、调试技术

2021年6月25日，中国海油自主研制的全球首座10万吨级深水半潜式生产储卸油平台——“深海一号”能源站（图2-9）正式投产，实现了我国油气田

自主开发能力从300米到1500米水深的历史性跨越。通过项目实施，中国海油构建了深水半潜式生产平台总体设计、深水聚酯缆系泊系统设计、深水钢悬链线立管系统设计等半潜式生产平台设计技术体系；创建了中国南海首座30年不坞修的超深水半潜式生产储卸油平台建造技术体系，实现了世界首个5万吨级超大结构物大变形半漂浮精准大合龙，形成了1500米级深水锚桩安装与聚酯缆保护性铺设技术、十万吨级半潜平台限位与回接技术。

图2-9 “深海一号”能源站

六 浮式生产储卸油装置工程技术

经过多年的技术积累，中国海油已经具备1500米水深、30万吨级船型浮式生产储卸油装置（FPSO）、圆筒型FPSO设计、建造能力。依托巴西P67/P70 FPSO工程项目的实施，掌握了30万吨级深水FPSO建造总体集成和调试技术，攻克了深水FPSO区域性高压密性试验技术等难题。依托系列科研课题研究，在圆筒型FDPSO/FWPSO的船体主尺度规划，系泊系统设计，立管设计、建造、海上安装，以及风洞、水池模型试验等方面积累了一定的技术基础，一定程度上推动了当前流花11-1/4-1圆筒型FPSO项目的落地。在新型浮式装置开发技术方面，开展了大型深水半潜式起重铺管船、圆筒型FDPSO/FWPSO等新型浮式装置的研究，并完成了海油工程半潜式起重铺管船概念设计项目。

针对500米级深水大型FPSO工程难点，开展了多悬挂复杂船体集成型内转塔技术、LPG处理储卸设计等技术，以及绿色、安全、智能深水FPSO建设系列技术等的研究，形成了一套完整的500米级绿色智能化深水大型浮式生产储卸油装置工程技术体系，突破了深水FPSO系泊系统设计与转塔系统毫米级建造“卡脖子”难题。绿色智能化深水大型浮式生产储卸油装置工程技术在流花16-2油田群开发项目建设中得以成功实施和验证，打破了国外技术垄断，建立了具有自主知识产权的500米深水大型FPSO设计建造技术体系，实现了我国FPSO设计建造技术由浅水到深水的跨越。

七 水下生产系统设计、制造、安装及测试技术

建立了包含水下生产系统总体设计技术、流动保障设计技术、水下控制系统设计技术、材料选择和腐蚀控制技术等的水下系统技术体系，具备了1500米水深深水水下系统设计能力。在深水水下产品领域，形成了500米水下生产系统主要设施的设计和实施技术，相关设施包括管线终端（PLET）、管汇终端（PLEM）、在线管汇（ILM）、管汇、跨接管、脐带缆终端（SUTU），创新性技术成果在我国南海流花4-1、番禺35-1/2、流花19-5、文昌10-3、流花16-2、陵水17-2等油气田的水下生产系统工程建设中得到成功应用（图2-10）。突破形成了1500米水深柔性动/静态管缆垂直铺设与回接技术，柔性跨接管安装、连接器ROV tie-in技术，开发了一批深水管缆安装工（机）具，

图2-10 “深海一号”水下中心管汇

形成了一套深水水下生产系统安装技术体系。通过在陵水17-2、流花16-2、流花29-1/29-2等项目中应用，形成了一套基于自有船舶的深水柔性管缆铺设与回接技术体系。突破形成了1500米水深大型水下结构物安装、“M”形刚性跨接管一体化安装与tie-in、使用工程船安装水下采油树、飞线批量化安装等技术，在陵水17-2、流花16-2、流花29-1/29-2等项目中应用，形成了一套深水水下结构物安装技术体系。在我国首次完成了复杂脐带缆系统分区测试方案设计，掌握了深水大跨度、复杂水下生产系统预调试技术。

八 深水单点与多点系泊系统安装技术

依托流花16-2油田群工程项目、陵水17-2气田工程项目，于2019~2021年成功完成国内最深水FPSO“海洋石油119”单点系泊系统安装和回接，以及1500米超深水“深海一号”能源站聚酯缆多点系泊系统安装和半潜平台回接。研究形成了一套深水锚桩、打桩锤、导向架SIT技术，掌握了深水锚桩可打性分析技术与安装技术，形成了基于一体式橇块泵的深水吸力桩安装技术。基于公司自有深水锚系作业船HYSY291，研究形成了深水聚酯缆系泊锚腿与钢缆系泊锚腿保护性铺设技术，15万吨级FPSO拖航、限位与回接技术，以及10万吨级大尺度半潜式生产平台限位与回接技术。使海油工程初步形成了1500米级深水系泊系统安装技术能力、船舶保障能力与施工组织能力。

九 深水铺管起重船和挖沟装备实现突破

该项技术从深水工程船的船型设计关键技术着手，掌握了运动性能模型试验和理论分析预报技术、快速试验和预报、操纵性模型试验、动力定位能力评估和水池试验、船型优化设计、深水“S”形双节点铺管系统、DP-3+DP-2动力定位组合性能等关键技术。

该项技术最早应用于2012年交付的3000米级深水铺管起重船“海洋石油201”，该船多次创造和打破中国和亚洲作业纪录，以优异的表现证明了船舶研制取得圆满成功。该项目实现了多个国际、国内首次技术创新，填补了中国在深水海洋工程船舶方面的空白，打破了国外海洋工程公司的高度垄断，带动了国内深水海洋工程船舶的产业化。

2022年，海油工程公司成功完成VMP500犁式挖沟机海试作业，并在ZZ项目海管挖沟中顺利完成工程应用，形成了犁式挖沟机下放回收、水下精准就位、提管和抱管、入坡和出坡、船舶精准拖带、水下应急回收、转弯挖沟、二次挖沟等技术，填补了我国海底管道犁式挖沟技术空白，标志着海油工程公司已经具备了犁式挖沟机的运营能力。

十 1500米级水深海底管道设计、安装及预调试技术

突破了1500米水深复杂地形下的海底管道设计技术、"S"形铺设、管端结构物舷侧安装技术，研制了深水重力式托管架、深水海管铺设实时监测系统及应急回收装置，开发了深水海管及水下设施的整体联合预调试技术，并成功应用于流花29-1和陵水17-2等深水项目，创造了最大铺设水深1542米的国内新纪录。这些技术的成功应用，标志着公司已具备超深水海管安装能力，创造了我国自主海管设计、安装、PLET安装及海管预调试的最深纪录。成功自主研发了深水水下调试模块与连续油管系统，并自主实施完成了流花29-1、流花29-2、流花16-2及陵水17-2等项目深水海管与SCR立管的调试作业，成为全球第四家掌握模块化水下调试技术且拥有核心装备的公司，全球第三家掌握连续油管水下调试技术的公司，为国家深水战略提供了坚实的技术保障。

十一 强潮海域海底管道设计、施工和修复技术

通过对海岸地形、岛屿水道、潮流、波浪、泥沙运动、海床冲淤及稳定性等多动力多因素综合分析和研究，形成了一整套海管路由选线、近岸段保护及施工、长输海管三甘醇脱水干燥、抢维修设计施工，以及ERW、UOE海管管材首次国产化应用的海底管道技术。

该技术首先应用于1999~2003年实施的平湖油气田项目和10英寸（1英寸=2.54厘米）输油海管岱山岛近岸段修复项目，在2005年建成的春晓气田群28英寸输气海管登陆点及近岸段路由选择和海管保护等中亦成功应用。2002年国内首次应用于在产海管的非接触式后挖沟技术，于2021年再次成功应用于28英寸

在产海管移位和悬跨治理，解决了海管运行的重大安全隐患。该项技术成果为国内不同海域，尤其是世界级强潮、强泥沙动力海域的海底管道设计施工和治理奠定了强有力的技术基础。

十二 海底管道绝缘管段研发技术

该项技术应用于国内首条采用分段设计铺设的海底管道施工中。前段高温段采用复合管，后段采用普通碳钢管，创新发明了绝缘管段（图2-11）以减缓异金属的电偶腐蚀效应，通过对内喷热喷铝技术、内堆316L技术、异金属对接625填充技术、特殊涂层喷涂技术及绝缘材料优选技术等进行研究，解决了异金属焊接点电偶腐蚀问题。2015年，相关技术成功应用于平黄二期项目，大幅节约管材和施工成本约1亿元。该技术为海上长距离油气混输过程中合金钢内衬复合管与碳钢管的海管组合实施奠定了基础，为类似高温、高二氧化碳分压等腐蚀风险高的长距离混输管道提供了技术解决方案，并已应用于国内其他海域油的气田海底管道项目中。

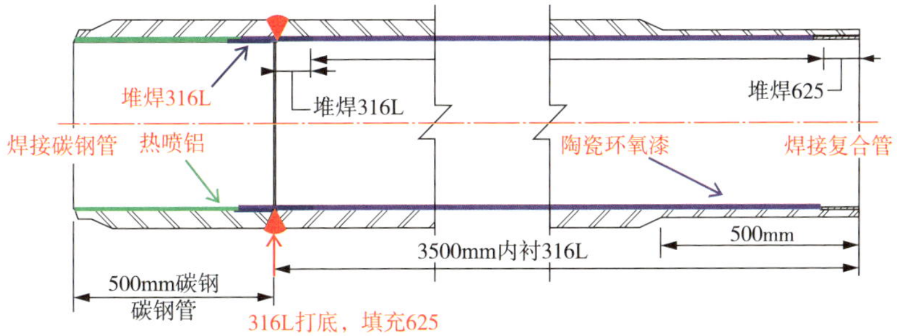

图2-11 绝缘管段结构图

十三 双金属复合子母管研发技术

该项技术通过理论分析和数值模拟等方法，解决了子母管近平台总体布置、子母管稳性和在位计算等效、子母管悬跨分析、安装过程子母管扭转模拟和控制技术、海管隆起覆土深度优化、子母管跨越方案及保护技术、复合管连接调试技术和小管径管道清管试压技术等一系列难题。2014年，该技术首次应用于平黄一期项目的国内首条百米级水深双金属复合子母管设计和铺设中（图2-12），节约单独软管采办和铺设费用7778万元，标志着中国拥有了整套子母管设计和施工的能力，极大提高了子母管施工效率、安全性、可靠性和经济性。

图2-12 子母管铺设图

十四 基于自升式钻井平台海管登平台设计及安装技术

该项技术通过刚性立管和软管膨胀弯混合上钻井平台技术，解决了传统刚性立管膨胀弯系统无法满足设计要求的问题，解偶了立管和平管的相互作用。该技术成果成功应用于宁波19-6气田延长测试的“海洋石油942”登平台方案，创新采用了以自升式钻井平台潜水泵滑道为钢质立管的安装位置，以钻井平台为立管和卡子的预制接长工作平台；首次采用“海洋石油286”进行百米水深短距离大刚度软管铺设，采用钢丝导向滑轮边拖拉边铺设方案，首次解决了软管起始端距离桩腿立管底部法兰过远的问题。高精度软管的铺设为后续高效率的膨胀弯与立管和平管端的法兰连接创造了条件，为百米级水深自升式钻井平台延长测试和勘探开发一体化提供了技术基础。

十五 环保型复合海缆应用技术

中国海油通过系统研究优化复合海缆选型，创新采用撑杆支架吊起后抽拉的首末段抽拉施工方案，形成了国内独有的环保型复合海缆应用技术。2014年，该技术首次应用于黄岩及周边气田群项目中，是国内首次在海洋石油领域使用抗水树环保型海底复合电缆，解决了传统型铅护套海缆全生命周期及后期回收中存在的潜在环境风险问题，攻克了合金铅套存在蠕变特性，不适合大落差自由悬跨敷设、海床运动等造成铅套龟裂、损坏海缆绝缘的难题。该项技术可大幅降低海缆采购成本，同时降低海洋生态环境影响，使企业更好地承担起对海洋的生态环境保护和社会责任。

十六　海底管道高效焊接及全生命周期评估技术

针对海底管道优质高效焊接需求，中国海油从管材材质、焊材选择、焊接坡口设计等多个方面展开深入的研究和实验，开发了出适用于碳钢海管、CRA双金属复合管等材质，能够在深水及超深水铺设条件、各种复杂腐蚀环境下作业的海底管道铺设焊接技术和焊接接头全寿命周期评估技术，并在实践中不断优化和提升。此外还完成了海管焊接设计文件的标准化体系建设，海底管线的铺设效率和质量不断提高，在国内30余项工程项目中得到了推广应用，为国内海底管道铺设提供了强有力的技术支撑，创造了显著的经济效益和社会效益。

十七　海底管道内检测技术

该技术属于海底管道检测科学技术领域，主要用于研制海底管道内检测器。2012年，该技术成果成功应用于崖城13-1气田海南管线的内检测工作中，标志着我国打破国外垄断，具备了海底油气管道内检测设备的研发及制造能力，以及现场安全实施检测作业的能力。该技术为实现我国海底管道的完整性管理，保障管道的安全运行提供了技术支持，对于国内海底油气管道检测市场的发展具有积极推动作用。

十八　海底管道悬空治理的灌浆袋技术

该技术为海底管道悬空隐患治理提供了新方法，其通过向铺设于悬空管道下方的袋体内灌入水泥浆，使得成形后的袋体可以对悬空管道产生有效支撑作用。与传统的管道悬跨处理技术相比，灌浆袋技术的抗海流冲刷性能强，海上施工量小，风险低，可以有效提高管道悬跨治理的经济性和安全性。2017年，应用该技术在文昌9-2/9-3/10-3气田群开发项目组中成功完成了4处悬跨处理(安装灌浆袋7个)，其中，最大一处悬空高度4.5米，灌浆袋底部尺寸6米×6米，顶部尺寸2米×3米，水泥用量达120吨。2018年，该技术在辽东油田海管治理中成功应用，得到了广泛认可。2021年，依托陵水17-2气田开发项目，完成了1300米深水灌浆的海试，为深水海管悬跨处理提供了新的解决方案。

十九 在役海底管道带压维抢修及修复技术

在不停输的情况下，中国海油成功自主开展了卡堵在渤中13-1至岐口18-1输气海管三通处的检测器的取球工作。针对东海浅层气地质灾害区域，开发了浅层气地质灾害区域管道修复技术；针对浅滩区域管道大面积裸露和悬空情况，创新研发了不停产海管大跨度消除及航道管段整体下卧数值分析技术，实现了穿越浅层气区域和潮差段海管悬空及破损的应急修复。相关技术成功应用于平湖海管修复项目和月东油田海管紧急修复项目中，整体技术达到国际先进水平。此外，还掌握了深水海底管道受损评估、水下切割及应急回收技术，成功应用于恩平23-1和东方13-2项目海管修复中，并以该技术成果为依托，成立了国家油气管道应急救援南海基地。

二十 海洋油气田在役设施IMR（检测、维护、维修）技术

基于中国海油近30年在渤海、东海与南海区域油气田检测、维护及维修的工程经验与技术积累，建立了一套海洋油气田全生命周期运维与IMR技术体系，覆盖了水上生产设施的升级改造技术，水下设施检测、评估、维修更换技术，海管维抢修技术（包括带压开孔维修及接入技术、海管堵漏或切割更换维修技术），管缆回收及维修技术，锚系更换及维修技术，海床处理、挖沟及抛石技术，水下设施后保护技术，平台智能化改造技术，等等。依托国家深水管道应急维抢修基地，建立了深水海管应急维抢修装备和备件库，配备了专业的深水海管应急维抢修的装备和维修备件，为我国深水油气田的运维提供了技术支持与装备保障，对我国南海深水油气田开发具有非常重要的意义。

二十一 海上桩基式固定平台拆除技术

通过系列攻关，掌握了组块及导管架的检测技术、废弃组块吊装技术、导管架排泥技术、导管架切割技术、废弃结构码头卸船技术、废弃结构陆地拆解技术等关键技术，在国内首次形成了渤海海域桩基式固定平台拆除技术成果，并于2016年在曹妃甸项目中进行了工程示范，填补了国内相关研究应用的空

白，很好地解决了渤海海域桩基式固定平台的拆除问题。

二十二　海洋工程智能制造技术

中国海油在国内率先构建出海洋油气生产平台上部模块智能制造体系，选取钢结构制管智能化生产线和甲板片体智能化生产线在天津智能化制造基地进行示范应用。通过临港基地建设项目，目前完成了3条自动化生产线（平面分段生产线切割工场、平面分段生产线装焊工场、工艺管线生产线）、1个智能立体仓库和DIMS生产管控系统的建设，并应用于渤中29-6项目和垦利6-1项目中，标志着公司已具备数字化、信息化和智能化制造的基础研发条件，且通过不断的科技创新和研发迭代，具备了大规模柔性制造和满足客户数字化交付的综合能力，为公司智能制造发展提供了坚实的技术保障。

二十三　海上作业仿真技术

针对海洋工程安全作业的需求，创新研发了国内首套海洋工程安全作业仿真测试平台，开发了海洋工程作业风险识别、船舶多体耦合运动响应建模与实时解算、分布式仿真时空一致性等关键技术，构建了海洋工程作业仿真技术体系，支撑了国内首个海洋工程数字化中心的建设，使该中心具备海上吊装、铺管、浮托、动力定位、水下安装与维修等典型作业仿真预演与评估、作业团队协同演练及人员培训功能。相关技术开拓了海洋工程作业仿真领域，取得了一系列科技创新成果，相关成果已在文昌9-2/9-3平台浮托安装仿真、渤中34-9平台浮托安装仿真、荔湾3-1平台压缩机吊装仿真、东方13-2平台浮托仿真、流花16-2平台单点建造仿真、陵水17-2项目半潜式生产平台拖航/系泊回接/SCR回接/脐带缆回接仿真等工程项目中应用。

二十四　海洋工程数字化与全生命周期检测与评估技术

攻关研发了海洋石油平台结构延寿评估技术、损伤风险评估技术、基于风险的检测规划技术，裂纹ECA评估技术、综合监测技术、振动检测技术等，并发布了中国海油集团公司企业技术标准，形成了海洋工程设施完整性技术体系。此外，开发了深水导管架数字孪生技术，开展了基于孪生体的运维技术研究。创新成果在陆丰13-1在役平台、陆丰15-1在建深水导管架等多个项目中应用，标志着公司已掌握了海洋工程数字化与全生命周期检测与评估技术，在相关领域处于世界先进行列。

二十五 海上油田电网调度智能化技术

该技术为海上油田电网调度运维的必要技术，能够依据电网实时数据，实现电网在线安稳预警，为电网调度智能化决策提供支持依据，保障电网安全稳定运行。自2016年起，该技术成果在渤海区域辽东作业公司、渤西作业公司、渤南作业公司和蓬勃作业公司共6个油田电网应用，为渤海区域海上油田电网安全、稳定运行保驾护航。随着岸电工程的实施，该技术升级改造后可应用于岸电电网调度中，同时可推广至南海及同行业其他油田电网中。

二十六 海管节点补口技术

在海底输油气管道的施工过程中，现场节点涂敷是整条管线中最薄弱的环节，节点涂敷质量是保证整条管道外防腐保温的基础和关键。海管节点补口技术涵盖了节点自动循环喷砂除锈、中频感应加热、聚烯烃三层热缩带涂层安装、高强开孔聚氨酯填充等4项核心技术。2011年，首次在南海深水荔湾3-1项目海管铺设中成功应用，后期陆续在渤海、东海、南海等区域的油气区块及孟加拉国、尼日利亚等国家的海管铺设项目中应用，已累计完成海管长度约2500千米。自主开发的海管节点补口技术，不仅提高了节点防腐施工质量和效率，保障海底管线安全运行，更打破了国外节点防腐的技术垄断，使我国具备了深水海管防腐涂敷能力。

二十七 海底管道漏磁内检测技术

该技术是海底管道腐蚀缺陷检测的核心技术，以管道介质为动力，智能内检测器在海底管道内运行过程中实时记录管道缺陷位置及缺陷大小。2015年，该技术装备首次在渤海油田成功应用，标志着中国海油实现了海底管道内检测技术的自主化，打破了国外技术垄断，有力保障了海底管道的信息安全和运行安全。同时，配套形成了国内领先的海底管道检测技术验证评价实验室，该实验室具备检测设备和技术验证评价、技术研发等功能，促进了海底管道完整性管理能力的提升。

二十八　主机尾气余热利用技术

2014年10月，中国海油自主研发设计的新型主机尾气余热利用装置在海洋石油111FPSO成功应用，每年节能量约为2267.95吨标准煤，节能效率达65.38%，每年减排温室气体二氧化碳约4817.30吨。2018年4月，该成果通过优化升级，推广应用到海洋石油115FPSO，每年实现节能量约为3238.18吨标准煤，节约原油约2266.68吨，温室气体减排量约6977吨，节约生产成本约700万元。该成果的成功应用，既减少了原油消耗，又减少了二氧化碳排放，积极践行了国家当前的“碳达峰、碳中和”目标。

二十九　射流增压装置回收低压天然气技术

为响应国家节能减排号召和公司绿色发展的目标，解决渤海油田海上设施天然气排放污染问题，2018年6月，由海油发展采油公司自主研发设计建造的射流增压回收低压天然气装置正式在BZ34-2/4CEPA平台成功应用，每年回收火炬排放低压天然气360万立方米。2018年至今，该技术成果又先后推广至BZ28-2CEP、渤中34-1CEP、SZ36-1CEPO/N、SZ36-1CEPK等平台，每年可回收天然气约1400万立方米，约合18417吨标准煤，减排二氧化碳30326吨，为中国海油集团公司积极践行“碳达峰、碳中和”贡献了力量，推动了公司绿色低碳转型。

三十　海上低渗油田含油污水膜精细处理成套装备技术

该技术由海油发展天津院自主研发，为低渗油田精细注水开发的必要海工成套装备技术，具有设备体积小、处理精度高、耐高温、抗污染以及长周期运行稳定等优点，产水满足低渗与特低渗油藏精细注水（标准SY/T5329—2012）中A1级注水水质要求。2015年，该技术在渤中34-2/4CEP平台建成工程示范并成功投入使用，每年助产60万~80万吨原油，这是我国首套拥有自主知识产权、达到世界先进水平的海上低渗油田含油污水膜精细处理成套装备，突破了我国13亿~14亿吨低渗油藏精细注采技术瓶颈。目前，已在中国海油陆丰15-1、中国石油长庆油田等推广使用。

第四节

钻完井领域技术成果

钻井是勘探、开发石油、天然气资源的重要环节，也是重要的手段。在整个石油开采油田开发的过程中，钻井是串联了所有阶段的存在。在石油勘探的时候，钻井可以作用于油气构造的寻找和验证，在勘探过程中获得工业油流，探明已证实含油气构造的含油气面积和储量，从而取得油田的相关地址资料和可开发的数据，最后将原油从地底下取出来。因此，高质量快速有效率的钻井是开采油田的重要手段。中国海油一代代钻完井人，传承“优快”精神，苦干实干、勇于担当，兑现了海油人能源报告中的坚定誓言。

截至2021年11月，“璇玑”系列旋转导向随钻测井工具（图2-13）累计海外作业11井次，作业关键指标得到国外客户的高度认可。该设备相关技术为海洋油气勘探开发的必要技术，能够精准控制井下钻头，按照预算轨迹，直达地下油气藏。2014年，相关技术首次海上试作业一举成功，标志着中国海油成为国内首家、全球第四家完全掌握相关技术的公司，中国成为第二个拥有相关技术的国家。凭借此技术，中国更全面地掌握了我国海洋地质勘探信息，并拥有了独立勘探开发复杂油藏的能力。

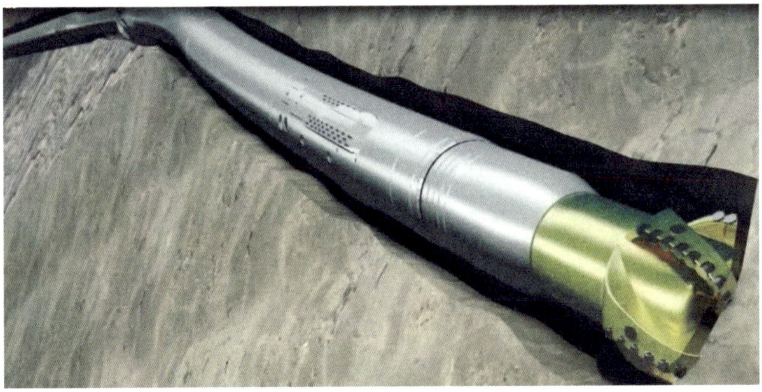

图2-13　“璇玑”系列旋转导向随钻测井工具

一　海上丛式井网整体加密钻井技术

该技术为海洋油气增储上产的必要技术，在原有丛式井网基础上实施大规模加密调整，能够实现对钻进井眼轨迹的精确控制。2007年，该技术首次应用于绥中36-1油田进行整体井网加密，这是全球首次对已开发油田进行大规模加密调整，“海上绥中36-1油田丛式井网整体加密开发关键技术”项目更是被评为2012年国家科技进步奖二等奖。凭借此项技术（图2-14），中国拥有了深入挖掘海上油田井间剩余储量的能力。

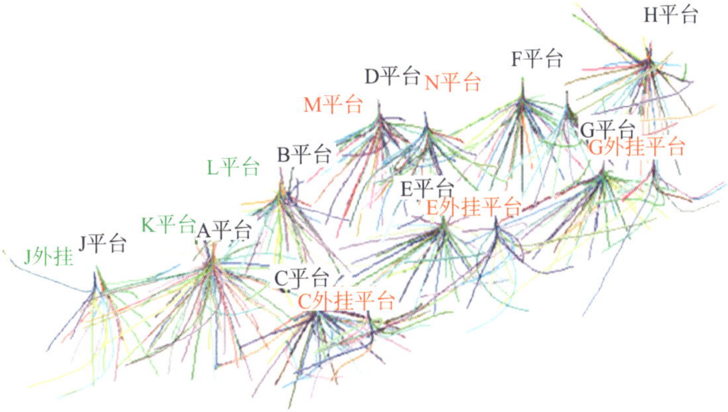

图2-14　海上油田丛式井网整体加密提高采收率技术示意图

二 海上ELIS电缆测井与地质导向技术

该技术能够实现对目的层位的精准特性探测及钻遇，最大限度实现单井产量最大化及投资利益最大化。2005年，ELIS电缆测井首次应用于SZ36-1-31D井，标志着中国成套自主测井设备商业化应用的开端；2019年，中国海油自主研发的随钻探边工具连续完成了渤海油田QHD32-6-J55H井、QHD32-6-J54H井、QHD32-6-J56H井3口水平井作业，取得了100%的储层钻遇率及作业时效。凭借此项技术，中国拥有了精准钻遇海上油田储层的能力。

三 海上全过程储层保护技术

该技术能够在钻完井全过程中保护储层，实现产液（气）量的最大化。2014年，EZFLOW免破胶储层钻开液体系在秦皇岛32-6油田成功试用，产量均超预期配产，目前该技术已推广至渤海油田广泛应用。2017年，耐温170℃ EZFLOW免破胶储层钻开液技术被评为中海油服十大科技成果，达到国际先进水平。

四 海上疏松砂岩防砂完井技术

针对我国海上油气田80%以上疏松砂岩油藏，防砂完井是制约其高效开发和能源安全的必要技术基础。中国海油以国家科技重大专项等为依托，历经15年，围绕防砂理论、防砂产品和防砂控制进行攻关和实践，建立了一整套经济高效的海上油气田防砂完井技术体系，形成了11大系列特色技术和258种工具产品，经院士专家鉴定认为，整体达到国际先进水平，其中，一趟多层防砂产品等部分成果达到国际领先水平。相关技术成果广泛应用于四海，并陆续推广至胜利油田、大港油田、印尼HCML油田和巴基斯坦Laghari油田等93个油田。

五 大位移井技术

该技术应用于水平垂直比大于或等于2且测深大于3000米的井或水平位移

大于3000米的井（同样条件下，水平垂直比越高，通常施工难度越大）。大位移井技术对于利用现有平台开发老、小油田，串联多块油气藏，以及扩大钻探范围等具有重要意义，可大大降低投资。从20世纪90年代起步至今，南海东部大位移井技术已形成了特殊功能大位移井身结构、海水快钻深钻配套钻井、复杂地层快速成井、产层小井眼高效控制等经济高效大位移井技术体系。截至2021年年底，流花、番禺、惠州、恩平、西江、陆丰等6大油气区已实施大位移井达115口，难度等级遍布普通级至高难度级，大位移井技术已成为南海东部的特色钻完井技术名片。

六 深水钻井技术

深水钻井技术通常是指水深大于500米的钻探技术，是当今石油工程技术的制高点，代表一个国家工业技术水平。自2005年以来，中国海油联合国内外十几家单位进行技术攻关，通过理论研究、模拟实验和现场实践，突破了深水钻井关键技术，建立了一套具有自主知识产权安全高效的深水钻井技术体系，从南海到大西洋钻成了42口深水和超深水井，作业水深从457米到2619.35米，其中南海东部荔湾22-1-1井作业水深2619.35米，为西太平洋水深第一深水井，实现了我国海上钻井从浅水到超深水的重大突破和跨越式发展，打破了国外技术垄断，拓展了我国海洋油气勘探开发领域，推动了我国海洋石油的科学技术进步。

七 深水钻完井液技术

深水钻完井液技术体系，其中包括深水钻完井液体系（水基/非水基钻井液体系、钻开液及测试液体系等）、核心添加剂、功能模拟软件及装备，能满足深水、超深水井及深水高温高压井的作业需求，解决了深水、超深水及深水高温高压作业过程中的水合物防治、窄安全密度窗口下井漏预防、长时间静止后沉降稳定性等难题，可提供一体化解决方案，在中国南海广泛应用，保障蓝色国土安全。

2021年2月，由中国海油自主研发的超高温超高压电缆测井系统在四川元坝702井作业中，克服井下163兆帕超高压和160摄氏度高温极限条件，成功录取测井数据，全球首次在160兆帕超高压条件下完成的电成像作业，标志着我国在该领域突破测井技术在耐高温高压和复杂地层适应性方面的制约，技术水平达到国际一流水平。目前该系统已广泛应用于我国海上油气勘探开发，有力保障了我国深层高温高压油气藏勘探开发。

八 深水固井技术

针对深水浅表层低温、浅层地质灾害等固井技术难题，形成了配套的水泥浆体系、装备、工具、软件、评价仪器等深水固井技术，具备了深水/超深水的固井作业能力。深水固井技术自2013年现场应用以来，在我国南海东西部及海外累计完成70余口深水井的现场应用，作业成功率100%，其中作业最深水深达2619米（世界第二水深），最低作业温度1.9摄氏度，最高作业温度209摄氏度，成功解决了深水低温、水合物试采、深水浅层流/气、圈闭压力、窄压力窗口、深水高温高压等诸多深水固井技术难题。

九 深水钻井隔水管在线监测技术

依托国家重大专项、国家重点研发计划研发的钻井隔水管在线监测技术，突破了复杂海况下及超深水水声传输技术，实现了实时监测隔水管转角、涡激振动（VIV）、应力变形等关键参数，并实现了关键参数的无线通信传输，为深水钻井作业、防台作业及井间移位作业提供了技术支撑。通过获取隔水管系统应力、疲劳相关数据，为隔水管全生命周期管理提供数据基础；通过监测平台自航时的隔水管运动状态及技术完整性状态，及时调整自航速度和航向，进一步提升了平台在井间移位、防台期间的安全性。2020年，该技术在奋进号等平台实施，实施后平台井间移位自航速度平均提升了2~3倍。

十 海洋新型钻开液技术

海洋新型钻开液体系是“十三五”期间取得的一项重要成果。该钻开液体系可以实现不使用强氧化剂、不用破胶，直接返排生产，可以在井壁形成几乎不渗透的“理想充填”屏障，同时实现储层保护最大化，并且适用几乎所有储层的钻探。实现水平井储层钻开液技术突破与革新，提高了水平裸眼钻完井作业质量效益竞争力，促进了油气田开发方式的调整，推动了行业科技进步。“十三五”期间，海洋新型钻开液体系开启工业化应用模式，应用范围已覆盖南海东部全部水平井，应用近170口井，直接经济效益达1.4亿元，并全面推广到其他海域，效果显著。

十一　半潜式平台作业布锚优化技术

该技术优化半潜式平台布锚技术，提高定位响应能力，根据平台特定作业点动力响应，优化锚链间夹角及平台艏向，锚链最大张力可降低8%~10%。在所有锚泊半潜式钻井平台上部署应用北斗卫星导航系统，平台位置信息在总部同步实时显示。凭借该技术，提升了半潜式平台应急响应能力，提高了全面评估一艘平台在预定作业时间窗口内作业的可行性，合理安排钻探计划，在风险可控条件下加快了海洋油气开发。该项技术从2019年实施应用，浮式平台风险管控能力大幅提升。

十二　半潜式钻井平台螺杆泵测试技术

该技术是半潜式钻井平台上稠油、高凝油探井测试的必要技术，通过发明一套补偿吊装系统，消除了海浪升沉的影响，实现了原油的加热和泵抽，获得了更高产量。2009年，该技术首次成功应用，标志着中国海油海上半潜式钻井平台螺杆泵测试技术的成熟，之后便在南海东部稠油、高凝油探井测试作业中大展身手。2013年，该技术走出国门，在刚果共和国一口探井中成功实施。目前，该技术已广泛应用于国内半潜式钻井平台的稠油、高凝油探井测试作业中，凭借此项技术，南海东部的稠油、高凝油油藏得以大规模解放。

十三　海洋浅水井控应急救援技术与装备体系

通过详细分析全球近50年海上井喷失控案例，对标9家国际知名井控应急机构的救援能力现状，结合“海上井控应急救援装备及技术研究1期”等多个项目成果，自主建立了浅水多工况、多情景的井喷事故救援模型；解决了海洋浅水井控预防、应急抢险处置和井喷综合抢险演练等关键性技术难题，形成了“平战结合”多情景综合应急演练机制和浅水井喷失控全流程处置方案；建成了我国海上首个功能完善、系列完整、配套齐全的海洋浅水井控应急救援技术与装备体系，被国家应急管理部纳入安全生产预防及应急救援体系，建成了我国唯一的国家海上油气井控应急救援基地，进一步完善了集团公司井控事故预防和抢险救援机制，填补了国家海上井控应急救援能力的空白。

十四 复杂压力梯度油气田钻完井技术

该技术成功构建了一套适用于南海西部海域复杂压力梯度油气田钻完井技术，打破了压力衰减油气田存在的井眼安全与控制，储层保护及返排的作业瓶颈。2015年，南海西部海域复杂压力梯度油气田经过调整，解放天然气36亿立方米，原油120万立方米，经济效益超过40亿元。该技术相关的先进成果成功转化为现场应用，为南海西部海域或者世界上类似压力衰减油气田后期调整作业提供了宝贵实战经验和理论基础，为实现构建南海西部万亿大油气区和中国海油“二次跨越”的战略目标奠定了坚实基础。

十五 高温高压钻完井关键技术

该技术实现了海上高温高压安全钻井的重大突破。2013年以来，项目成果支撑发现了5个大中型气田，安全高效建成了我国第一个海上高温高压气田，实现了我国海上高温高压天然气勘探开发历史性跨越，并整体达到国际先进水平。其中，多源多机制压力预测技术、多级屏障井筒完整性技术、多因素多节点完井测试控制技术达到国际领先水平，并荣获2017年国家科学技术进步一等奖。

东方13-2气田位于海南省东方市以西120千米的南海莺琼盆地，该气藏深度在3000米以上，是全球三大海上高温高压区域之一，温度达150摄氏度，压力系数超1.8，在这里勘探开发油气存在地质认识难度大、钻井成本高等难题。针对高温高压天然气钻井作业易井喷、作业工具抗腐蚀性要求高等难点，中国海油因地制宜，采用高温高压钻完井关键技术，结合国际领先水平的多源多机制压力预测技术、多级屏障井筒完整性技术、多因素多节点完井测试控制技术，攻坚克难，历时5年，完成了我国海上最大高温高压气田工程项目。

十六 高温高压钻完井液/固井技术

高温高压钻完井液技术，包括高温高压钻完井液体系、核心添加剂、功能模拟软件及装备。能满足高温高压井的作业需求，解决钻井液抗温稳定性、长时间静止沉降稳定性等难题。可满足232摄氏度，2.4克/立方厘米高温高压作业需求。针对高温高压固井面临的水泥浆稳定性、气窜及水泥石长期完整性等技术挑战，开发了高温高压水泥浆体系和前置液体系及相关配套技术，具备最高密度2.60克/立方厘米、最高温度230摄氏度以内的高温高压固井作业能力。

十七 钻完井液工程软件

国内首款具有自主知识产权钻完井液工程软件VirtualMud（简称VM），经天津科学技术委员会鉴定达到国际先进水平。2020年，该软件成功实现产业化应用。VM软件能够通过模拟计算，完全改变传统作业模式，为钻井液性能的设计和调整提供了量化的参考指标，极大程度上提高了钻井液数据的预测及实时监测准确性，能够为高难度钻井提供最为精准的井下复杂数据计算和模拟。2021年，VM软件首次在省部级别会议期间召开专场软件产品发布会，并与国内著名石油高校达成软件合作协议，首次实现对外销售的突破，开创了由技术创新驱动新商业模式的先例。

十八 水基钻井液钻屑减量处理技术

中国海油构建一套渤海油田水基钻井液废弃物海上原位减量及处置的整装技术，形成了以环保钻井液体系BIODRILL A、水基钻井液钻屑减量回用技术和固相资源化技术完整解决方案，实现了“产品－废弃物－产品”全生命周期资源循环利用，提供了“平台随钻减量处理、EPSV移动中心减量处理、EPS海上工厂减量处理、岸基EPS泥浆站再生回用”等作业模式，技术能力覆盖海上油田及陆地油田的作业需求。

十九 非水基钻井液钻屑减量处理技术

中国海油形成了以“可降解合成基钻井液体系BIODRILL S，高效固控离心机、钻屑传输技术、甩干+离心技术、热脱附技术”为代表的EPS非水基钻井液钻屑处理整装技术，可为油田作业者提供“平台随钻原位减量无害化处理、区域中心减量无害化处理”等多元化作业模式。该整装技术助力“涠洲12-2B油田开发调整项目”实现随钻原位无害化达标排海处理，而“区域中心平台集中无害化处理”的作业模式则成功运用于“涠洲11-2C油田开发调整等项目”，减少了含油钻屑上岸处置环保风险，实现了一级北部湾海域现场原位处置、实时检测、达标排放。

二十 钻完井废弃物海上处理技术

该技术为海洋油气绿色开发的必要技术，能够实现海上生态保护红线区内钻完井废弃物的“零排放”，保护海洋环境。经过从废弃物源头、过程减量及终端处置等多方位开展新技术、新工艺、新方法攻关，2019年，该技术首次在QHD33-1S油田全回收项目进行试点作业，取得了阶段性突破；2021年，钻完井废弃物全回收技术在新优快垦利16-1试点项目中成功应用，23口井实现钻井液重复利用2414立方米、处理钻屑7040吨，实现钻屑废液“零入海”，标志着中国海洋具备了绿色环保开发的能力。

二十一 钻具全生命周期状态监测及检验维护技术

该技术形成了适用于流水线的工件检测与智能识别方法，通过对工位的计数以及逻辑推理计算，实现了工件身份识别、检测维修信息查询、疲劳寿命评估，实现了钻具全生命管理，建成了基于信息化、数字化技术的钻具检测自动线，通过自动数据采集、自动化控制、数据分析及记录等，实现了自动清洗、检测、测长、喷码等工艺，提高检测线自动化程度。该项技术于2019年在深圳石油工具自动线检修钻具6.7万余根次，检验准确率100%，作业指标达到每天检测80~120根钻杆的能力，在人员减少1/3情况下，检测效率提升1倍以上。

中国海油始终坚持以习近平新时代中国特色社会主义思想为指引，立足“两个大局”，胸怀“国之大者”，完整、准确、全面贯彻新发展理念，扎实推动高质量发展。在2020年领导干部会议上，中国海油党组书记、董事长汪东进提出：聚焦实现高水平科技自立自强，实施科技创新强基工程。40年来，中国海油积极承担我国海洋油气领域关键核心技术的研发攻关任务，为能源报国装配上科技引擎、创新之翼，向着下一个40年的荣耀征程阔步向前。

二十二 Optiwell钻井优化服务技术

该项技术是控制钻井成本、保障钻井安全的钻井优化技术，通过实时监控、分析钻井效率、井筒数据和时效数据，进行钻井时效优化管理、钻井工程分析解释等工作，能够有效识别钻井作业潜在的工程风险并提供合理建议，从而明显降低作业隐形损失时间及非生产时间，提升钻井工程的实施效率及安全性。2018年，该技术首次应用在我国南海东部，以其实时性、智能化的优化决策及标准规范化的操作流程，显著提高了钻井效率，降低了作业钻井成本，为钻井提速、提效提供了技术支撑。目前，该技术的服务项目已拓展至我国各个海域。

第三章

致力绿色低碳，牢牢占领国内LNG行业领军地位

液化天然气（Liquefied Natural Gas，LNG），把看不到、摸不到的天然气经过压缩、冷却，当其处于-162摄氏度时，形态会发生急剧变化，形成冰水般清澈透明的LNG。LNG无色无味，比水轻，不会污染水体，在常温下能迅速气化，在此过程中会产生大量的冷能。LNG的体积比同质量的天然气小625倍，相比汽油和柴油，LNG的单位热值更高，且燃烧产物主要为水和二氧化碳，几乎不含硫化物、氮氧化物、铅和粉尘，对大气环境的污染更小。

20世纪90年代中期，中国海油顺应国家能源战略，提出“油气并举，向气倾斜”的战略方针，牵头组织东南沿海引进LNG项目规划，拉开了我国大规模进口LNG的序幕。20余载善谋勇为，勤耕不倦，中国海油气电产业从无到有，从小到大，发展成为中国海油重要的清洁能源板块，确立了我国LNG行业的领军地位，为美丽中国的壮丽画添加清洁色彩。

第一节

锁定国际资源供应，履行央企责任

中国海油积极布局全球LNG贸易，通过长、中、短期及现货合同相结合，建立进口LNG“资源池”，保障国内LNG资源长期、多元、稳定供应。依托“资源池”强大的调节功能，中国海油积极履行冬春季节天然气保供任务、践行央企责任。同时，积极获取稳定的LNG资源，开拓国际市场，大力发展国际贸易，奠定了中国最大、世界第三的LNG供应商地位。

一 布局全球，打造多元稳定的资源池

截至2021年，中国海油已签署12个长期LNG合同，锁定长期LNG资源合同量3224万吨/年，来自澳大利亚、卡塔尔、美国等全球二十多个国家和地区。从2019年开始，中国海油LNG进口量已达到2769万吨，位居世界第三、稳居中国第一。截至目前，中国海油累计进口LNG2.3亿吨（约3200亿立方米天然气），为建设美丽中国提供了源源不断的绿色动力。

二 不断优化，锁定有竞争力的新增长期资源

2008~2014年，为响应国家有关政策要求、支持沿海地区接收站建设，中国海油先后与卡塔尔、道达尔、英国天然气（已被壳牌公司收购）、BP等公司签订了1310万吨/年的长期LNG资源。随着国际LNG市场发生重大转折，部分现有长协资源成为巨大负担。从2020年开始，天然气行业逐步形成上游油气资源多主体、多渠道供应，中间统一管网高效集输，下游销售市场充分竞争的“X+1+X”的市场格局。原有购运销一体的天然气经营模式被打破，市场竞争越发激烈。通过签署补充协议、完成价格回顾等方式，降低合同价格并增加长期资源灵活性。

为满足国内天然气增量需求，中国海油紧贴国际市场，积极研判决策，经

过与20多个LNG供应项目和资源商的深入谈判，先后签署多份框架协议，锁定多个新增长期LNG资源，合同量总计超过500万吨，在资源来源、价格挂钩指数、交付方式、灵活性等方面实现多方面创新和突破。

三 积极保供，履行央企政治和社会责任

中国海油积极履行央企政治和社会责任，在2017~2018年国内天然气冬季需求高速增长的背景下，面对缺口大、采购难的严峻挑战，以长期资源为基础，提前锁定充足的中短期现货资源，在保供关键时刻发挥了关键作用，保障了天然气资源稳定供应，在社会上引起较大反响，获得了国家能源局等多家单位的褒奖和肯定。2020~2021年供暖季，中国海油全力保供天然气供应量超240亿立方米，创历史新高。2021年1月前后，全国出现大范围极端降温天气，部分区域天然气需求激增，国家天然气管网压力多次迫近临界点，区域天然气供应紧张，中国海油充分发挥LNG灵活调峰作用，积极向国家天然气管网增补资源，全力缓解国家天然气管网压力，有力保障了区域天然气稳定供应。

2021年6~8月"迎峰度夏"期间，面对"淡季不淡"特殊形势，全力以赴推动提高海气增储上产水平，多措并举增供国际LNG资源，有力保障南方多个省份今夏期间燃气发电用气需求，获得当地政府较高肯定；供暖季前，中国海油提前做好资源筹措等各项工作准备，12月下旬，全国大范围寒潮降温天气持续，国内用气需求攀升，中国海油充分发挥天然气顶峰供应能力，全力保障资源供应，12月27日向国内供应天然气达2.42亿立方米，同比增加28.7%，创下单日供气量历史新高；2022年伊始，面对突如其来的浙江、天津等地疫情冲击，中国海油顶住压力，迅速组织启动应急保供，妥善应对、全力保障区域用气，确保重点地区天然气供应大局稳定。

在LNG领域上中下游多年深耕，中国海油积累了丰富的资源运作和产业协作管理经验，在保供关键时刻，通过资源协同运作、船期优化调度、生产销售计划管控等措施，发挥出国家能源骨干企业关键作用，为国内天然气稳定供应、人民群众温暖过冬提供了保障。

四 推动海外基地建设，稳定LNG资源来源

2015年5月20日，中国海油全产业链拥有的25%权益的澳大利亚柯蒂斯LNG液化项目投产，至2020年年底，已累计生产LNG4344万吨，其中2484万吨供应中国海油国内市场，实现了集团公司党组建设海外LNG生产基地的战略目标，这是中国海油成功实践国家“走出去”能源战略，实现了中国海油从LNG“资源购买”到“参与项目投资”的重大突破，保障了国家天然气供应安全。柯蒂斯项目是全球首个投产的大型煤层气制LNG项目，包括上游勘探、开发、生产、处理、管输，中游液化和销售等业务，LNG产能850万吨/年。该项目在投资控制、储量规模、工程进度和原料气源锁定等方面均达中国海油决策的可研预期，在同类项目中单位成本控制也有明显优势。

中国海油气电集团2010年和2013年两次签署该项目资产收购和LNG资源采购协议，整体进入柯蒂斯项目。截至2020年年底，中国海油在柯蒂斯项目已获权益LNG1143万吨。中国海油充分利用自身资源，从技术上对项目开发生产提出优化建议方案，从管理上实施“非作业者管控”，在维护利益、应对低油价和提质增效等方面发挥了重要作用，也为未来中国海油海外天然气资源获取和项目管理积累了相关经验。

五 开拓国际市场，大力发展国际贸易

为做强、做优、做大国际贸易，中国海油逐步推动建立以北京、香港、新加坡、伦敦和休斯敦5个国际贸易分支机构为主的全球贸易网络。目前，中国海油已在香港、新加坡设立气电集团国际贸易公司，其中，新成立的新加坡国际贸易公司已完成组织机构设置，将充分利用新加坡LNG国际贸易中心的优势和地位，抢占市场机会，开拓国际业务。

中国海油通过多种方式进行国际销售，是最早向日本、韩国、泰国等国家和台湾地区开展LNG国际贸易的中国公司，目前，国际现货LNG销售量累计已超过500万吨。同时，气电集团全面推进国际新兴LNG市场开发，尝试通过LNG罐箱等新型方式开发菲律宾、缅甸等东南亚市场，2019年12月，气电集团首次实现通过LNG罐箱海运方式向柬埔寨出口LNG，开辟了国际销售新渠道。

六 打造海油LNG运输船产业

中国海油是国内首批获得国内LNG船舶运输资质的公司之一。作为国内LNG运输行业的领军企业，公司参股10艘大型LNG运输船，自主开发船型、设计建造了总运力超过160万立方米，覆盖LNG远洋运输和国内二程转运的完整LNG运输产业链条。同时建造了全球首艘3万立方米LNG运输船，全球首艘双燃料LNG港作拖轮，亚洲首艘纯气体机LNG港作拖轮，亚洲首批LNG动力平台供应守护船，在推动LNG作为船用清洁能源方面发挥了良好的示范带头效应。

LNG运输船被誉为造船行业“皇冠上的明珠”，属于高技术、高价值的高端制造项目，是涉及LNG运输船产业链的系统工程。中国海油积极带动国内LNG运输船产业发展，从2006年国内第一艘LNG运输船“大鹏昊”（图3-1）开始就坚定践行“国船国造”政策，推动国内造船厂不断实现技术革新，目前，部分国内船厂已经具备国际先进水平，带动国内LNG运输船产业链国产化超过55%，为国家LNG运输船产业的高质量发展作出了重要贡献。中国海油LNG运输船纵横四大洋，助力祖国在未来的清洁能源领域再攀高峰，为中国千家万户送去源源不断的清洁能源。

图3-1　国内第一艘LNG运输船“大鹏昊”

“海洋石油301”是我国首艘高度智能化的LNG运输船，兼具LNG浮式储存功能。2015年11月，中国海油成功将“海洋石油301”用于巴厘岛，创造了全球首次LNG运输船用作浮舱并进行船对船过驳的历史纪录，同时推动中国船级社基于此发布了全球首部LNG运输船兼作浮式储存装置实施指南。2016年6月，印度尼西亚总统佐科·维多亲自考察该项目，推动了该LNG应用模式在印度尼西亚乃至其他国家的应用，不仅为国家创收了外汇，还极大提高了我国石油公司在国外的知名度及话语权，有助于进一步打通连接上游资源与下游用户的渠道，提高了我国在国际LNG贸易领域的议价能力，在东南亚乃至世界树立起了中国LNG品牌，在推动东南亚LNG清洁能源使用和生态文明建设方面作出了重要贡献。

第二节

天然气基础设施形成规模优势

20世纪90年代中后期，受原国家计委委托，中国海油牵头组织了我国东南沿海各省市（广东、福建、浙江、上海、江苏）引进LNG项目的规划研究工作，在国内率先开展了液化天然气（LNG）事业。2019年年底，中国海油累计投产LNG接收站10座，LNG接收处理能力达到4520万吨/年，建成天然气管道长度5440千米。中国海油依托先发布局和前瞻性战略指引，在LNG接收站领域奠定了全国规模第一的地位。

一 LNG接收站多点布局

2002年12月，中国海油成立中海石油天然气及发电有限责任公司，2008年重组成立中海石油气电集团有限责任公司（以下简称气电集团），启动沿海LNG接收站建设。2006年，建成投产中国大陆第一座LNG接收站——广东大鹏LNG接收站（图3-2）。随后，在国家天然气发展规划指引下，中国海油加速LNG产业战略布局，福建LNG接收站、上海LNG接收站、浙江LNG接收站、珠海LNG接收站、天津LNG接收站、海南LNG接收站、深圳LNG接收站、粤东LNG接收站等沿海多个LNG接收站的建设顺利推进。

2009年，福建LNG接收站、上海LNG接收站建成投产；2012年，浙江宁波LNG接收站建成投产；2013年，珠海LNG接收站建成投产；2014年，海南洋浦LNG接收站建成投产，天津浮式LNG接收站建成投产；2017年，粤东LNG接收站建成投产。2017年年底，国家大力推进天然气产供储销体系建设，中国海油进一步突出规划引领，编制完成《中国海油2018—2030年天然气基础设施中长期布局规划》，全面推动储气能力建设。2018年，深圳LNG接收站建成投产；2019年，广西LNG接收站建成投产，福建LNG接收站新增5#、6#储罐建成投产；2020年，上海LNG接收站一期扩建，浙江LNG接收站二期建成投产。

图3-2　中国大陆第一座LNG接收站——广东大鹏LNG接收站

截至2021年年底，中国海油累计建成投产LNG接收站10座，LNG接收处理能力达到4520万吨/年，国家油气体制改革资产划转至国家管网集团后，仍运营5座，LNG接收处理能力2960万吨/年。同期全国已投产LNG接收站约22座，LNG接收能力到9000万吨。中国海油在LNG接收站领域奠定了全国规模领先地位，形成了以东南沿海为基础、覆盖全国东南沿海市场的多点布局格局。同时，江苏LNG接收站一期及扩建、珠海LNG接收站二期正在建设中，建成后将增加LNG接收能力950万吨/年。此外，正在全力推进浙江LNG接收站三期、江苏LNG接收站二期、珠海LNG接收站三期、广东大鹏LNG接收站扩建等项目。

二 管网建设稳步推进

为支撑海气上岸和LNG接收站外输供气、满足市场开拓需要，气电集团自成立以来，致力于建设覆盖东南沿海地区的输气管网，积极推进沿海大动脉建设。2003年，在海南地区建成了第一条长输管线东方－洋浦－海口输气管道，之后气电集团陆续在广东、福建、浙江、山东、辽宁等地建设长输和城燃管线；2006年，珠海－中山天然气管道一期、广东大鹏LNG配套外输管道建成投产；2009年，海西管线一期、珠海－中山管线二期建成投产；2014年，辽宁仙人岛－大石桥管线建成投产。特别是"十三五"期间，为提高全国天然气供应能力，实现各种天然气资源联保联供，国家组织开展了全国天然气管道"互联互通"工程，中国海油积极响应，认真组织工程建设，2018~2020年连续三年均按国家要求时间完成了11项互联互通重点工程，体现了中国海油的政治担当。2016~2019年，新增长输管线600公里。广东地区：通过互联互通工程的实施，实现了海气、深圳LNG、珠海LNG、大鹏LNG等气源与广东管道、广东管网、西二线等管道的互联互通，打通了广东省天然气"南气北上"的通道，并于2018年、2019年分别提供了3000万立方米/天、4500万立方米/天的"南气北输"供气能力。同时，解决了深圳LNG、粤东LNG长期以来没有外输管线只靠槽车外输的孤站经营困境。福建地区：新增天然气供气能力580万立方米/天，另新增天然气应急调度能力2000万立方米/天。实现了西三线与海西管网、福建LNG互联互通，也因此成为漳州LNG未来的主要销售通道。天津地区：新增天然气供气能力192万立方米/天，待蒙西管道一期工程完工后，将实现海气、天津LNG、大港地下储气库、陕京管线、中俄东线的互联互通，对京津冀地区的天然气保供具有重要意义。

截至2021年年底，已建成天然气管道长度超5700公里，其中，长输管道超4170公里，城市燃气管道超1580公里，主要分布在海南、广东、福建、浙江、山东和辽宁等地区，有力支撑了天然气产业发展。按照国家油气体制改革要求，2020年中国海油将海南环岛管网、海西管网二期、广东省和浙江省管网股权、江苏LNG配套管线以及天津LNG配套管线等2936公里管网资产划至国家管网。

三　推动自主核心技术创新

气电集团抓住项目建设和生产运营关键技术需求的根本，与生产项目共同进行科研立项并开展研发，增加成果转化的源动力。以储罐技术为例，研发中心已累计参与设计建造54个大型LNG储罐（含在建），遍布东南沿海、辐射内陆，涉及项目总投资额达200多亿元。其中，首个自主技术工程化应用项目——天津LNG一期（2座3万立方米LNG储罐）已安全运营7年。与此同时，大型储罐技术持续优化升级，2016年以来，中国海油团队多次与来自法国、英国、韩国等多个国家的国际LNG行业知名工程公司和储罐技术公司共同竞标并胜出，中标多个大型LNG储罐项目。如联合海油系统内单位开展EPC，中标唐山、天津二期扩建工程，龙口南山工程等。应用自主技术建设的位于福建、天津、上海等地的16万~20万立方米储罐先后投产；位于江苏的4座22万立方米储罐目前已基本具备机械完工条件；江苏一期扩建工程、珠海二期工程共11座全球最大27万立方米储罐正在按计划开展工程建设，自主大型储罐技术、知识产权收益累计超5亿元（图3-3）。

图3-3　应用自主技术建设的我国最大LNG储备基地——中国海油盐城“绿能港”正在加紧建设

突破LNG关键技术和关键设备壁垒，形成自主核心技术体系。经过多年潜心研发，形成完整的“大小微浮”天然气液化技术序列，全面掌握大型LNG全厂工艺包技术和FEED（前段工程设计）设计能力。中小型液化技术已实现多个LNG工程项目的成功应用，且运营稳定，创效能力突出。成功研制绕管式换热器样机，具备中试条件；市场价近亿美元的低温软管输送系统已开始研制，并承担了集团公司关键核心技术攻关项目；自主开发LNG全容储罐系列技术，规模从3万立方米起步，目前已达到27万立方米。2018年11月，国内首座采用自主技术、自主设计、自主建造的16万立方米LNG全容储罐在天津LNG接收站成功投用，“CGTank®”品牌享誉国内，2020年9月，22万立方米全容式混凝土储罐在江苏成功升顶；形成从项目设计建设、投产保运到生产运营的LNG接收站全生命周期数字化技术，通过引进、消化、吸收、再创新，逐步提升接收技术水平，搭建“桌面上的数字LNG接收站”；首创接收站四维演化分析技术，荣获第18届世界LNG峰会中唯一的技术类大奖。

第三节

天然气发电走在国内前列

天然气发电被誉为“绿色电力”，与风电、水电一样是清洁能源。2001年，中国海油气电集团与广东省中山市政府成功重组中山嘉明电力有限公司，标志着中国海油正式进入电力行业，开创了油气公司在电力板块战略布局的先河。其后，气电集团陆续在广东、海南收购了深圳电力、洋浦电厂，进一步扩大了东南沿海电力板块的布局。目前气电集团天然气发电装机容量位居全国前列。

一 布局天然气发电终端

2008~2019年，中国海油加强企地合作，促成了一批天然气发电项目落地，迎来了电力板块飞速发展的黄金时期。中国海油电力板块飞速发展：在福建、广东等祖国的南方大地上，一度使得中国海油天然气发电机组装机容量跃居全国第三；2011年，在闽首家天然气发电厂——莆田电厂获得中国建设工程最高荣誉——鲁班奖；2014年年底，中山嘉明三期项目的建成投产，标志着中国海油拥有全国单厂装机容量最大的天然气发电厂；2015年，中国海油天然气发电量超200亿千瓦时，占当年全国天然气发电总量的11.5%，机组利用小时数在国内燃机行业名列前茅，远超其他同类型企业。

十年的发展壮大为电力板块标准化、精益化、数字化的高质量发展转型打下了坚实基础。截至2021年年底，中国海油天然气发电装机容量列居全国前五（图3-4）。

图3-4　截至2021年年底气电集团在运天然气发电厂情况

二 天然气发电行业中的领军者

目前，气电集团电力板块布局主要集中在东南沿海一带，共有10家企业（其中，控股7家，参股3家，在运营8家，在建2家），总装机容量1120万千瓦，涵盖GE、三菱、西门子等厂家生产的国内主流燃气发电机组，截至2021年年底，累计发电量超2000亿千瓦时，消纳天然气超500亿立方米，为中国海油天然气产业健康发展提供了有力支撑（表3-1）；与此同时，配套建成供热管网31.8千米，累计供热323.89万吨。配套管网的建成在满足当地集中供热需求的同时，既协助当地政府取代热网沿线小锅炉、降低安全风险、促进节能减排，又进一步提高了能源的综合利用效率，为地方绿色发展作出了突出贡献。

表3-1 2019~2021年气电集团在运天然气发电厂运营情况

	装机容量 /MW			发电量 / (10^8kw · h)			售电量 / (10^8kw · h)		
	2019年	2020年	2021年	2019年	2020年	2021年	2019年	2020年	2021年
福建发电	1544	1544	1544	27.5	21.9	20.84	27.2	21.7	20.56
深圳发电	595	595	595	10.4	8.6	12.48	10	8.4	12.11
珠海发电	920	920	920	32.3	32.3	34.08	31.7	31.7	33.49
惠州发电	2550	2550	2550	81.5	78.1	77.5	80	76.7	76.03
中山嘉明	2160	2160	2160	63.1	56	61.17	62.2	55.1	60.24
海南发电	441.4	441.4	441.4	10.9	9.8	14.94	10.6	9.6	14.61
合计	8210.4	8210.4	8210.4	225.7	206.7	221.01	221.7	203.2	217.04

随着电力市场改革的不断深化，气电集团于2020年成立中海油电力投资公司。该公司以电力投资、购售电业务、碳资产管理、增值业务等综合能源服务为主，致力于成为行业一流的综合能源服务商；在中国海油和气电集团党委的指导下，电力板块统筹发展，携手奋进，为中国海油天然气产业链持续、健康、高质量发展提供了坚实保障；2021年在广东省电力市场现货交易试结算期间，不断创出佳绩，实现了“量价齐优”；2022年，在长协市场获取电量约50.2亿千瓦时，为保证中国海油天然气市场占有率提供了有力支撑；为产业链增强电力市场竞争能力、避免市场交易风险探索出了一条“创新之路”。

气电集团坚持向改革要效益、向管理要效益，苦练“内功”，大力推动电力板块经营整合，及时建立气电价格联动机制，不断加强政策研究能力，狠抓业务预算管理，力促科技创新，为全板块向标准化、精益化、数字化、智慧化方向大踏步前进，不断求索。2021年12月10日，中国海油首批“智能工厂”项目——气电集团智慧电厂试点项目正式上线试运行，此项目围绕中国海油“1534”总体发展思路和“四个提升，两个促进”数字化转型要求，在珠海电力试点建设，通过物联网、云计算、大数据、人工智能等技术手段，将工业技术、电厂生产经营管理与信息技术深度融合，全面提升了电厂的安全、生产、管理和决策水平。气电集团将以“智慧电厂”为契机，遵循数字化“万物互联、协作共赢”理念，实现天然气发电的成本控制和利润增长，为中国海油实现碳达峰、碳中和贡献坚实力量。

第四节

商业模式开创先河

我国天然气产业在2015年迎来蓬勃发展的新局面，主要表现是产业模式由市场供应端向市场需求端发生转变，国家对产业市场化转型的政策要求也日趋完善，传统的购销经营模式已难以适应国际国内政策环境。在此形势下，中国海油主动应变，通过多种形式的创新商业模式，不断优化提升天然气产业链健康协调发展新思路，创新运营，构建LNG接收站共享平台，开创了LNG多式联运创造国内先河，“苏豫模式”则开启了中国储气能力建设新篇章。

一　创新运营，构建LNG接收站共享平台

中国海油充分利用LNG接收站串联式布局，发挥上下游资源市场调配能力，搭建LNG接收站共享平台，统一协调LNG接收站窗口期转让。中国海油负

责提供包括LNG资源代采、船期协调、报关报检等“一站式”服务。基于该模式，2018年起，中国海油与上海石油天然气交易中心紧密合作，共同推出“进口LNG窗口一站通”（简称“一站通”）产品，通过竞价或挂牌交易模式公开交易，实现商品化落地。截至2021年，已累计向市场提供并成交短期、中短期和中长期三类产品，合同期内可向“一站通”用户开放现货窗口期共44个。

通过搭建LNG接收站共享平台，中国海油实现了资源共赢、市场共享，重塑了LNG产业链价值。下游客户可以切实享受LNG窗口期开放红利，同时提升了资源保供能力，助力国家天然气产供储销体系建设，促进进口LNG产业健康、稳定、可持续发展。

二 创新营销，构建电子商务一站式服务平台

中国海油将传统天然气销售与互联网数字化销售相结合，开启“天然气线上直销”新模式。通过互联网，为客户提供多维度的服务及综合性能源解决方案，提升了市场客户对中国海油LNG品牌的认知度和忠诚度。

2017年，中国海油组建天然气销售运营管理中心，依托上海石油天然气交易中心及“海油商城”两大交易平台，通过统一客户服务呼叫体系，利用多媒体交互技术及互联网信息化手段，为市场客户提供在线注册咨询、物流查询、气量安排等“一站式”服务，打造了集互联网营销、客户服务、物流调度等为一体的全方位销售平台。平台“7天 × 24小时”不打烊，融合了预售、竞拍、团购、秒杀等新零售营销手段，销售区域覆盖27个省份（含直辖市、特别行政区），用户群由线下不足百家快速上升至1900余家。

三 化整为零，利用LNG灵活优势向下游市场持续发力

中国海油是国内LNG市场的重要引领者，经过多年发展，LNG供应已达到约占全国35%的市场份额，居全国首位。2017年，国家大力推行“煤改气”政策，中国海油发挥LNG保供优势，实现LNG销量快速增长。2019年，面临保供经营压力增大、国内天然气消费增速放缓、资源池成本高等不利形势，通过“增量气增量价”“固定量价＋套期保值锁定”等措施，持续提升海油液态市场

份额。2021年，在油价及现货成本不断上涨和新冠肺炎疫情暴发不利因素持续影响国内需求的情况下，为稳固LNG市场地位，中国海油采取“紧贴市场+动态灵活调整”策略，进一步巩固了中国海油LNG液态市场地位。

LNG销售主要包括三种渠道：一是针对未开通输气管网的中小城镇及大中城市边缘城乡，发挥LNG槽车灵活的优势，通过建设LNG气化站供应天然气；二是在管网无法达到或者铺设管网不经济的地区，通过移动网络向小型工业终端供气，可发挥LNG在陶瓷、玻璃、冶金等领域有效提升产品质量和工作效率的特点；三是作为车船燃料，LNG相对汽柴油清洁环保，经济性好，已在如重型卡车、城市巴士等领域应用多年。2020年，随着国家“限硫令”的全面实施，国内大多数船舶须改用低硫燃料，每天约有300万桶高硫燃料被取代，预计在相当一段时间内，LNG供应仍是补充国内天然气缺口的重要手段，LNG市场前景良好。

四 顺势而为，利用国家管网基础设施开启后管网时代新篇章

中国海油作为国内主要的天然气供应商之一，经过多年发展，在公司接收站及配套管道设施可覆盖区域内实现了常态化的LNG气化外输供应下游用户。2019年，国家管网公司成立，中国石油、中国石化、中国海油部分基础设施划拨国家管网，“X+1+X”的后管网时代正式来临。中国海油积极探索与国家管网在基础设施使用方面的合作，自2020年9月国家管网公司正式运行开始，中国海油成功打通向河北、河南、山东、山西、江苏、安徽、江西、湖北、湖南、广西、贵州11省直接供应LNG管道气的供气路径；增加北海接收站、大连接收站两个LNG资源供应点；实现文23储气库夏储冬采经营模式；连通国产新疆庆华煤制气供应华北内陆地区，极大增强了中国海油向下游用户的资源保供能力。

五 勇于突破，LNG多式联运创造国内先河

中国海油近年来大力优化LNG运输模式，积极开展LNG罐箱多式联运的探索和尝试。LNG罐箱“宜储宜运，宜水宜陆”，以罐箱堆场为“储运中心”，通过多式联运向需求侧运送资源，配合数字信息化系统，极大优化了LNG行业储、运、销模式。LNG罐箱物流储备转运站提升了LNG的储存与转运功能，

LNG罐箱多式联运“一罐到底”，将LNG运输载体转化成使用载体，互联网和物联网的助力同步实现了LNG线上交易、线下配送。

2018年11月，中国海油成功组织了国内首次LNG罐式集装箱运输项目，满载130箱LNG罐箱的“乐从”号专用船，历时8天，经由“海南洋浦-山东龙口（卸载65箱）-辽宁锦州”海上运程完成装卸，此举打通了“南气北运”海上通道，开启了LNG罐箱多式联运新篇章。2018年12月，24个LNG罐箱经过450海里的“跨年度”航程，由山东日照港运抵江苏南京龙潭港，首创LNG江海联运模式，对实施气化长江战略，推动长江经济带绿色发展具有重要意义；2019年12月，装载5个LNG罐箱的“方舟21”轮由广西防城港运往柬埔寨西哈努克港，标志着中国首批LNG罐箱通过21世纪“海上丝绸之路”成功出口东盟国家。

六 因势而变，LNG加注业务实现数字化转型

面对国内外传统能源市场的变革和转型，大力拓展LNG车船加注网络，利用自身的产业优势和资源调配能力，以数字化销售转型为契机，聚合行业各方力量，赋能LNG车船绿色交通产业，为终端用户提供经济、安全、高效、智能化的LNG加气服务方案，推动国内LNG绿色交通产业的快速、健康发展。

中国海油围绕LNG加注产业“数字化转型”的理念，着力推动LNG加注产业创新发展，自主建设运营了LNG加注电商服务平台“海气通”。截至2022年1月，累计注册用户量超20万，线上加注订单累计460万笔、加注销量约140万吨，线上销售收入约60亿元、销售毛利超5亿元，为助力中国海油构建LNG绿色交通体系，降低交通领域碳排放，早日实现双碳目标，促进交通能源结构转型和产业高质量发展，发挥了积极作用。

七 转型提升，奋力开拓LNG车船加注业务新局面

自2009年开始，中国海油着力推进LNG车船加注业务，以推动汽车、船舶、火车等交通工具燃料的清洁化为己任，以向客户提供优质的服务和可靠的资源为目标，为国家推进绿色发展、建设美丽中国贡献力量。

LNG车辆加注以“三线五港一环”规划大力推动绿色物流大通道建设，协助国家交通运输主管部门，联合重卡制造、物流运输、高速公路、投资融资企业，着力构建LNG重卡产业发展生态圈，打造“互联网+”LNG加注的清洁能源综合服务平台，推进重型柴油货车转换LNG燃料，配套建设LNG车辆加注基础设施，确保LNG价格稳定、质量可靠、供应有保障，建立覆盖全国的LNG加注网络，助力国家“十纵十横”运输通道绿色发展。

LNG船舶加注依托“两横两纵”规划，实施“气化长江”“气化西江”“气化京杭运河”战略，通过建造移动加注船，在沿海建设岸基式船舶加注站，在内河建设岸基式或趸船式加注站。2021年11月17日，中国海油中山黄圃LNG船舶加注站完成广东省首批新建LNG单一燃料动力船舶首次加注。同时，在长江沿途的江苏、安徽、湖北等省份整体规划LNG船舶加注业务，投资建设LNG接收中转站，推进LNG接收站反输功能，为船舶加注提供多元化的资源供应渠道和充足的资源保障。

截至“十三五”时期，LNG车船加注业务已累计实现终端销量近百万吨，为“十四五”时期实现高质量发展打下了坚实基础。

八　苏豫模式，开启中国储气能力建设新篇章

为深入贯彻落实习近平总书记重要批示精神，按照国务院关于天然气产供储销体系建设重点工作要求，保障民生用气安全稳定，补足储气能力不足的短板，在相关国家部委、地方政府的指导和支持下，中国海油与河南省合作创新“苏豫模式”。通过河南企业在中国海油江苏LNG接收站投资建设LNG储罐，中国海油负责“统一设计、统一建设、统一运营”，满足河南省储气能力需求，为河南省开辟了新的气源渠道。目前，中国海油江苏LNG接收站一期扩建6座LNG储罐（含“苏豫模式”两座储罐）已开工，计划2023年建成投产。

“苏豫模式”LNG储罐项目，是国内首例落实国家发改委、国家能源局关于通过多种方式满足储气能力，具备天然气管网互联互通的地区在异地投资或参股建设储气设施相关要求的标志性项目。该项目可以充分利用现有接收站的公共设施、码头和预留建设用地资源，多元化投资建罐，统一建设运营，共同建设LNG储备基地，为集约化建设储气设施、安全运营、降低储气设施投资与运

营成本、满足各方需求、节约土地和岸线资源、避免LNG储罐“遍地开花”起到了积极示范作用，同时，为各省市及城燃企业的天然气储气与供应提供了新的解决方案，具有极强的借鉴意义。

第五节

科研创新助推能源结构

中国海油贯彻落实中共中央、国务院重大决策部署及国资委工作要求，始终坚持把科技创新作为引领企业科学发展的第一动力，充分发挥核心技术的引领作用，聚焦重大关键核心技术攻关任务，致力于气电产业高端技术创新与工程应用，牢牢占据国内LNG行业技术领军地位。通过引进、消化、吸收、再创新，形成从项目设计建设、投产保运到生产运营的LNG接收站全生命周期数字化技术，搭建“桌面上的数字LNG接收站”。利用信息技术平台独创全三维动态模拟技术，荣获国内首个世界LNG技术创新奖，“CGDsim®”品牌在国际业界扬名。

一 发挥核心技术引领作用，支撑产业高质量发展

中国海油持续加大科研投入，努力打造国际一流的LNG全产业链核心技术体系和中国海油“CGTechnology®”技术品牌群。以掌握LNG技术内核为目标，重点布局技术含量高、投资额度大、关键核心技术进行攻关，构建起以天然气液化技术、LNG接收与存储技术、清洁能源综合利用技术为核心的自主技术体系，创建了“CGTank®”“CGDsim®”“CGLiq®”等技术子品牌，打造了一批差异化特色技术和助力降本增效的“管用”技术，支撑了中国海油气电产业高质量发展，引领了中国LNG核心技术的发展方向。

一是创造国际一流的核心技术品牌。由小到大、创新应用，自主开发LNG全容储罐系列技术。从3万立方米起步到全球最大27万立方米储罐工程应用，研

发中心已累计参与设计建造54个大型LNG储罐（含在建），遍布东南沿海、辐射内陆，涉及项目总投资额达200多亿元，自主储罐技术市场占有率居国内首位。目前正在开展30万立方米超大容积储罐技术和半地下储罐、洞穴式地下存储等新型储罐技术研究，LNG低温存储技术不断刷新国际记录；由易到难，比学赶超，形成了从项目设计建设、投产保运到生产运营的LNG接收站全生命周期数字化技术，搭建"桌面上的数字LNG接收站"，利用信息技术平台独创四维动态模拟技术，荣获国内首个世界LNG技术创新奖；由点及面，延伸开发，形成了完整的"大小微浮"天然气液化技术序列，全面掌握大型LNG全厂工艺包技术和FEED（前端工程设计）设计能力。在此基础上，完成了30万立方米/天的大型LNG绕管式换热器样机研制和工业化测试，中国海油成为继美国APCI和德国Linde之后全球第三家具备大型LNG绕管式换热器研制能力的企业。

二是打造支撑差异化发展的特色技术。独立开发天然气管输特色技术，解决了我国东南沿海复杂管网调质调峰调度难题，为近年来冬季京津冀保供和广东省"南气北输"提供了强有力的技术保障，对全面实施中国海油上下游一体化天然气基础设施中长期规划、促进东南沿海管网互联互通、推动长江以北天然气储备体系建设、促进"海气+LNG"资源供应协同发挥作用、保障天然气安全稳定供应有着重要意义，隐形效益巨大；推动天然气发电技术差异化发展，在传统天然气发电技术的基础上，适应产业发展的新需求和中国海油差异化发展的新目标，形成分布式能源项目前期研究及设计能力，为中国海油首个燃气分布式能源项目——南京禄口机场燃气分布式能源提供PMC第三方项目管理支持，国内首套LNG冷能发电技术在上海LNG接收站、浙江LNG接收站项目上实现工程化应用，为LNG项目冷能综合利用提供新思路、增创新效益；开创LNG罐箱多式联运技术及商务新模式，在国内首次实现了LNG罐箱江海联运。中国海油为LNG运输开拓了新模式，为打赢"蓝天保卫战"吹响了进军号。

三是形成了助力降本增效的"小而精"的"管用"技术。为中国海油资源获取和市场开拓提供技术助力。深入开展柯蒂斯项目生产运营技术支持工作，围绕柯蒂斯项目需求开展低渗区煤层气潜力开发关键技术、煤层气排采技术优化等技术研究，连续多年为柯蒂斯项目提供CDP（总体开发方案）的技术及经济性风险评估和审查服务，为国际公司海外资源基地项目提供前期研究服务和技术支持，为中国海油东南亚市场和"一带一路"沿线市场开拓提供长期深入的技术支撑；为中国海油产业发展和战略布局提供参考，为气电生产经营实际问题提供解决方案。形成政策与产业研究团队，聚焦产业链及天然气市场、油气体制、新兴能源发展及产业政策开展跟踪研究，为中国海油产业发展提供政策性建议；深度参与中国海油区域性规划、科技专项规划、专项规划等规划制订工作，在气电产业布局方面发挥参谋作用；创办《LNG产业与技术》等专业内刊，为中国海油技术创新提供信息交流和上下游沟通的平台，聚焦气电生产经营中的专项问题提出针对性解决方案，每年通过提供多项技术优化方案和工程设计服务，降本增效节约生产成本近9000万元。

二 持续推动关键核心技术攻关，“解卡”能力在国内行业处于前沿

一是放眼长远，关键核心技术解瓶颈。找准制约产业发展的技术难点，着力推动LNG产业链两项关键核心技术的攻关；开展国产R0110改进型燃气轮机运行试验研究，建设国内首个完全自主知识产权低排放重型燃气轮机示范项目。

二是立足未来，前瞻技术研究补短板。以国内外天然气及LNG行业的知名企业或研究机构为对标对象，加强对未来技术发展趋势研判，布局近远端未来技术发展方向，进一步巩固技术领军地位，充分发挥科技引领作用；积极开展氢能、地热能利用及海上储气库等前瞻性基础研究，研发中心成立中国海油系统内唯一专门研究氢能技术的专业研究所——氢能与天然气利用研究所，牵头开展中国海油的氢能规划及技术研究工作，向新能源跨越提供技术支撑。

三是创新科技成果转化机制体制，增值增效成果突出。创建“1+1+1>3”模式，带动中国海油内部产值超百亿元。以LNG储罐核心技术为引领，不断优化中国海油气电集团、海油工程、炼化公司建立“1+1+1>3”的中国海油自主设计、采办、建设的EPC管理模式，发挥三家参与单位各自优势，组建一支中国海油中下游工程EPC强队。该团队在与国内外同行的竞标中屡次胜出，工程EPC实力名列业界前茅。以核心技术为引领的“1+1+1>3”模式已带动海油工程、炼化公司产值累计达116亿元，未来3~5年的预计产值还有200亿元左右；构建知识产权共创共享模式。一方面，搭建知识产权及收益共创共享的新型合作模式，以“风险共担、资源共有、利益共享”为原则，围绕技术研发、产品制造、推广应用各环节，形成LNG技术和装备国产化集群式发展态势；另一方

面，持续加大研发投入，带动合作伙伴数倍的配套资金投入，整体提升行业科研投入水平和创新水平，撬动更多行业资源。“三新三化”工作助力LNG项目国产化率提升。以提升LNG项目国产化率为目标，开展LNG配套设备国产化研究工作，推动多项关键设备的国产化研制与国产替代工作，实现了中国海油LNG接收站国产化率提升至90%以上。成立液化天然气装备与材料国产化技术专业工作机构，紧密结合气电发展方向和业务需求，形成四个专业发展方向，重点推进LNG高压泵、浸没燃烧式气化器（SCV）、LNG装船泵等新一批关键设备的国产化研究。不断推动设计标准化、采办标准化研究和应用工作，为气电机关部门的管理和项目公司的建设与运维提供技术支撑。

三 领军国内LNG标准化工作，巩固提升行业话语权

一是牵头国内LNG行业标准化工作，助力新技术推广。中国海油气电集团作为全国石油天然气标准化技术委员会液化天然气分技术委员会暨石油工业液化天然气专业标准化技术委员会秘书处承担单位，负责归口管理国内液化天然气专业生产、项目建设、储运、再气化、贸易交接、全能量利用、天然气液化、健康、安全、环保等方面的国家和行业标准，从标准制修订和推广应用方面不断提升中国海油在LNG行业的影响力和话语权，不断助力LNG罐箱等新技术的发展，助推相关新业态的培育和发展。

二是推动LNG行业国际标准制修订，提升国际影响力。气电集团作为中国液化天然气行业的领军企业，是目前唯一一家代表中国参加国际标准化组织——石油石化设备材料与海上结构标准化技术委员会液化天然气（LNG）分委员会SC9的单位，曾多次参加国际标准制修订的讨论，代表中国LNG行业与企业在国际标准制修订中发出中国声音。

三是牵头多项国家和行业标准的制修订工作，推动LNG产业向好发展。截至目前，气电集团作为第一起草单位起草的国家标准共8项，作为主要起草单位参与起草的国家标准共15项；作为第一起草单位起草的行业标准共16项，作为主要起草单位参与起草的行业标准共11项。通过标准的制修订不断巩固和提升中国海油在LNG行业的影响力和话语权。以2018年年底由气电集团牵头制定的国家标准《液化天然气接收站能力核定方法》为例，该标准的出台极大地

提高了资产利用率，有效提升了中国LNG行业整体竞争力，为我国天然气产供储销体系建设的扎实推进提供了强有力的保障。该标准获得中国海油首个石油天然气工业优秀标准一等奖。

目前，中国海油累计进口LNG 2.3亿吨，占全国累计LNG进口量的56.1%，为国家减排二氧化碳约3亿吨，相当于植树8亿棵，对治理大气雾霾起到重要作用，绿色低碳环保效果显著。截至2020年，中国海油是国内第一、世界第三大LNG买家，在与欧美、日韩、亚非等地区的各大能源公司、资源商合作中，摸索出了丰富的合同谈判、国际贸易等经验，培养出了一大批国际谈判和贸易人才队伍，在中国逐渐成为世界第二大LNG进口国的今天，中国海油将为以后LNG资源获取、保障国家经济利益发挥重大作用。中国海油已将“绿色低碳”作为公司发展战略之一，将为建设美丽中国增添源源不断的绿色动力。

第四章 打造全产业链、上中下游一体化产业布局

中国海油自成立以来，保持了良好的发展态势，由一家单纯从事油气开采的上游公司，发展成为主业突出、产业链完整的综合型能源集团，形成了油气勘探开发、专业技术服务、炼化与销售、天然气及发电、金融服务等主要业务板块。

在发展过程中，中国海油建立了与上游资源量相匹配、与下游市场需求相贴近、规模较为适当的炼化业务，在上下游一体化产业链中发挥了重要作用，有力支持了油气勘探开发业务的发展。截至2021年年底，中国海油集团公司拥有原油一次加工能力4300万吨/年（不含参股企业），乙烯产能220万吨/年，PX产能100万吨/年（另有在建310万吨/年产能计划2022年年底投产），化肥产能459万吨/年，为中国海油发展为国际能源公司打下了坚实的产业基础。

中国海油炼化与销售业务应油气开发需要而生，随油气开发扩张而长，已成为油气资源实现价值及增值的重要环节，是上下游一体化协调发展的关键所在，是中国海油产业价值链最大化的重要保障。

第一节

发展炼化产业，延伸产业链

一 建设中海壳牌项目，进入炼化产业

20世纪80年代，中国海油在渤海及南海分别发现了绥中36-1和流花11-1大型油田。为提高此类高黏度重质油田效益，中国海油从20世纪80年代末期开始探索炼化领域对外合作，寻求进入下游产业政策的突破，并在1988年与壳牌公司启动了中海壳牌项目（最早称作南海石化项目）。

1987年，中国海油成立了炼油项目组，开展市场调查、厂址勘察和合作方选择等工作。南海石化项目是中国海油筹备的第一个下游项目，项目组考察了多个地点，最终认为大亚湾更具优势。

1989年，中国海油在杭州召开的领导干部会议提出，将"开拓炼油化工新领域"作为公司五大发展战略之一。

1990年9月29日，国务院总理李鹏、副总理姚依林、国务委员邹家华听取中国海油南海石化项目汇报。

1993年3月13日，国务院总理李鹏会见英国壳牌集团董事长吉宁斯。

1993年9月1日，上海东海石油浦东公司所属月浦加油站投运，成为中国海油第一座加油站。

1993年10月1日，南海石化项目500万吨炼油、45万吨乙烯规模项目的可行性研究报告完成。

1994年2月5日，国务院总理李鹏和副总理邹家华在深圳听取中国海油广东惠州石化项目情况汇报 。

20世纪90年代初期，中国海油在莺歌海自营勘探发现东方1-1气田，为有效利用该气田所产低热值、富含二氧化碳的天然气，考虑其适合生产尿素的特点以及当时国内化肥非常紧缺的情况，中国海油开始筹备进入化肥生产领域。

1996年，中国海油"九五"规划提出了"开拓下游、发展海外"的战略，

并将“向下游拓展，建设石油、天然气加工和化肥、化工产业”作为下游发展的指导思想。

1997年初，中国海油与地方炼厂合作生产的沥青开始进入大规模工业试生产和试用阶段。

1997年7月，在金融危机的冲击下，国际石油价格急剧下跌，使中国海油濒临亏损。严峻的形势更加坚定了中国海油实施上下游一体化的决心。

1998年2月16日，由荷兰壳牌南海有限公司和中国海油、广东省投资开发公司、招商局集团有限公司联合投资兴建的南海石化项目框架协议在荷兰国会大厦举行签字仪式。国务院总理李鹏和荷兰首相科克出席了签字仪式。中外方各占该项目50%股份，中国海油占有40%股份，是中方牵头股东。

2001年，中国海油“十五”规划将发展海上天然气摆到了一个重要的战略位置，提出了“依托上游、发展下游”的方针。

在2004年2月召开的总公司年度工作会议上，傅成玉明确提出：做实中下游项目，完善公司新产业链条。

2000年前后，为有效开发利用以绥中36-1油田为代表的渤海湾重质原油，提升资源价值，中国海油通过定点加工、股权收购等方式逐步向下延伸发展石油炼制领域；同时，中国海油在渤海湾发现蓬莱19-3亿吨级整装油田，所产原油具有质重、黏度高、酸值高，且氮、盐及重金属含量均较高的特点，国内炼油厂无法单独大规模加工，为解决这种重质化、劣质化原油的加工，决定独资建设惠州炼油项目，集中加工海洋高酸重质原油，完善上下游产业链，实现集团利益最大化。

2002年11月1日，中海壳牌南海石化项目奠基仪式在惠州市大亚湾举行，标志着该项目在经历了14年的漫长筹备之后，终于全面开工建设。

2005年12月30日，南海石化项目实现机械完工；2006年1月26日，投料试车；3月23日，生产出来的产品全部合格并进入储罐，实现了项目一次投产成功。

2006年3月31日，在惠州大亚湾畔的石化联合工厂内，中海壳牌举行了隆重的投产庆典仪式。南海石化项目是当时中国国内最大的中外合资项目，总投资42亿美元，由中国海油、荷兰皇家壳牌和广东省合资建设。石化联合工厂的11套主要生产装置按照国际标准设计，其中7套装置达世界级规模；13项专利技术在世界同行业处于领先地位，核心装置乙烯裂解装置原料可采用石脑油，也可采用凝析油，这在国内化工史上尚属首例。

南海石化项目历经12年谈判、2年项目审议、3年建设，于2005年12月30日完工，2006年1月29日顺利生产出合格的乙烯和丙烯产品，下游装置也随之陆续投产。这个项目可年产80万吨乙烯和43万吨丙烯，还可产出45万吨裂解汽油、45万吨聚乙烯、55万吨苯乙烯等产品，产品年产量达230万吨。

二 建设惠州炼油项目，实现炼油化工一体化

中国海油为在大亚湾实现产业布局上的炼油化工一体化，于2001年5月启动惠州炼油项目。

2004年7月21日，在温家宝总理主持的国务院总理办公会议上，通过了由中国海油独资建设惠州炼油项目的审批报告。8月3日，1200万吨/年惠州炼油项目可行性研究报告获得国家发改委正式批准。

2005年11月28日，中海石油炼化有限责任公司在北京成立。2005年12月15日，年加工能力1200万吨的中国海洋石油惠州炼油项目，在惠州大亚湾经济技术开发区开工。该项目总投资170多亿元，以集中加工渤海高含酸重质原油为主，包括常减压蒸馏、加氢裂化、延迟焦化等15套主要生产装置，配套原油和成品油码头、储罐、铁路等公用工程设施。该炼油项目是“以上游为主、找油找气”的中国海油调整经营结构的一个信号，中海油正在把产业链延长到陆上炼油领域。

2004年11月10日，油气利用公司与香港利万、北仑电力、振洋化工、天成能源等公司签署股权转让协议和合资合同，实现了中国海油对大榭石化的绝对控股。大榭石化成为中国海油在长江以南市场腹地最具地域优势的重交沥青和燃料油生产基地。

2005年12月29日，天野化工正式并入中国海油。对天野化工的并购使化肥产业成为中国海油下游业务板块的重要支柱。中国海油化肥产业的整体规模进一步扩大，在国内具备了一定的规模优势。

2006年10月23日，中国海油与中化建重组工作会议在中国海油总部举行。中国海油和中化建的强强联合，有利于中国海油化肥产业板块进一步做大做强，

为中国农业发展、为建设社会主义新农村作出更大贡献。

2007年3月后，惠州炼油项目基础施工全面开展。

2007年4月12日，国资委发布重组通知，中国化工供销（集团）总公司并入中国海洋石油总公司，成为其全资子公司。5月30日，中国海油与中国化工供销（集团）总公司召开重组大会。会上表示，中化供销经过几十年的发展，以贸易为主业，在化学品分销领域拥有较高的知名度和影响力，多年来积累的贸易营销的网络资源、专业化的职工队伍和管理经验，以及仓储设施和物流服务等综合优势，将为中国海油的业务发展提供有益补充。

2008年1月16日，中捷石化与炼化公司签署股权转让协议。中捷石化将60%股份转让给炼化公司，组建新的合营公司——中海石油中捷石化有限公司。

2009年3月，惠州炼油项目工程建设任务基本完成，随即转入开工投产阶段。2009年6月18日，惠州炼油项目投产成功。惠州炼油项目顺利建成投产，使我国高酸重质稠油资源得到充分利用，每年可向广东省及华南地区投放700多万吨优质汽油、煤油、柴油以及其他400多万吨的石化产品。惠州炼油项目的成功投产，结束了中国海油“有采无炼”的历史。

2009年7月2日，中海石油炼化有限责任公司（简称“中海炼化”）签订转让协议，中海炼化持有和邦化学67%的股权。11月23日，和邦化学公司更名为“中海石油舟山石化有限公司”（简称“舟山石化”）。

2009年9月，中海炼化通过国有产权划转的方式，无偿受让潍坊市国资委持有的山东海化集团51%的股权，完成对山东海化集团的收购。

自1999年中海油气开发利用公司、2000年中海石油化学有限公司成立，至2006年合资公司中海壳牌（CSPC）建立及2009年全资公司中海炼化惠州炼油项目投产，经过“资源委托加工、企业合作并购、自主独资建设、产业重组整合”4个阶段、20余年的发展，中国海油初步建成了以惠州大亚湾、宁波大榭岛和海南东方工业园石化基地为代表的炼化产业布局。炼油和乙烯产能位居国内第三位，化肥和沥青产能也位居国内行业前列，并形成了以“中海油36-1”重交道路沥青、“海疆”牌环保橡胶油、富岛及撒可富化肥等为代表的炼化产品品牌。

三 “两洲一湾”区域布局

2008年3月，中国海油启动了核心主业中长期发展专项规划，炼油和化工产业在这个规划中首次提出了“两洲一湾”战略。提出炼化产业“两洲一湾”战略的主要原因是：第一，我国经过30年的改革开放，沿海地区已经形成了长江三角洲、珠江三角洲和环渤海湾地区三大经济区域，2006年三大经济区实现生产总值82027亿元，占全国GDP总量的55.1%。第二，从对国家宏观经济的综合分析可以看出，我国成品油和乙烯产品的消费市场主要集中在东南沿海地区。特别是长三角和珠三角地区发展较快，将中国海油的炼化产业布局在珠三角和长三角等主要消费市场，有利于增强企业未来的竞争能力。第三，受振兴东北老工业基地的政策影响，环渤海湾地区具有良好的投资环境和建设条件，实施差异化战略，采用先进技术，适时规划建设炼化产业基地，有利于提高中国海油炼化产业的影响力。

2008年7月9日，总公司管理委员会听取了炼油和化工产业规划及实施情况汇报，提出了五项要求：一是立足于国际建设；二是立足于国内国外“两种资源、两个市场”；三是立足于保障国家能源安全；四是立足于规划项目的经济性；五是立足于差异化原则。在此基础上制订发展规划。

实施差异化包括五个方面：第一，发展规模差异化。惠州立足国内市场，面向东南亚市场，建设4000万吨炼油和300万吨乙烯，实现销售收入3000亿元。实现大规模、低成本，即实现生产销售成本差异化。第二，技术和产品差异化。选择先进技术，确定差异化产品结构，引导市场差异化，利用“两种”资源，发展特色产品，延伸产业链，重质油研究中心要为炼化产业贡献差异化技术成果，用于指导产品的市场开发。第三，产品销售和网络建设差异化。利用“两个”市场，规划商业和战略储备，建设储备油库等设施，实现油品贸易与销售相结合，原油、成品油商业储备、战略储备与生产经营相结合，油品储备与覆盖销售网络相结合，控制市场与占有沿海码头和土地资源相结合。通过商业储备和战略储备，提高油品储备能力，增强销售手段，实现多渠道、多领域集中统一销售，大力参与原油和成品油贸易。第四，管理效率差异化。在人力资源制度上，炼化产业要与国际接轨，在用人数量和结构上优于国际国内同行业标准。第五，发展方式差异化。要立足于国内外资源和市场审慎在华北、长三角、珠三角布点，选择并购大型炼厂，贴近炼厂合理建设销售网络，实施“走出去”战略，参股或控股海外炼厂，销售要延伸到将要形成的东南亚自由贸易区。

根据总公司管委会确定的炼化产业规划原则，炼化产业发展规划的范围为：全面覆盖总公司原油进出口、炼油、石油化工业务发展，涉及领域包括原油进出口、炼油、石油化工、精细化工、沥青、润滑油、燃料油、成品油和化工产品的生产、销售及储存等。

2008年，中海炼化编制完成《中国海洋石油总公司炼油与石油化工中长期发展规划》，标志着“两洲一湾”战略正式形成，其主要内容包括用10~15年的时间，建成珠三角、长三角和环渤海湾地区三个炼化一体化石化基地，形成以油品、合成材料、有机原料为主体的炼油石化产业集群：重点做大做强惠州炼化一体化综合型石化基地，适时规划建设长三角和环渤海湾石化基地，发展若干个特色化工园区，培育一批优秀企业。

在珠三角地区：建设惠州石化基地，包括中海壳牌南海石化项目、惠州炼油一期项目、惠州炼油项目的改扩建工程、中海K氏项目、ABS项目、烯烃项目，以及海油发展的裂解汽油综合利用项目、煅后焦综合利用项目与加氢尾油综合利用项目等。

在长三角地区：建设大榭石化二期扩建项目、三期馏分油综合利用项目，大榭/舟山实行石化一体化经营。同时，对泰州石化进行改扩建，提高生产能力。

在环渤海湾地区：一是对中捷石化进行改扩建；二是成立炼化山东公司，加强环渤海湾地区炼化设施的建设，其中主要是油库、码头的建设；三是加快中沥项目改扩建；四是收购山东海化，做大炼化及盐化工产业。

四　拓展终端市场，实现产销一体化

（一）初步进入成品油终端市场

由于长期没有大型炼油厂，中国海油始终没有成规模地进入成品油销售领域，而随着2001年惠州炼油项目启动，中国海油必须要考虑项目投外后每年700万吨成品油的销售问题，其中，核心问题是如何进入零售市场，这是因为国内成品油的批零差价很大，零售市场利润丰厚；同时，自主的零售网络在成品油需求疲软时，能够极大地分担炼油厂和批发环节的出货压力，而不至于出现成品油“憋库”的不利情况。

2003年3月，中国海油成立炼化事业部，下辖惠州炼油项目组和成品油项目组。成品油项目组下设市场营销部，专门负责成品油市场的开发。市场营销部主要从事3个方面的工作：一是编制了《中国海油销售网络规划》。通过大量前期调研，先后完成了珠三角、福建、长三角、环渤海湾等地油库的市场调研及相关的前期工作，并在此基础上制定了《中国海油成品油营销建设发展规划》。二是编制了《中国海油加油站管理手册》。成品油项目组成立伊始，就依托标识工程，全面推进和树立中国海油下游领域新的品牌形象。加油站形象标识建设是成品油营销终端建设的一个重要环节，在树立和展示公司形象、扩大企业品牌影响力方面发挥了重要作用。三是推进成品油终端销售业务。通过市场调研，完成了炼厂物管和成品油销售方案，对销售计划、销售管理、营销策略、物流配送、品牌管理及客户服务管理等内容进行了补充、完善，并与主要客户签订了产品购销意向书。

2005年，在惠州炼厂成品油的预销售工作中，成品油项目组就航空煤油目标市场、物流方案等与中国航空油料公司沟通洽谈，最终签署了战略合作伙伴关系框架意向书。

2005年11月28日，中海石油炼化有限责任公司（简称“中海炼化”）在北京成立；2006年2月，撤销炼化事业部。中海炼化的成立，标志着中国海油炼化板块正式形成，为中国海油打造国际一流综合型能源公司奠定了重要基础。

2006年1月，中国海油着手并购重组上海星城石油公司（简称“上海星城”），进入上海成品油市场。

2007年5月23日，中海石油炼化有限责任公司、中海石油炼化有限责任公司销售分公司（简称“中海炼化销售分公司”）成功获得成品油批发资格和仓储经营资质。自此，中国海油进入成品油终端领域。

（二）组建炼化销售分公司

2006年4月18日，中国海油总公司批准炼化公司成立销售分公司，正式启动成品油终端销售业务。炼化事业部成品油项目组的相关职能和人员一同并入炼化销售分公司。6月27日，炼化销售分公司在广州开发区注册成立，销售网络初步形成。炼化销售分公司提出，在加油站的开发模式上要做到“五个结合”：批发与零售相结合、收购与新建相结合、自营与合营相结合、集中与分散相结合、陆地与水上相结合的模式，在城区国道、高速公路、陆地、水上进行布点，经营方式上可以独资，也可以控股合作。炼化销售分公司先后派出3个小组分赴华东、华南和华北进行市场调研，通过对珠三角、长三角和环渤海湾地区成品油营销网络现状及规划的详细考察，编制完成了广东、华东和环渤海湾3个地区的营销网络开发方案，形成了“两洲一湾”的营销蓝图。面对成品油终端市场竞争激烈的局面，炼化销售分公司努力抢占市场空间。在惠州，取得了20多座加油站项目用地。同时，加快营销网络的开发工作。上海星城控股的21座加油站、浦东公司管理的7座加油站在炼化销售分公司接手后，很快在其统一管理下顺畅运营。

2007年5月23日，国家商务部在其网站上公布了8家新获得成品油批发资格的企业，中国海油所属的中海炼化、中海炼化销售分公司名列其中。到2007年11月底，含已批准待收购项目在内，炼化销售分公司拥有加油站150多座，油库总库容达47.45万立方米。2008年1月22日，炼化公司与深圳招商石化有限公司在深圳蛇口共同签署了《关于深圳招商石化管理权交接备忘录》，收购深圳招商石化有限公司100%的股权。

（三）重组整合成立中国海油销售分公司

中化供销、中化建是在化工产品贸易领域具有较强实力的公司，有专业化的销售队伍、严密的全国性区域布局及完善的销售网络，具有从事大规模销售贸易的能力和经验。2006年10月和2007年4月，中化建和中化供销相继整体并入中国海油。经过一年多的调整、融合，进一步重组的时机已经成熟。从2007年下半年开始，总公司按照“同一性、相关性”原则，着手重组整合下游的销售资源，建立集中统一的销售公司，延伸下游产业的产业链和价值链，从而实现集团价值最大化。

通过调研，总公司确定了重组整合实施方案：以中化供销为主体，将炼化销售分公司、进出口公司、中化建的贸易业务整建制划入，成立新的中国海油销售公司，定位为总公司下游产品销售的全资子公司，主要负责成品油和化工产品的销售，营销网络、营销设施的规划、建设和管理，负责进出口贸易。

销售业务的发展。销售公司成立后，制定了“一个体系，一支队伍，一个品牌”的“三个一”发展目标。根据总公司的发展战略和营销工作的客观实际，销售公司确定了未来的发展重点：一是以炼化产业布局为基础，兼顾市场需求，经济、有效、快速实施销售网络的重组、整合、优化，提高营销体系的组织水平；二是加快终端网络建设，以油库为中心，以库控面，以库带站，库站结合，新建、收购、租赁、加盟连锁等并举，突出重点，成片开发，迅速形成区域竞争优势；三是加强核心营销能力建设，理顺管理体制，创新运行机制以激发活力、锻造能力，实现销售业务的健康发展。

在销售网络布局方面，按照资源性、成长性和经济性的原则，以炼化产业布局为基础，实行“两洲一湾、一江两线”的网络布局，突出重点区域和重点市场，兼顾具有传统优势的区域，逐步扩大辐射范围，即以珠三角、长三角、环渤海湾地区为主要市场，依托长江水运、京广京九铁路干线，逐步向中部、东部地区扩展。库站结合、建租结合，形式多样，低成本扩张，重在控制终端网络。一线城市的市场策略是重点树立中国海油的品牌形象，单站加油量指标和服务质量持续领先；在二三线城市，特别是在中国海油影响力较强、经济发展潜力较好的城市，重点放在成片开发和区域开发，以服务和质量优势创建大众品牌形象。

按照这个思路，销售公司快速搭建起“销售公司－省公司－地市公司”三级营销体系和营销网络，并准确界定各级营销职能。

至2011年年底，销售公司在北京、石家庄、上海、合肥、天津、广州、武汉、沈阳、宁波、杭州、青岛、成都、西安、长沙、南通、沧州、唐山、潍坊、深圳、惠州等20多个城市设有分支机构，其中有省公司13家、地市公司23家。

2009~2011年，销售公司的销售收入复合增长率达到了48%。2012年，实现销售实物量1427万吨，销售收入达1016亿元，分别比上年增长14.25%和13.14%，并为惠州炼油项目投产后的顺利运营提供了有力的市场支持。

第二节

向产业链和价值链中高端迈进

中国海油按照“大项目－产业链－产业集群”的发展思路，对标国际先进炼化产业建设的经验，引入国际先进工艺包及设备技术，经过40年的不懈努力，中国海油炼化产业规模快速增长，截至2021年年底，中海炼化原油一次加工能力4300万吨/年（不含参股企业），乙烯产能220万吨/年，PX产能100万吨/年。同时，建立了包括石油炼制、石油化工的产品生产、销售、储运，炼化科技研发，炼化工程设计等上下游相互衔接、齐全配套的全产业链。

进入“十四五”时期，中国海油充分发挥下游炼化产业“资源消纳、价格发现、价值挖掘、品牌塑造”的作用，建立与上游资源量相匹配和下游市场需求相吻合的炼化体系，原油自给率、产能利用率达到国内领先水平，有效平抑原油价格波动风险。按照“控总量、调结构、补短板”的发展原则，推动产业结构和产品结构的持续优化升级，成品油质量全部达到国VI标准。依托惠州石化基地，打造炼油－乙烯－芳烃－合成材料－有机原料－化工新材料和精细化工相对完整的产业链条；发挥大榭基地靠近江浙消费市场的优势，以丙烯、芳烃等化工产品为发展重心，适度增加规模，延长产业链；围绕特色环烷基重质原油资源发展特种润滑油业务，形成环保橡胶增塑剂和变压器油两大特色拳头产品，“海疆”环保橡胶增塑剂产能达到20万吨/年，国内市场占有率超过30%，是国内最大的环保型橡胶助剂生产商；“海疆”变压器油通过中电联产品鉴定，与国家电网建立战略合作，完成了从基础向高端、终端布局转型。

在做大做强炼油、乙烯两大龙头项目的基础上，中海炼化充分发挥自身优势，加强产业间的交流和融合，重点发展高附加值、高技术含量的石化深加工产品、高新技术材料、专用化学品和精细化工产品，逐步壮大中国海油绿色化工产业集群。

一 优化终端零售网，塑造品牌展形象

为整合销售资源，提升核心竞争力，中海炼化积极推进网络建设，统一部署、统一建设，打造一个布局合理、功能完善、集中统一、具有海油特色的沿两洲一湾、一江两线，渐次辐射内地的营销体系，同时根据不同产品及经营方式的不同特点，建立满足各自不同特色要求的分支体系。中海炼化将“三优”（优先控股、优选央企、集中优势区域）放在加油站网络开发的首要位置，按照“小而优、新且活”的原则，树立“高质量、成建制、规模化、综合站”终端发展思路，充分依靠集团公司一体化协同发展优势，做到终端开发与区域投资相结合、与资源投放相结合，努力提高投运率、盈利率等关键指标，实现效益开发和有效开发。同时，着力培养一支精干高效、市场意识和竞争力强的销售队伍，用专业的服务质量打造具有普遍美誉度的中国海油终端服务品牌，为中国海油的品牌建设贡献价值。

（一）创新网络营销模式

以电商促进销售变革和创新为目标，中海炼化深入挖掘电商销售模式的价值和功能，全面推进销售经营理念和能力提升，组织开展电商平台建设工作，逐步实现销售业务运营的集中化、专业化和标准化，让电商平台建设和数字化转型在销售经营过程中发挥更大价值。

2020年伊始，全球新冠肺炎疫情突然暴发，对传统业态、传统模式等造成较大冲击。中海炼化迅速行动、周密部署，加速推动电商上线力度，全力推动传统销售业态、传统办公模式、传统技术应用向数字化、网络化、绿色化转变（图4-1）。通过“海油商城”物流管理系统，客户可以在线提报提货需求，运输司机手机接单，通过人脸验证、身份证识别等方式自助提货，待货物送达后，通过手机签收，全流程无人员接触，以智能化手段有效保障了疫情期间的物流环节运营安全。同时，中海炼化电商平台还集成了ERP系统销售板块、智能装车等，为用户提供了下单、支付、查询余额、对账、发货等功能界面，功能体验良好，既减少了人工操作环节，又提高了工作效率，顾客通过“海油商城”下单满意度达98%以上。

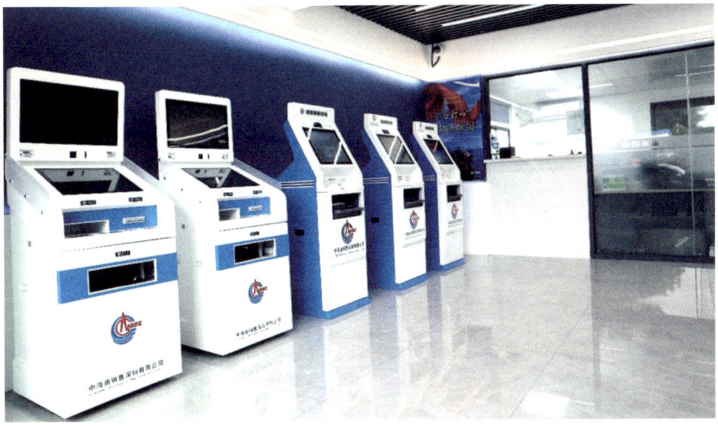

图4-1　“智慧油库”—湾油气库开票室的自助操作终端

2022年8月23日，中海炼化在“海油商城”累计交易额突破6800亿元，注册客户量超过2.6万，在线销售商品达537种，交易订单达84万单。

（二）打造智慧加油站

面对瞬息万变的零售市场，中海炼化紧跟时代步伐，及时改变经营思路，把握市场需求节奏，创新业务激发新动能，中海炼化积极推广和优化“互联网+加油站+便利店+综合服务”新模式，让消费者享受极致加油服务体验，通过手机一键支付、车牌支付、规划最优惠的加油路径，不断提升客户消费体验，努力打造智慧加油站服务体系。中海炼化打造“海油行”云销售平台，以云端操作带动经营创效，成果显著，截至2022年1月，“海油行”平台累计注册会员491.76万人，派发电子券2992万张，带动营业额17.53亿元。

积极探索“海油行”云销售平台的同时，中海炼化还积极推动中国海油加油站线上商城“海油e购”上线。“海油e购”是中国海油全国统一配送的线上非油品零售平台。通过该平台，将实现线上、线下互相引流，优化用户购物体验，增加油品和非油品的用户黏性；形成油非（油品和非油品）场景闭环，实现O2O新零售经济模式。同时，“海油e购”还承接员工内部福利发放功能，精选适合海油员工的“质高价优”的商品，提升了员工的满意度和幸福感。

2021年11月18日，中国海油第一座综合能源站、第一座5G智慧加油站中海油星城销售上海有限公司星峰综合能源站在上海正式亮相（图4-2）。该站汇聚光伏发电、大功率充电桩、智慧加油和洗车、5G网络全覆盖、无感支付、车牌支付等多项技术，展现了中国海油加油站前所未有的新形象。星峰综合能源站与中国联通合作，在中国海油加油站中首次应用5G通信技术，实现了加油站内5G网络全覆盖，充分发挥了海油零管2.0系统功能，提升了加油站运营管理效能；还支持无感支付和自助支付，通过与支付宝、微信合作，极大程度地减少了顾客的等待时间，加快了站内人员的流动性，优化了顾客消费体验；还配置了可支撑加油站全天候运营的42千瓦光伏发电和照明系统，可高效转化天然能源，节省常规电力，并将富余电力并入国家电网，有效利用绿色能源。星峰综合能源站在站内设置4台8枪120千瓦快充充电桩，24小时不间断工作，可同时满足8台新能源车充电需求，消费者仅需约90分钟，即可完成从1%到100%的充电。为提供“一站式”服务，加油站还引进了扫码自助洗车机，“加-充-洗”可在站内全部完成。

图4-2　星峰综合能源站

二　科技创新强引领，产业升级高质量

科技创新是产业发展永恒的引擎，是产业做强做优、实现可持续发展的根本保证。炼化行业作为知识密集、技术密集型产业，技术进步是行业得以持续

发展的根本保障。下游科技工作自中国海油炼化板块成立起，就严格贯彻国家及中国海油集团公司科技发展方针路线，坚持贯彻落实“四个革命、一个合作”能源安全新战略，并以产业难点、热点、痛点为突破口，着力解决核心技术攻关问题，为推动公司高质量发展提供有力科技保障。

（一）资源整合夯基础

中海炼化重组后，为适应产业发展需要，重新整合科技力量，再构组织体系，有效提升了公司科技创新能力。2016年5月，成立炼化研究院，围绕生产经营、技术攻关和转型升级等作为主要研究方向，经过不断优化和调整，逐渐发挥企业研究院的作用；2017年7月，重组石化工程公司，进一步提升了公司新技术工程化能力和引进技术消化吸收再创新能力。2022年7月，原炼化研究院再次改革重组，成立材科院，负责统筹中下游企业科技规划编制、科技项目顶层设计、重大科技项目立项、协同攻关、工程化产业化及科技成果转化等科技活动，重点开展新材料、高端化学品、CCUS核心技术及产业升级重大技术研究，开展降本增效、节能减排及生产优化，落实“双碳”目标。

（二）“揭榜挂帅”助创新

中海炼化充分整合、利用系统内外各类科技资源，协同开展科研、成果转化和推广应用工作，在合作中发展提升，有效提高了创新能力。

2021年9月，中海炼化第一批“揭榜挂帅”科技项目均被成功揭榜。“揭榜挂帅”以“项目长负责制”为核心，赋予“挂帅者”选人用人自主权、经费支配使用权、研究工作考核权，探索实施科研人员精准激励、创新育才机制，营造创新氛围，全力激发炼化产业科技人才的活力和创造力。同时，“揭榜挂帅”科技项目都属于中海炼化“一条龙”攻关项目。“一条龙”是中海炼化特有的科研项目攻关模式，指的是科研、设计和生产企业均由中海炼化旗下企业“一条龙”自主研发、自主设计、自主生产，通过各单位的紧密配合，充分发挥研究、设计、生产各自优势，加快了该技术的研发、设计和推广应用，增强了企业科技创新能力，提升了科技应用价值。

（三）聚焦重点攻技术

相较于中国石油、中国石化，中国海油的下游工业起步较晚，科研力量较薄弱，经过多年发展，在重点、关键技术、特色产品及石化企业管理上取得了突破，对一些重点技术实现成功攻关。

惠州石化创新开发了包括全流程防腐技术，超高、次高酸值馏分加工工艺技术，高酸重质原油污水处理技术等为核心的高酸重质原油加工成套技术，成功解决了高酸重质原油全额高效加工的世界性难题。采用该技术成果后，中国海油建成了1200万吨/年世界首套全额加工高酸重质原油并具有“差异化、清洁化、信息化、高价值”等特点的世界级炼厂。在加工高酸重质原油（酸值3.20mgKOH/g API 21.5）的领域，炼厂各项技术经济指标均达到了国际先进水平，实现了高酸重质原油资源价值最大化，为突破资源“瓶颈”、保障石油安全、促进我国石化工业的可持续发展提供了强大技术支撑。

混合C4氢甲酰化生产高碳醇技术项目，开发出了高性能烯烃氢甲酰化双膦配体催化剂，于2019年实现了该配体催化剂工业放大生产，并成功在神华公司和延长石油实现了工业化应用。应用结果表明，催化剂整体使用性能完全达到国外同类先进产品的水平，部分指标优于国外同类先进产品。项目成果申请发明专利12项，成功突破了西方国家的技术壁垒，达到国际领先水平，为我国炼化企业开辟了一条差异化、特色化的轻烃资源深加工技术路线，让中国的儿童玩具、食品包装和输水管道等都用上了安全环保的塑料制品。

中海油气（泰州）石化有限公司（简称“泰州石化”）研发的HJP系列食品/医用级白油，打破了国外技术垄断，解决了我国畜牧产业战略安全“卡脖子”攻关技术难题，一举改写了我国医用白油全面依赖进口的历史。从2020年至今，泰州石化始终致力于疫苗白油的研发和实验，陆续完成了疫苗白油产品标准制定、税务备案、美国FDA和NSF认证、食品级白油生产许可证获取等工作。2021年，与合作单位在疫苗生产企业、佐剂公司和科研单位对疫苗白油产品进行了质量测评、实验和临床试用。在2021年10月28日在泰州召开的“注射用白油评价标准及应用技术”主题研讨会上，中海油气（泰州）石化有限公司与南京国创生物技术研究院、中崇信诺生物科技泰州有限公司就疫苗佐剂的联合研制、评价、推广签署了战略合作协议。2022年7月13日，中海炼化与中国农科院在京签署战略协议，双方将共同推动动物疫苗白油国产化项目，以促进我国养殖产业健康发展，保障国家生物安全和禽畜类食品安全。

（四）智慧炼厂提管理

中海炼化利用现代通信、信息网络等先进技术，加快安全生产信息化建设，特别在生产经营单位基本信息、危险化学品管理、安全生产行为监管系统等方面，大力推动信息化、智能化建设。智能炼厂的建设提升了炼厂生产优化与安全管控能力。11家炼厂共142套装置通过数字化模型优化原油资源配置，实现了年增效益过亿元；通过安全巡检、设备追踪和人员定位提升了安全管控作业水平。惠州石化先后获得“国家级两化深度融合示范企业”“国家2017年智能制造试点示范项目”等多项荣誉称号。大榭石化以“智慧炼化”建设为契机，应用了现场总线集成与智能设备管理等技术，实现了从原油到产品的全过程智能化管理，实现了效益与效率双提升。深化零管系统应用与推广，实现系统沉淀资金约7亿元，智能发货节约人工成本近千万元/年。

2022年4月，中国海油响应发展工业互联网、新基建建设和安全生产建设等国家战略部署要求，在惠州石化建设国内首个“5G+工业互联网智能炼厂”，搭建国内石化领域首个高低频融合5G专网、炼化工业互联网应用平台（图4-3），推动炼厂数字化改造和智能化升级，推动石化行业工业互联网的模式创新和数字化效率提升，为做强、做优、做大数字经济提供海油智慧。

图4-3 惠州石化中控室是目前亚洲最大的中控室

（五）规划设计谋发展

2019年2月，中海炼化发布并实施了首个《中海炼化科技发展五年规划（2019—2023，试行）》。2020年10月，修编并发布了《中海炼化“十四五”科技发展规划》。

科技发展规划围绕公司产业发展目标，落实创新驱动、差异发展、绿色低碳、协同创新、服务生产的科技发展理念，确立了重油加工利用技术、清洁燃料生产技术、馏分油提质增效技术、高端润滑油产品及工艺技术、特色沥青产品及碳材料工艺技术、特色化工技术、节能环保技术、信息化与炼化融合技术和洞库技术提升等9个重点技术攻关领域。立足能力提升和协同创新，采取自主研发、合作研发、引进消化吸收再创新相结合的技术研发策略，引领未来5年科技投入和攻关方向。

“十四五”期间，中海炼化高度重视科技创新工作，持续加大科技投入力度，科技创新驱动转型发展的成效初显。2021年，中海炼化实施“揭榜挂帅”项目长负责制，制定、发布生产性科研项目管理制度及科技精准激励指导意见，激发员工的科技创新活力和工作热情。在“十四五”开局之年，科技研发经费投入提升接近一倍，实现科研成果转化增效2.79亿元。

中海炼化通过加大科研核心能力建设，实施“一条龙”重点项目联合攻关，打通实验室研究、工业放大试验、工业化应用创新链条，发挥总部协调优势，助推科研成果“快速转化”，推进产业“油转化、油转特”。

立足当下，着眼未来。在习近平总书记多次强调要把科技创新摆在更加重要位置实现科技强国的号召下，中国海油下游科技工作将深入实施科技驱动战略，持续提升自主创新能力，解放思想、锐意改革、扎实工作，全面加强科技创新能力建设，为实现中国海油的总体发展目标作出更大的贡献。

三 居安思危布全局，深化改革谱新篇

中海炼化居安思危，不断深化改革，坚持“集约”和“有效”发展，优化产业布局，控制总量规模，追求结构优化，由“做强”向“做优”转变。在总体产能不扩张的前提下，允许各企业发挥混合所有制的优势，通过资源集聚、

区域融合等方式，开展产业链延伸的机会研究及生产加工型企业合资合作项目，充分释放混合所有制改革红利。

（一）稳妥有序推进混合所有制改革

中海炼化以供给侧结构性改革为主线，聚焦“控产能、调结构、补短板”，在“优化产权结构、推动瘦身健体、推进混合所有制改革”上不断发力。经过不断探索和努力，中海炼化对部分中小型炼厂通过引入民营企业的资本或资产进行混改，进一步优化炼化产业结构，有利于中海炼化聚焦主责主业，重点打造惠州和宁波两大石化基地，符合中国海油对炼化产业战略发展方向的要求。按照“控产能、调结构、补短板”的发展思路，中海炼化成立了由总经理任组长的混合所有制改革领导小组，建立了点面结合的协同工作机制。按照“一企一策”的原则，精准施策，稳妥有序推进混合所有制改革。通过引入民营企业资本重组整合的方式对四川沥青、泰州石化实施混改，通过非控股股东单方增资的方式对广东沥青实施混改，通过公开引入战略投资者的方式对营口沥青实施混改。经过4年多的不懈努力和探索，中海炼化先后完成了以上4家企业的混改工作，实现了混改企业产业链的延伸，进一步提升了产品附加值，发挥了资源共享和协同效应，重新激发了企业经营活力，使企业经济效益最大化，为中海炼化提升经营能力打下了良好的基础。

中海炼化推进的短流程炼厂混改，是国家产业政策和公司发展战略的客观要求，体现了中海炼化的积极主动和担当意识。在实施混改的过程中，中海炼化坚持政府、国企与民营企业的协同推进，坚持公司治理、产权和资产交易、资本管理、人事和分配制度协同推进，坚持维护海油利益与利用民营企业灵活体制协同推进。混改过程中，中海炼化不断探索和实践多种合作共赢的模式。以完善的员工安置方案获得了员工的理解支持，以未来的合作来争取银行对当前混改资金置换的支持，以详尽的条款保障混改后海油的权益，以法规为准绳保障国有资产保值增值，等等。其中，中海炼化以四川沥青的混改为契机，与泸州市政府达成资源与市场互换战略合作，通过“资源换市场”战略协议，保证了合资公司未来的发展、对地方的贡献。通过四川沥青与中海金象的重组、泰州石化与东联石化的重组，实现了资源协同利用，充分发挥了产业链的协同效应，双方产业得到互补且资源得以优化，提高了公司核心竞争力，形成了共赢局面。通过对营口沥青引入战略投资者，实现了加氢项目的整合利用，有效发掘了产品价值，延伸了产业链。混改企业利用灵活的机制，放开搞活，释放活力，提升了经济效益，实现了多方共赢。

（二）深化三项制度改革，激发干部员工活力

三项制度改革是完善国有企业市场化经营机制、推动国有企业高质量发展的重点举措。中海炼化紧紧围绕中国海油集团公司“1+4+N”三项制度改革新模式，结合行业特点和经营管理实际需要，着力打造高素质、专业化、年轻化干部人才队伍，吹响全面深化市场改革的号角，为中海炼化建设国内炼化行业高质量发展排头兵提供坚强人才保障。

在干部人事制度改革方面，中海炼化鲜明树立重实干、重业绩导向，公平公正选人用人，根据业务板块、发展阶段、层级类型积极推进竞争性选拔，直管干部“抽掉板凳、全面起立”，专门设置年轻干部竞聘专场，不唯年龄，破除全资合资壁垒，打破隐形“台阶”，真正把合适的干部放到合适的岗位上来，实现干部选任工作的良性竞争，充分调动了广大干部员工参与的积极性。据统计，中海炼化直管干部竞聘共发布93个岗位，209人次参与，74人成功上岗，最低年龄33岁，平均年龄从48.77岁降为44.72岁，降低了4.05岁，有效破解了中层干部年龄偏大和活力不足的难题，实现了“优中选优、宁缺毋滥”的既定目标。在选好干部的同时，中海炼化围绕用好干部出实招、下实功，以业绩决定饭碗，全面推行奖罚分明、刚性兑现的“两制一契”制度，打破领导干部的舒适区，真正压紧压实经理层的经营责任，实现“能者上、庸者下、劣者汰”。中海炼化共计96个单位（占集团公司“两制一契”法人单位的25%）、403名领导人员完成了岗位合同书和责任书的签订，实现了“两制一契”人员和单位100%全覆盖。

在劳动用工制度改革方面，中海炼化围绕员工退出力度不够、多种用工形式并存、队伍结构不尽合理等问题，打破身份界限，建立健全以合同管理为核心、以岗位聘任管理为基础、人岗匹配、进出通畅、灵活高效的市场化用工制度。在简化用工制度方面，全面实行“岗位合同制”用工制度，签订岗位聘任协议，一岗一协议、换岗变协议，细化劳动合同和聘任协议约束性条款，有效解决了员工进出企业和退出岗位的问题。在优化序列设置方面，建立多序列并

行的晋升通道，将原M、T、W3个序列优化为M（含销售队伍MS）、T、B、W4个序列，制定符合中海炼化实际的积分晋升规则，打破岗位岗级限制，按照人员能力和绩效晋升，实现“优者快、平者慢、劣者退”，进一步做强技术队伍、做优科研队伍、做精管理队伍。在劳动用工管理方面，进一步优化用工总量管理模式，逐步探索建立用工总量与企业劳动效率效益和产业规模质量之间的量化关系，推动劳动用工由编制管理向预算管理转变。

在收入分配制度改革方面，中海炼化突出“凭业绩和贡献取酬”导向，分层分类优化薪酬分配机制，促进分配向生产经营一线、创新创效一线、价值创造一线倾斜。充分发挥考核“指挥棒”作用，进一步优化业绩目标导向的工资总额分配机制，建立月度考核和专项奖励机制，加大业绩考核与薪酬分配挂钩力度，进一步提高工资总额分配中的业绩奖金占比。探索销售三大区市场化薪酬机制改革，以华北销售为试点，实行销售贸易人员“保底工资+业绩提成”高弹性薪酬模式，联量联利润分配奖金，鼓励销售贸易人员提高贸易量、利润和服务质量，同时建立一套部门奖金与公司整体业绩联动的全产业链薪酬分配体系，充分发挥业务链各岗位贡献价值，刺激超额销量与超额利润的实现。实施科研人员差异化精准激励机制，提高技术序列中科研岗位固定工资，优化科技成果、科技创新等专项奖励分配，推行科研项目“揭榜挂帅”，试行中长期激励，有效激发了科研人员创新创效的热情。

通过三项制度改革的持续深入，中海炼化基本构建了“干部能上能下、员工能进能出、收入能增能减”的“三能”长效机制，有效激发了干部员工活力动力，在全系统形成了优秀人才不断涌现、干事创业氛围持续浓厚、工作主动性积极性显著增强的良好局面。

（三）推进销售体制改革，强化集团化管理，激发经营活力

为解决炼化板块区域发展不均衡、产业集中度低、可持续发展能力不足等问题，中海炼化落实国资委改革三年行动计划和中国海油改革三年行动工作安排，按照“总体设计、分步实施、统筹推进、平稳过渡”原则，落实“五加强，五统一”的工作要求，稳步推进销售体制改革工作，全力推动炼化产业的转型升级和高质量发展。

2022年3月29日，中国海油集团公司深化改革领导小组审议通过《中海炼

化销售体制改革方案》。中海炼化按照“一企一策”方式重新划分销售界面，重塑销售业务流程，明确产销结算办法；组织实施炼厂人员划转、本部新增部门岗位设置和人员配置等工作；统筹制定开票、结算、资金收付工作流程和标准；建立标准化炼厂产品出厂清单，实现了数据集成和信息共享。

2022年6月30日，中海炼化所属炼厂和销售公司全面启用全新的业务流程，如期完成销售体制改革任务目标，有效落实各项改革任务，实现了改革后平稳运行，促进了公司炼化销一体协同优势充分发挥：

一是厘清产销工作界面，聚焦主业增效益。改革实施后，炼厂定位为生产平台，聚焦“资源消纳、价值挖掘”；销售公司定位为销售平台，聚焦“价格发现、品牌塑造”，炼厂对外产品全部由大区销售公司集中销售，充分挖掘了产业链价值，提高了中海炼化议价能力和市场影响力。

二是重塑销售业务制度体系，规范流程促合规。根据销售体制改革后职能和流程的调整，中海炼化建立健全了20项销售制度，建立了统一的业务流程和制度标准，确定了统一的监督约束机制，有效防范以往的销售风险问题，进一步提升了销售领域的合规经营水平。

三是完善产销结算机制，创新思路降成本。中海炼化明确了大区销售公司与炼厂之间开票、结算、资金收付等新工作流程，打通了每周两次的结算流程，确保资金及时入账炼厂。大区销售公司与炼厂之间启用了资源配置计划和调拨单结算模式，预计每年可节省印花税500万元。

四是高效搭建新信息系统，集成运行提效率。高效统筹了人员、物资和技术支持等各方力量，利用较短时间建立了覆盖全流程的物流信息系统，提高了产销体系整体运行效率，促进了炼厂产品平稳顺畅出厂。

五是有序划转销售业务人员，稳定队伍强活力。炼厂销售人员顺利划转到三个大区销售公司，实现了对炼厂销售人员的集中管理，强化了产销市场理念的融合，充实了销售队伍，进一步激发了销售队伍的活力和战斗力。

销售体制改革的完成，使中海炼化能够进一步发挥专业分工的优势，不断强化对销售公司的统筹管理，开展专业化运作，建立长效机制，完善销售网络，统一工作目标，使得整个销售体系形成合力，实现炼化销纵向一体化价值最大化，全力发挥炼化产业“资源消纳，价值挖掘，价格发现，品牌塑造”四大作用。

中国海油第一个下游品牌诞生历程如下：

（1）1987年，中国海油在渤海辽东湾海域发现了绥中36-1油田。该油田原油酸值和黏度都很高，生产汽、柴油收率低。

（2）1988年，中国海油加强了开拓渤海重质油销售渠道的力度。绥中36-1油田的原油按照挂靠杜里油价再优惠10%的价格，市场销路仍然不好。如何更好地加工利用绥中36-1油田原油，提高经济效益，成了摆在中国海油面前的一个重要课题。自20世纪80年代中期我国开始修建高速公路以来，高等级沥青便依赖进口，中国一直没有性能稳定的、能够适应高等级公路需要的优质沥青。中国高速公路建设发展很快，对适应高等级公路需要的优质沥青的需求量更是迅猛增加。

（3）1995年年底，经过国家有关部门审批，总公司拿出10万吨绥中36-1原油进行沥青的试生产和研制。实验结果表明，绥中36-1重质原油是生产优质沥青难得的好原料。

（4）1997年年初，中国海油与地方炼厂合作生产的沥青开始进入大规模工业试生产和试用阶段。

（5）1997年11月20日，油气销售公司向总公司上报注册重交道路沥青商标的请示。随后，油气销售公司向国家申请注册“中海36-1”重交沥青商标。

（6）1999年4月27日，国家商标局为油气销售公司颁发了商标证书。“中海36-1”成为总公司下游产业的第一个品牌（图4-4）。

（7）油气销售公司于1998年3月向总公司上报了关于绥中36-1油田原油用于生产沥青的计划和安排。经总公司批准，油气销售公司推出了“海洋石油沥青发展推进计划”；充分利用绥中36-1油田原油资源和地方小炼厂的有利条件，按市场需求、道路沥青生产工艺和储运特性选择定点生产厂，打造高等级道路沥青优质品牌，逐步占领国内沥青市场。

（8）1998年7月31日，油气销售公司在青岛举行“中海36-1”高级沥青产品发布会。

图4-4　“中海36-1”重交沥青品牌标识

当日下午，“中海36-1”高级沥青第一个定点生产厂的揭牌仪式在青岛市广源发集团公司举行。

（9）从1998年起，油气销售公司先后确定了青岛广源发集团公司沥青厂、江苏泰州石化总厂、辽宁盘锦北方沥青股份有限公司、山东滨化集团有限责任公司作为定点生产厂。“中海36-1”重交沥青开始大规模进入市场。

（10）1998年，“中海36-1”高级沥青中标北京东四环路建设。四环路是北京市规划的城市快速环路，是国家计委批准修建的国家重点工程，也是国内已建成的标准最高、规模最大的城市快速环路，还是一条绿色申奥大道。1999年7月，“中海36-1”高级沥青应用在北京东四环高速公路施工中，路面应用高级沥青15000多吨，其中使用“中海36-1”高级沥青13000吨。

（11）2001年4月11日，“中海36-1”重交沥青中标三峡项目，被选用于长江三峡工程茅坪溪防护土石坝沥青混凝土心墙（图4-5）。

（12）2001年6月2日，一艘装载3000吨“中海36-1”重交沥青的货轮从上海港出发，出口韩国，实现了我国重交沥青产品出口“零”的突破。

（13）2001年8月9日，国内首家专业沥青生产集团——中海沥青企业集团成立。

（14）2002年4月，北京市决定对二环路的水泥路面全面进行沥青铺装改造。经有关专家反复论证对比后，决定将“中海36-1”重交沥青与具有改性效果的进口天然沥青混合使用。在该项目中，“中海36-1”重交沥青约占沥青总用量的70%，其优良的性能赢得了施工者和使用者的好评。

图4-5 “中海36-1”重交沥青用于三峡大坝工程中的现场施工图

（15）在2002年10月18日结束的北京首都国际机场东跑道维修改造工程中，“中海36-1”重交沥青实现了顶替进口沥青产品的又一重大突破（图4-6）。机场跑道被视为沥青使用中最重要的领域，北京首都国际机场全部采用“中海36-1”重交沥青（通过改性后使用）。至此，“中海36-1”品牌逐步进入高速公路、水利工程、机场跑道等高端领域。

图4-6　“中海36-1”重交沥青用于北京首都国际机场跑道中的现场施工图

（16）2004年，在商务部援外沥青项目招标中，中沥公司一举中标1000吨桶装沥青，随后，公司加工生产的70#/90#沥青成功出口非洲坦桑尼亚，应用于总统府内道路铺设，迈出了“中海36-1”沥青走出国门的第一步。

（17）2004年，“中海36-1”沥青作为国内唯一沥青品牌大量应用于北京机场连接跑道的滑行道上，实现了公司沥青市场开拓的又一大突破。

（18）2007年，废胶粉改性沥青生产及应用技术研究使得改性沥青的技术指标达到SBS改性沥青的要求，生产成本可以降低20%。该成果获得中国海洋石油总公司科技进步奖一等奖。

（19）2009年，“中海36-1”沥青成功应用于长安街大修改造项目的中、表面层（图4-7）。经过60周年国庆阅兵装甲车的多次碾压，长安街路面性能保持良好，完全达到预期效果。

图4-7 2009年，“中海36-1”沥青用于长安街大修改造项目中

（20）2010年，中沥公司紧抓天津大道项目，实现了橡胶改性沥青规模销售。该项目成为天津市政府形象工程和达沃斯论坛各国参会官员参观项目之一。

（21）2011年6月30日，作为为庆祝建党90周年献礼的国家重点工程——青岛海湾大桥正式通车，中海沥青股份有限公司获山东省总工会授予的“青岛海湾大桥道路石油沥青供应集体二等功”荣誉。

（22）2011年8月和11月，分别将600吨和1000吨PG76-28改性沥青用于北京首都国际机场东跑道改造项目及滑行道改造项目。这是“中海36-1”机场跑道专用沥青首度用于国家干线机场项目建设，该沥青得到正式推广应用。

（23）2012年6月，“中海36-1”改性防水乳化沥青及其防水产品正式出口巴西，应用于2014年巴西世界杯和2016年巴西奥运会主场馆防水工程项目（图4-8），2012~2013年合计完成巴西市场供货13850.9吨，确保了中沥公司产品出口市场第一大单保质保量的完成。

（24）2012年7月，通过与北京市政路桥建材集团有限公司合作，将温拌沥青应用于国道108门头沟段改建项目，这是“中海36-1”温拌沥青的首次试验摊铺。该试验路段是国产温拌沥青的第一个试验路段，标志着中国海油在温拌沥青领域走在了国内前列。

（25）2013年5月21日，8000吨“中海36-1”改性乳化防水沥青出口古巴，用于商务部2013年对外援建古巴建设部和教育部项目。该项目是国家对外援建

图4-8 “中海36-1”改性防水乳化沥青及其防水产品用于巴西奥运会主场馆的现场施工图

的重点项目，工程建设要求高，对供应的产品质量更是提出了严格要求。“中海36-1”改性乳化防水沥青、喷涂速凝防水涂料等援外防水产品完全符合援建项目要求，为此次出口项目提供了关键保障。

（26）2014年，中沥公司生产的“中海36-1”PG76-28改性沥青再次供货长安街大修道路工程项目。

（27）2015年，“中海36-1”沥青成功应用于张家口太舞滑雪场制雪水库，助力北京冬奥会成功举办。北京冬奥会制雪水库项目对沥青的耐寒性、耐水性要求极高，低温冻断温度要求达到-41℃，中国海油沥青科研人员历时两年攻关，经过上千次实验、调整，终于优化出低温冻断温度达-45℃的沥青配方，满足了冬奥会对硬件设施的要求。

（28）2015年11月，中沥公司与北京中航空港建设工程有限公司合作获得非洲安哥拉新罗安达国际机场项目机场沥青的供货权，机场沥青总需求量为15000吨。

（29）2016年，以“中海36-1”沥青为原料生产的6000吨防水卷材产品出口古巴，用于我国对古巴国防部、建设部、教育部援建项目和150家糖浆厂厂房防水维修工程建设。

（30）2017年，中沥公司与法斯德科技（天津）有限公司（是当时全球第一大专业生产汽车消音阻尼材料的企业，主要供货给奔驰、宝马、奥迪、通用、大众等知名汽车厂家）达成合作意向，成为该公司阻尼沥青产品唯一供应商，根据该公司对阻尼沥青的指标要求进行“私人订制”。

（31）2018年，“中海36-1”改性沥青铺上北京冬奥会保障工程——兴延高速公路，在表、中面层施工中推广应用。

（32）中沥公司水工沥青成功中标“一带一路”重要工程——尼日利亚宗格鲁水电站大坝项目，中沥公司成为该项目沥青产品唯一供应商，供应水工沥青总量7000余吨。

（33）2019年，“中海36-1”作为国产沥青主力品牌铺上北京大兴国际机场高速，成为北京大兴国际机场“五纵两横”保障高速项目建设主供品牌，沥青总用量超过5万吨，铺设总里程超过70公里。

（34）2020~2021年，中沥公司与中国交建直属中国交通物资公司合作签订13000吨“中海36-1”沥青供货协议，并成功供货京雄高速雄安段项目，为对接雄安、服务雄安铺就“起航之路”。

第五章

大力发展金融贸易业务，打造产贸融一体格局

中国海油已经发展成主业突出、产业链完整、业务遍及40多个国家和地区的国际能源公司，随着中国海油各个产业迅速发展，需要强有力的金融手段给予支持，2007年1月19日至2月4日，中央金融工作会议召开。随后，我国金融业进入了加速改革期。同时，中国海油建设国际一流能源公司以及“十一五”目标为公司带来了巨大的投融资需求，业务进一步扩大，集团内公司往来不断增多。不同业务由于性质不同，资金状况存在巨大差异。尤其是中国海油成功上市后，现金流量增大，现金储备增多，加强资金管理显得越来越重要。

另一方面，全球大型跨国企业大部分都拥有自己的金融业务，公司与金融市场之间的关系成为现代企业经营的重要内容之一。公司的融资活动要取得公司内部或外部尽可能便宜的资金来源，而投资活动要把企业资金向能创造尽可能多价值的方向投入。因此，进一步推动公司金融业务的发展，提高资金运行效率，降低金融成本，增强风险管控能力，充分发挥金融业务的作用，走产贸融结合之路是事关中国海油长远发展的重大决策。

第一节

建立有中国海油特色的产贸融结合管控模式

中国海油金融管理体制改革的重点是要在金融管理体制上实现3个转变，即：从相对非专业管理到相对专业管理转变；从相对分散管理到相对集中管理转变；从操作监管部分重叠到操作监管分离转变。

新的金融决策管理体系要实行“四个统一”，即统一规划金融产业发展，统一管理金融产业投资，统一协调实业与金融及金融板块间的合作，统一配置金融资源。围绕“服务主业，提高效能，管控风险”的原则，中国海油总公司在金融业务管理上出台了一系列重大措施：一是成立总公司金融业务决策委员会。其职能是集中负责集团资金和金融业务的管理政策，对一般金融业务的投资进行决策，审议重大战略性的金融业务投资机会与方案，并向总公司管理委员会提出决策建议。二是改组总公司资金部为资金及金融业务管理部，负责资金管理政策的制定和执行的监控，集中负责总公司的融资活动和信用管理；将总公司在境内和境外银行的账户全部委托给财务公司实行集中管理。三是重新规范并下发了与公司经营密切相关的资金和金融业务管理方面的七项规章制度，内容涵盖金融投资及理财管理、对外担保管理、选择金融机构的管理、套期保值业务管理、对外债务融资管理、财务公司受托管理总公司及所属公司账户资金的管理等方面的内容。

一 金融板块进入发展快车道

中国海油金融板块发展起步于1997年，集团公司收购中海信托股权后开始持有金融牌照。为适应集团主业发展需要，分别于2000年设立海油投资、在香港设立海油自保，于2001年设立海油进出口，于2002年设立海油财务，于2014年设立融资租赁，于2019年投资成立两家基金公司。到2019年年末，金融板块注册资本金累计145.31亿元，涵盖了财务公司、信托、融资租赁、保险、股权投资、资产管理、产业基金等多种金融业务，实现金融产业多元化发展。

“十三五”时期是中国海油开启建设中国特色国际一流能源公司的重要五年，突出主业发展，持续深化改革，公司的规模实力显著增长，产业布局持续优化，可持续发展能力显著提升。依托中国海油的产业背景和资源优势，金融板块也得到稳步发展。在贡献利润的同时，金融板块通过为集团节省财务费用、稳定保险成本、加速资金周转、盘活存量资产持续贡献金融服务价值。通过合规经营、开拓市场、守正创新、培育人才，使自身得到了稳健发展，金融板块的服务能力和运营效率不断提升，为“十四五”建设集团内综合金融产业体系奠定了坚实的基础。

二　发挥专业优势，深化产贸融协同效果

有效发挥金融板块的专业优势和产融协同效果。为适应集团主产业的蓬勃发展与日益多元化的金融服务需求，金融板块持续推进产融结合，在融资、投资、产业链延伸、跨境资金管理等方面不断丰富金融业务资质和金融服务手段，逐步构建专业化、特色化的金融产品和服务体系。

海油财务持续拓展外汇金融产品，先后获批跨境人民币双向资金池、跨国公司外汇资金集中运营管理业务资质，成为国内外汇业务资质最为齐全的财务公司。同时，争取得了关税保函业务资质，协助成员单位简化通关流程、降低通关成本，并实现关税保函开立费用的内部化，充分彰显财务公司金融服务平台价值。

中海信托充分发挥信托专业优势，积极探索稳健灵活高效的金融服务模式，开发落地供应链金融产品，解决供应商融资难、融资贵问题，助力海油供应链生态圈建设。探索以财产权信托模式服务加油站收购和租赁业务，并实现交易模式的可复制化，有效助力海油油品销售终端资产收购及租赁业务开拓。

海油租赁具有融资加融物的优势，享受融资租赁行业的息差纳税政策，享受注册地财政优惠。海油租赁积极利用财税政策优势，加大对直接租赁的开拓力度，开展了油库码头等新建项目的直接租赁，开创了集团公司新建项目新的融资模式。海油租赁积极开展经营租赁，助力专业技术服务公司轻资产运营，海洋石油 932 已连续为有限公司增储上产服务 8 年。海油租赁广泛开展售后回租，为集团内相关企业提供了大量低成本资金支持，助力主业发展。此外，海

油租赁也积极服务于集团公司产业链客户，以促进油气田开发建设和销售网络终端开发。

海油自保始终围绕服务实体产业实现高质量发展这一主线，为业主有效转移可保风险，合理降低保险成本。通过合理释放承保能力，实现主业走到哪里，自保服务就跟到哪里，确保对海油权益的应保尽保，在产融结合和风险管理上不断取得新的突破。

金融板块在产融结合上深耕发力，提供专业高效的综合金融服务方案，为支持集团产业发展提供了有力支撑，放大了产融协同效益。

三 促进业务创新，提高市场化运营水平

中海信托按照金融监管要求，持续压降通道业务规模，大力拓展主动管理业务。“十三五”期间，陆续推出了远航系列、稳健6号、海盈丰益等一批符合资管新规要求的主动管理类净值型产品，极大促进了信托主业的转型升级。中海信托立足资管新规，努力拓展信托本源业务，提高基础产业类业务规模，加大对小微企业金融服务供给，落地慈善类信托项目，探索家族信托业务，开拓受托境外理财业务，积极创新资产证券化业务，促进信托金融转型发展，大力增强服务实体经济的能力。海油租赁积极推动业务创新，除开展常规的售后回租、经营租赁、直接租赁外，近年来与电建央企开展了风电专利权等无形资产租赁，拓宽了开展绿色金融的租赁物范围；与招商局通商租赁等开展了同业合作，加强了同业交流；与投资控股持股的中电新能源大丰风电开展了售后回租业务，推动了股债联动；利用海油租赁境内关外的特点，以转租赁模式帮助油服新加坡公司钻井平台到国内作业，节约了大量税费。海油租赁积极拓宽市场化融资渠道，扩大银行授信额度，获得邮储银行总行无追索保理融资额度，取得美元银团贷款融资，与海油财务融融协同以保理融资释放放款空间，不断提高独立市场融资能力。海油投资发挥集团存量股权管理平台作用，积极维护股东权益，利用市场化手段，实现优质资产的高位转让、低无资产的高效处置、存量股权的市值管理，并且有效行使股东权利，跟踪管理持股单位经营进展，及时制定相应持股策略。在油价低迷期，通过减持股票、转让股权、敦促持股单位加大分红等方式，实现了金融资产收益，有效对冲了集团公司业绩波动风险。

四 优化企业机制，健全现代化治理体系

“十三五”期间，金融板块各公司逐步建立健全中国特色现代金融企业制度，加强“三会一层”建设，推动完善公司治理机制。坚持两个“一以贯之”原则，将党的领导融入公司治理各环节，将党组织研究讨论作为重大问题决策的前置程序。结合金融企业特点，提升金融板块的运营效率和治理能力。持续健全内控体系，优化制度流程，全面覆盖公司主要业务领域和日常管理领域。结合金融监管要求，不断加强风险管理，增强各类合规事项的归口管理，提高法律风险管理专业能力，优化与监管机构的协调联动，逐步建立合规指标和风险指标的动态监测机制及应急管理机制，推动金融板块全面风险管理水平不断提升。在金融业务信息化建设方面，金融板块不断加大对关键信息化建设的投入，建设符合金融行业特点的高效网络环境，部署了一系列专业化业务应用系统和管理系统，推进信息化与金融业务的融合，同时加强金融业务信息安全风险防范，不断提升业务系统的运行保障和数据存储的安全性，为公司数字化转型发展提供助力。集团层面加强对金融业务统筹管理，在2019年明确资金部对金融业务的管理职能，贯彻集团管理要求，协调处理重大事项，监管日常业务运行，初步建立起集团金融单位和金融业务的管理机制，进一步提升了金融板块的管理效率和治理能力。

第二节

中海油国贸 / 海油进出口的业务发展

随着中国海油的不断开放和快速发展，2009年9月，1200万吨的惠州石化一期全面投产，为了给惠州石化提供充足优质的原油资源，实现销贸业务的专业化管理，中国海油决定对原中海石油化工进出口有限公司、中国海洋石油有限公司销售部和中国海洋石油（新加坡）国际有限公司实施重组整合，成立新

的进出口公司。2001年4月，中国海油正式成立进出口公司，作为油气资源配置和炼化产品海外销售中心。2004年3月，与中国石化合作成立联贸公司；同年9月，新加坡贸易公司成立，为国内外两个市场运作创造了条件。伴随中国海油印尼油资源的增长和炼化产业的拓展，进出口公司在中国海油产业板块中逐步崭露头角。

2020年9月21日，中国海油全面启动销售贸易体制改革。11月，中海油国际贸易有限责任公司（简称“中海油国贸”）在海南省海口市注册成立。2021年1月1日起，海油进出口员工全部划入中海油国贸，中海油国贸和海油进出口实现“一套人马、两块牌子”运作。

中海油国贸是中国海油海外石油贸易板块的唯一窗口，负责原油、成品油、化工产品及集团公司海外份额油的国际贸易；归口承担集团炼化系统所需原油、成品油和化工产品进出口业务。通过销售、贸易、仓储、油运、资金一体化运作提升贸易质量，塑造中国海油在国内外市场中的贸易品牌，为集团公司建设中国特色国际一流能源公司创造了贸易价值。

一 启动战略重组，推进多元布局

海油进出口对原有业务板块全面梳理、整合重组、重新布局，实现了对集团贸易资源的集中统一。这意味着，在顶层设计上，公司加快了向更加专业化的贸易业务迈进。为了有力支撑销售贸易业务发展，2010年7月，中国海油将上海北海船务股份有限公司、深圳三鼎油运贸易公司、海洋石油（洋浦）船务有限公司股份全部划转到进出口公司旗下。

与此同时，海油进出口加快“两洲一湾”地区贸易及配套设施战略布局。2011年4月，北京贸易公司成立。同年12月，烟台仓储公司成立，并参股山东联合能源管道输送有限公司和中海油烟台港油品码头有限公司，标志着公司烟台项目全面启动。2012年7月，大榭贸易公司成立；同年9月，大榭仓储公司成立。2014年，大榭小田湾仓储项目建成投产运营，并努力打造成中国海油在华东地区的标杆油库，成为大榭贸易公司的重要依托。

2015年年初，国家发改委发布允许符合条件的地方炼油厂直接购买进口原油的新政策，为积极开拓山东地炼市场，2016年4月，山东贸易公司在东营随之成立。

为了进一步拓展海外贸易网络，2019年成立中海油英国贸易有限公司，2020年成立中海油（宁波）贸易有限公司，2021年成立中海油巴西贸易公司。

中海油国贸/进出口公司下设15家全资和控（参）股子公司，其中，海外机构4家。公司已形成油气销售、油品贸易、仓储物流、油品运输和金融理财五大产业。构建起了中国海油销售贸易运作体系，形成了北京总部、海外前端紧密融合的销售贸易一体化机制。销贸储运融各业务板块齐头并进，为公司迈向国际一流贸易公司奠定了坚实基础。

通过完善顶层设计，构建了更有利于发挥油气销售和贸易协同作用的管理模式和架构，将油品贸易业务和有限公司油气销售业务全部集中统一运作，实现了销售贸易业务的统一布局规划、统一资源配置、统一体系建设。解决了上游与贸易板块隶属于不同主体、一体化优势发挥以及有限公司油气贸易业务分散的问题。能够有效提升运行和管理效率，促进资源与贸易有机结合和互相撬动，进一步发挥中国海油的资源优势和比较优势。此次销售贸易体制改革能够有效提升中国海油在国际油气行业的影响力和话语权，助力中国海油一体化产业链的良性运转，以销售贸易体制改革推动中国海油高质量发展。

二　调配优化资源，提升贸易质量

2022年上半年，海油进出口紧贴惠州石化生产需求，加大重质资源采购力度，全力保障炼厂供应。上半年为惠州石化进口原油691万吨；加强市场研判、优化采购资源，上半年为惠州石化降低采购成本约1750万美元。这仅仅是公司使命担当的一个剪影。2010年，重组整合后的进出口公司在中国海油的产业链条中承担起对上游“以销保产”提高增值能力，对下游“保供保产”降低炼厂成本的重要任务。

海油进出口刚刚完成重组整合的2010年，恰逢中国海油提出“上产五千万、建设海上大庆”，面对南海台风肆虐、渤海冰灾严重，油田生产频频告急、油气作业计划变化频繁等诸多挑战，通过与生产单位紧密沟通和对国家有关部委、船公司及炼厂用户积极协调，确保原油及时外输，保证了油田正常生产。天然气销售不断优化下游供气体系，积极开拓相关下游市场，销售量和销售收入均创历史最高水平。

自重组整合以来，海油进出口通过科学统筹油气市场和资源，不断加强产销协调，努力拓展销售网络，统筹运营管理，油气产品的全产全销有力保障了上游平稳生产。进出口公司对系统内炼厂“以供保产”，发挥“两个市场、两种资源”协同作用，利用海洋油资源供应和国际贸易举措，使炼厂获得充足原油，以保持稳定生产。

惠州石化一期以集中加工渤海生产的高酸重质原油为主，但是海油自产的高酸重质原油产量一时无法满足惠州石化产能，进口相似品质的原油就成为必需。对此，进出口公司深度挖掘高性价比的可替代原油，与炼化公司建立联合采购小组，根据市场变化调整采购策略，积极为炼厂引进新油种。

为保障惠州石化正常生产，公司持续加强一手资源获取。紧盯炼厂原油进口需求，积极寻找对口适炼的新油种，择机增加采购供销机会，先后为炼厂引进10多个新油种，降低采购成本上亿美元。主动布局一手原油长约资源，先后与多家国际石油公司签订原油长约合同，保障了炼厂的进口原油资源；及时与沙特、科威特沟通联系，签订中东高硫原油长约合同，保障了惠州二期顺利开工运行，成功打赢了原油“保供战”。

三 塑造企业品牌，开拓国际市场

中海油国贸/海油进出口在中国海洋石油史上书写了中国海油贸易业务发展的许多“第一”。2003年7月，中国海油批准进出口公司参股上海石油交易市场，为中国海油进入石油及其产品交易市场提供了新的手段和发展空间。2009年1月，装载8.1万吨苏丹原油的油轮“TRIRASA”抵达大亚湾马鞭洲码头，这是海油进出口为惠州石化供应的第一船进口原油。2022年6月10日，中海油国贸顺利完成首船巴西原油境内过驳作业，这是中海油巴西份额油使用动力定位穿梭油轮在巴西境内最大原油转运港口Acu Petroleo的首次原油转运。

中海油国贸持续深化销售贸易改革，对标国际一流贸易公司建设目标，加快推进全球销售贸易网络布局，建立健全全球一体化运作和管理机制。加速推进英国公司实地运营，同步开展巴西、中东和山东机构人员选派、业务准备等工作，实现全球资源和市场的有机协同配合。切实履行保产保供职责，为保障国家能源安全作出了应有贡献。2010年以来，共销售海洋原油6.167亿吨，天然气1501亿立方米。进出口公司通过海洋油资源供应和国际贸易采购，为系统内炼厂采购性价比高的优质资源，实现了对下游“以供保产”。为惠炼累计进口原油8666万吨，出口成品油2746万吨，进口化工原料3303万吨。

中海油国贸有效发挥“两个市场、两种资源”优势，为中国海油销售贸易品牌建设发挥重要作用。国内市场开发取得较大突破，从最初只有中国石油、中国石化两家客户，拓展到10余家系统内炼厂，并在激烈的市场竞争中与十余家独立炼厂建立了稳定的合作关系。管理气田项目从9个增至25个，天然气用户数量从16个增加至20个。海外市场开发取得重大进展，主动布局一手原油长约资源，先后与多家国际石油公司签订原油长约合同。成品油出口成功打入“一带一路”沿线22个国家或地区。新加坡公司海外三方贸易业务范围涵盖西非、地中海、中东、远东、俄罗斯和南美等区域，进一步拓宽了海外市场和资源，提升了中国海油销售贸易板块在国际市场的竞争力和良好声誉。

四 做强、做优、做大石油贸易

贸易板块作为上、下游的联系纽带，要在内外部市场之间实现资源合理配置，助力上游资源实现增值，实现销售贸易业务高质量发展。中海油国贸一是加快深化拓展系统外客户，增加有市场竞争力的油种外销量，确保海洋油全产全销和增储上产目标的实现；二是推动销售贸易深度融合，加强风险研判，通过套期保值等手段为上游原油销售贡献贸易价值；三是紧盯市场机会，加强研判，优化采购资源，持续推动惠州原油采购降本增效、提升产品利润；四是提前做好大榭石化的油种筛选及采购策略相关工作；五是持续跟踪租船市场，把控入市节奏，提高拼装率，努力降低运费成本；六是以份额油和长约资源作为基础，以优势贸易油种作为补充，持续深耕欧美和印度终端炼厂客户，同时将销售网络逐渐伸向欧洲和地中海地区独立炼厂和终端客户延伸，不断拓展国际贸易市场渠道；七是强化“销贸储运融”各板块信息交流共享，深入挖掘业务机会，努力为客户提供一体化解决方案，促进市场化业务拓展。

中海油国贸着力打造“销贸储运融”一体化运作体系，销贸结合成果丰硕，通过上游资源撬动促进了贸易业务的快速发展，十年来贸易量增长了近7倍。

销运结合持续加强，运输板块规模快速提升，北海船务公司船舶数量由

2010年的6艘增长至2022年的14艘，载重吨增加了29.1万吨。贸融结合效果明显，2010年至2022年6月期间，累计操作金融理财超过2000笔，获得资金收益约47亿元。目前，公司已形成油气销售、油品贸易、仓储物流、油品运输和金融理财五大产业格局，各业务板块齐头并进、协同发展，“销贸储运融”一体化运作体系成为推动公司高质量发展的重要引擎。

第三节

海油自保的业务发展

2000年8月23日，中海石油保险有限公司（简称“海油自保”）在香港注册成立，2002年2月全面营业，成为国内企业设立的第一家自保公司（专属保险公司），开创了国内自保行业的先河。海油自保作为集团的风险管理平台，配合集团总部实施集中、统一保险管理，为集团内产业实体提供专业保险保障，有效控制和转移风险，平衡和稳定保险成本。

截至2021年年底，海油自保注册资本为12亿港币，资产总额55.53亿元，净资产35.47亿元，经过二十余年的发展，海油自保业务范围从仅承接境内海上油气田保险业务发展到覆盖集团内上中下游、境内境外全产业链以及员工人身险业务，承保标的遍布亚洲、非洲、欧洲、大洋洲、北美洲、南美洲共21个国家或地区，取得了服务集团主业和推进自身发展的双丰收。

一 大力支持主业降本增效

在投保单位因低油价面临巨大成本压力时，海油自保讲政治、顾大局，主动支持主业降本增效。通过充分利用专属保险公司的特殊地位，带动再保人降低集团主要险种保险费率，与集团实体产业“抱团取暖”。2016年，经过艰苦的市场询价和谈判，集团上游主要险种再保费率均大幅度下降，油田生产险和建造险费率下降35%，船舶险费率下降35%，井控险费率下降30%；2020年，在油价再创新低的严峻形势下，推动集团上游主要险种费率再降10%。2016~2020年5年间，合计为集团投保单位节约保险成本2.05亿元。

在国际再保市场强硬时，海油自保充分发挥自身优势，给予主业全力支持。2003年前后，国际再保市场要求成倍提高中国海油井控险费率。海油自保经与集团有关业务单位和部门充分研讨，认为该业务风险可控、质量较高，最终决定大幅释放承保能力，以远远低于国际市场的费率水平自留绝大部分井控险份额，在有力地支持主业的同时，也成就了自身的快速发展。

在投保单位发生重大赔案时，海油自保主动靠前服务，及时推赔，充分发挥公司作为实体产业与国际保险市场联系纽带的作用，与国内承保公司和国际再保人、经纪人、理算人及时沟通赔案处理，在流程完备后及时赔付或摊回赔款。截至2021年年底，海油自保参与的保单共计支付赔款16亿美元，其中，海油自保份额内赔款7102万美元，向国际再保市场摊回赔款8.49亿美元，为投保单位尽快恢复生产贡献了价值。

二 积极服务集团业务拓展

海油自保积极参与中国海油集团海外业务的风险保障，紧跟国家“一带一路”战略沿线项目，海外业务拓展成果显著。尤其是党的十九大以来，海油自保共承担16个海外项目（LIZA项目、朝阳TT项目、Buzzard二期项目、LIZA项目二期、EGINA项目、Mero项目、北美资产责任险项目、澳大利亚QGC项目等），与原尼克森自保公司实现了高效协同，保证了中国海油海外项目保险权益的颗粒归仓。

海油自保积极支持中国海油集团在海外敏感区域开展业务，为集团特殊业务提供了专属风险保障。由于部分海外作业区域及其业务受到西方制裁，投保单位的相关资产及业务无法获得国际再保市场的保险支持，海油自保充分运用自身的承保能力及在中国市场的影响力，为投保单位提供专属保险保障，为相关作业的顺利开展提供了关键支持。

海油自保积极布局集团新兴业务板块，助力集团实现战略发展的跨越转型。积极参与集团在原油、成品油、LNG运输等领域参股企业的业务，发挥协同效益、提升业务规模，同时确保海油权益得到充分保障；积极参与集团在海上风电、光伏发电等新能源领域的新项目，为集团绿色发展跨越工程提供风险保障；积极参与集团数字化业务，于2021年实现了对网络安全业务零的突破，助力集团现代化、数字化、智能化的跨越发展。

三 持续强化风险管理能力

保险公司是经营风险的企业，风险管理是其经营的核心内容。海油自保作为中国海油的自保公司，加强风险管理能力建设，既是金融保险监管的要求，也是集团完善风险内控体系的要求。

公司董事会于2017年设立了审计与风险控制委员会，完善了公司风险管理的组织结构。近年来，公司不断新建或修订完善公司治理体系，形成够用管用的公司制度体系。公司现有制度9项，管理细则39项；董事会管理办法及议事规则7项。在规范会计核算、清理往来账款、结清历史赔案、提升资金收益等方面取得了明显成效，公司管理水平显著提升。2019年，公司首次开展国际资信评级，获得“标普评级A+”，并以此为契机对基础管理和内控工作进行了全面体检，通过引入常态化外部评级机制，持续推动内部管理提升。

海油自保主动发挥风险管理平台作用，积极为主业提供风险防控服务。充分利用掌握的历史赔案数据形成分类赔案总结报告，向投保单位分享了荔湾3-1建工险项目、崖城13-1海管损坏生产险项目等系列赔案总结报告，通过总结经验教训，达到举一反三的效果。在总部的协调下，对惠州炼化、泰州石化等下游项目开展保险和QHSE联合检验，切实消除相关单位的安全生产隐患。依靠自主力量完成集团公司历年赔案数据库建设，整理分析赔案近700个，为更好地服务集团防灾防损提供支持。

2019年至今，全球评级机构标准普尔对海油自保财务信用评级保持为“A+”，评级展望为“稳定”。

四 成功扩大营业险种范围

面对核心业务保费费率降低以及国际转分保份额减少的压力，海油自保主动担当，努力拓展新项目、新险种，最终通过不懈努力，成功扩大了营业险种资质范围，有力拓展了服务集团的宽度和深度。

2017年，公司向香港特区政府保险业监督局（简称：保监局）申请扩大营业险种范围，经过多层面的反复沟通，在克服了关键监管人员变动等诸多困难后，保监局于2018年9月28日正式批复同意海油自保扩大营业险种范围申请，公司经营险种由财产险拓展到人身险和疾病险。同时，公司积极拓展相关新业务，顺利承保集团公司2018年度人身意外险、疾病险等涉及员工的保险业务，在自保发展史上首次实现对员工的保险服务，进一步推动了公司高质量发展。

第四节

中海信托的业务发展

中海信托的前身是中信上海公司，成立于1988年7月。1997年7月8日，中国海油与中国国际信托投资公司签订《关于中信上海信托投资公司股权变更及增资的协议》，中信上海信托投资公司的部分股权转让给中国海油。1997年9月，经中国人民银行签发的《关于中信上海信托投资公司更名改制等事宜的批复》核准同意，公司更名为“中海信托投资有限责任公司”。2007年12月，中海信托换发新的金融许可证，后整体改制为股份有限公司，更名为“中海信托股份有限公司”。

中海信托在中国海油内部的定位是作为集团内专业的资产管理平台，充分发挥信托制度优势，有效拓展外部市场，为集团现金管理和产业链发展提供定制化、多元化的投融资等服务。多年来，中海信托秉承“诚信稳健、忠人所托”的经营理念，传承股东“红色基因”和“蓝色精神”，始终把维护受益人的利益放在首位，为委托人提供私募投行、证券投资、资产证券化、受托境外理财、财富管理等丰富的金融产品与服务，已成为委托人信得过的信托资产管理平台。

一 积极推进业务转型创新，业务发展空间不断拓展

（一）持续推进理财产品创新

2005年12月，中海信托在国内信托业第一次引入全国社会保障基金的资金，开创了社保基金投资信托计划的先例，成功开发了“全国社保—铁道部”30亿元信托产品。社保基金是信托业务的重要资金来源之一，蕴藏着巨大的业务机会，但相关法律规定还是一片空白，导致实施起来困难重重，为此，国内信托公司一直尝试未果。但中海信托接受挑战，帮助全国社会保障基金理事会起草制度规范并上报财政部与国务院，设计产品结构，最终成功实施了项目。中海信托还在业内第一个开发了银行人民币理财资金与信托计划挂钩的创新产品；第一个推出“新股（IPO）战略配售证券投资”信托产品；第一个开发了信贷资产转让业务，此类产品独具匠心的结构化设计、严谨缜密的合同条款在信托业内引起热烈反响，吸引了众多机构投资者购买，并成为其他信托公司争相效仿的业务模式。

（二）主动增加业务模式加快创新转型

中海信托努力提高获客能力，拓宽获客渠道，积极向主动管理转型，持续压降通道业务规模，并充分发挥在项目获取、交易结构设计、风险控制上的优势，大力拓展主动管理业务，新增项目加权平均报酬回报率提高近1.5%。此外，推出了“稳健6号”“海盈丰益”等一批符合资管新规要求的主动管理类净值型产品，极大促进了信托主业的转型升级。坚持直销与代销“双轮”驱动。面对机构资金募集难度增大的挑战，重视自身财富销售能力建设，设立财富直销中心，充实销售团队，优化激励考核机制。2021年，打开申万宏源、兴业银行、平安银行等代销渠道，果汁完成代销规模107.33亿元，有力拓展了信托资金渠道。

（三）大力开展符合监管导向的标品投资业务

依托原有固收业务优势，集中力量把稳盈、稳健产品在内的标品投资类业务做强做大，标品投资业务收入显著增加。资产证券化业务发展迅猛，助力公

司在大规模压降融资类业务规模的同时保持了资产管理规模稳定。

（四）成立全国首单CCER碳中和服务信托

中海信托及时把握政策导向，抓住全国碳资产交易市场建立在即的契机，落地全国首单CCER碳中和服务信托，抢占碳金融业务领域先机。充分发挥信托专业性和灵活性优势，与兄弟单位海油发展紧密配合，实现业务落地，为集团公司碳中和规划行动提供了信托与产业结合的良好实践案例。

（五）进一步丰富业务品种

深入开展受托境外理财（QDII）业务，业务范围覆盖香港、英国、美国资本市场。组建金融市场部，努力推进非金融企业债务融资工具承销资格的申请工作。与中华少年儿童慈善救助基金会合作，落地公司首单“伴你成长”慈善信托项目，有效拓宽了本源业务发展边界。

二 以融促产、产融结合，服务主业迈出实质性步伐

在持续稳健做好集团委托资金管理，良好运作稳盈、稳健系列信托产品的基础上，中海信托显著加大产融结合服务主业力度，从供应链金融、基础设施REITs、加油站收购业务等方面着手，取得了显著效果。积极推进标品投资、非标转标等创新业务开展，并以碳中和服务信托、供应链金融等为抓手，着力提升产融结合服务主业能力。

中海信托坚持以融促产，助力海油供应链生态圈建设。深入落实集团公司产融结合要求，在集团公司资金部、采办部等部门的大力支持下，累计发行“中海油供应链金融债权投资集合资金信托计划”“中海油供应链金融2号流动资金贷款集合资金信托计划”两个货到融资项目53期；成功发行首期订单融资项目“中海油供应链星火1号流动资金贷款集合资金信托计划”，为集团公司降低综合采购成本、优化供应链生态圈提供支持，进一步提升公司在集团上下游企业中的影响力。支持海油油品销售终端开拓。成立加油站7号财产权信托项目，以财产权信托模式协助海油销售盐城公司收购淮安市洪泽区恒威加油站，与气电集团积极推进LNG接收站基础设施公募REITs；加强外部沟通，探索海

油销售产业基金的业务模式，助力海油零售网络终端建设，为下游产业链发展提供专业化解决方案。稳健开展资金管理工作。以资金安全风险可控为前提，以“资产优、受益高、期限短、先落地”为原则，积极寻找优质资产，持续为集团公司提供资金管理相关服务。

三 融入大局，服务实体经济质效进一步提升

中海信托始终把服务实体经济和人民生活需要作为发展的出发点和落脚点，作为国内首批获准重新登记的信托投资公司之一，以及国内首批按照信托业“新两规”要求“换牌”的六家信托公司之一，积极发挥多层次、多领域、多渠道配置资源的独特优势，为实体经济提供针对性强、附加值高的金融服务，在落实国家重要战略、支持新兴产业发展、缓解中小企业融资困难等方面作出应有贡献。

2016年以来，开展服务实体经济项目规模累计超过2100亿元，涉及基础设施建设、民生工程、小微企业等，在长江三角洲区域累计开展相关项目规模超过620亿元；积极落实中央“六稳”“六保”部署要求，为受新冠肺炎疫情影响的小微企业纾困，累计对77户企业贷款进行展期，涉及本金6035万元；疫情期间向“中国信托业抗击新型肺炎慈善信托”捐赠50万元；积极助力乡村振兴，与上海市崇明区建设镇富安村开展党组织结对帮扶，积极履行企业社会责任；多次荣获“上海市黄浦区高端服务业100强企业”荣誉称号，助力上海国际金融中心建设。

第五节

财务公司的业务发展

2000年12月，中海石油财务有限责任公司（简称“财务公司”）向中国人民银行提交了成立申请；2001年11月，中国人民银行批准了关于成立财务公司

的申请；2002年5月13日，取得了中国人民银行的开业批复；6月28日，中海石油财务有限责任公司正式开业。

财务公司拥有非银行金融机构金融牌照，由中国银保监会监管，业务范围涵盖银保监会允许开展的所有业务类别，财务公司业务范围主要包括：财务和融资顾问、信用鉴证及咨询、代理业务；存款、结算、贷款、融资租赁、票据承兑、贴现、担保、委托贷款和委托投资、结售汇与外汇衍生品业务；同业拆借；发行债券及承销企业债券；对金融机构的股权投资及有价证券投资；买方信贷及融资租赁等。拥有全国银行间同业拆借市场会员资格、全国银行间债券交易市场乙类会员资格、上海证券交易所债券交易专用席位、全国银行间外汇同业拆借市场会员资格、上海外汇交易中心会员资格、关税担保等业务资质，丰富的业务资质有助于财务公司多元化开展集团产业链金融服务。

财务公司是中国海油集团唯一的持牌存款类金融机构与内部金融服务机构，以服务集团主业发展和集团整体价值最大化为导向，以建设与中国特色国际一流能源公司相匹配的金融服务平台为目标，落实“五个战略”，发挥加强资金集中、加速资金流转、提高资金效率、降低财务成本、防控资金风险、优化财务管理、加强产业链整合、助推“双碳计划”与油气保供等全方位、立体化的复合服务职能，为中国海油集团公司高质量发展贡献了金融服务与辅助管理价值。

一 坚持稳中求进，不断提升服务主业能力，为集团发展提供强有力的金融服务与辅助管理支持

依托中国海油集团公司的有力支持与自身服务平台、信息系统、服务效率的不断优化，持续提升资金结算能力，辅助集团加强资金集中管理，促进集团内部资金高效流通。从2002年年底到2021年年底，结算账户从不足100个增加到826个，对集团内有条件开户成员单位的服务覆盖率超过95%；年结算业务金额从1328亿元增长到94820亿元，增长70.40倍，年均增长率达到23.79%，自成立以来累计为集团成员单位完成结算业务559882.96亿元；年结算业务笔数从5858笔增长到1704524笔（2021年年末数据），增长了289.97倍，年均增长率达到32.80%；自成立以来累计为集团成员单位完成结算业务7615451笔。同时，公司资金集中度不断提升，从2012年年底开始统计的38%，

提升至2021年年底的63.05%，若排除境外限额外资金等现行政策环境下无法归集的情况，可归集资金集中度达到98%以上。

持续提升信贷业务多元化服务能力，支持集团主业发展。财务公司从2003年到2021年，为支持集团主业发展和成员单位生产经营，自营信贷投放金额从每年57.32亿元增长到2141.61亿元，增长36.36倍，年均增长率达到22.28%，累计投放达到22928.05亿元；从2002年年底到2021年，自营信贷余额从8.13亿元增长到475.39亿元，增长57.47倍，年均增长率达到25.36%；为保障国家战略落地和集团主业发展、确保集团成员单位用款、提高集团产业链资金使用效率、降低成员单位融资成本作出了贡献。

财务公司自2010年起启动外汇和跨境金融服务，从2010年到2021年，为集团成员单位累计提供结售汇服务金额539.46亿美元，为服务集团成员单位“走出去”提供了很好的金融环境。

公司运用富余头寸在同业、投资市场进行配置，在确保集团成员单位用款前提下，帮助集团实现资产安全高效保值增值；在始终保持不良资产“零记录”的前提下，从2008年到2021年，同业资产年均加权收益率为3.22%，显著高于同期同业市场均衡收益水平；从成立到2021年12月，累计实现投资业务收入98.47亿元，发挥了帮助集团资产安全、高效保值增值的专业优势。

二 坚持底线思维，持续完善风险合规体系，不断提高风险防控能力

财务公司坚守风险底线，防范化解金融风险。不断健全内控制度体系，完善全面风险管理机制；明确董事会、监事会、高级管理层、风险管理部门、内部审计部门及其他业务与管理部门在实施风险管理中的职责，明晰各层级主体权责；根据发展战略、风险管理能力、外部环境变化等因素，确立了稳健谨慎的风险偏好；以“稳健、理性、主动、全员”的风险管理理念，在公司整体风险容忍度范围内开展各类业务，并将全面风险管理纳入内部审计范畴，合理确定各项业务活动和管理活动的风险控制点；业务部门、法律与风险管理部、审计稽核部作为执行层面风险管理的三道防线，独立运行，相互制约；同时，公司通过规范、有效的监测与报告机制，实现公司全员参与风险管理，并将风险

管理动态及时送达公司管理层、董事会及集团层面。

财务公司自成立以来，在妥善完成金融服务职能、支持集团主业发展、争取较好经营业绩的同时，始终保持不良资产、不良贷款零记录。财务公司持续加强风控合规体系和防范金融风险能力建设，完善统一监管报送平台与风险预警评价体系，在巩固自身合规风控基础的同时，通过大力推进代理成员单位跨境人民币结算业务、降低汇率风险敞口、减少制裁风险，协助六家成员单位加速尽调流程、实现跨境美元付款全部安全到账。

三 坚持开拓创新，扩展多元化金融服务，为集团改革发展贡献产融结合价值

面对集团主产业板块的蓬勃发展与日益多元化的金融服务需求，在产融结合上深耕发力，强化金融服务职能，探索金融产品和服务创新，发挥专业服务优势，运用多元化融资工具支持上中下游各产业板块项目建设，释放产融结合新价值。

2005年，财务公司担任惠州炼油财务顾问配合其开展项目融资，负责搭建炼油项目财务模型、量身定制符合其资金特色的筹融资方案及协助组建银团贷款等，在确保融资成功的前提下，最大限度协助成员单位降低融资成本。2012年，中国海油以151亿美元现金收购尼克森全部股份，其中，90亿美元通过财务公司从银行间外汇市场购汇完成，财务公司负责策划购汇方案，明确交易对手及购汇参考价格，积极配合有限公司与央行货币政策司三次商谈，最终于2013年2月22日在银行间即期外汇市场上以较低价格购得，此次购汇为境内即期外汇市场史上最大金额购汇，且未对即期外汇市场美元价格造成冲击，配合有限公司成功完成此次收购。2018年以来，财务公司持续聚焦集团重点战略方向深耕保函业务，其中，关税保函业务以高效便捷的服务优势在协助降本的同时大大减少了成员单位的资金占用，提高了通关效率，累计开立关税保函108笔，金额86.59亿元，为增储上产贡献了金融价值。2021年以来，公司抓住服务集团绿色能源转型、落实“双碳”计划和承担国家油气保供职责等战略关键领域，开展绿色金融服务创新工程，推进保供金融专项服务；2021年年末，与绿色能源产业发展和天然气保供相关的贷款投放余额达到149.25亿元，占全部

贷款余额比例达到41.63%，体现了财务公司的战略服务价值。

开业以来，财务公司以实现集团利益最大化为目标，通过利率下浮和贷款随借随还等优质金融服务为集团成员单位节约财务成本累计达到317.76亿元，相当于额外为集团贡献了7.94个财务公司，助力集团主业发展的金融服务和辅助管理价值持续凸显。

第六节
海油租赁的业务发展

为丰富中国海油的金融工具，充分发挥融资租赁公司融资融物的特点和境内关外等财税政策优势，推动产融结合，2014年，中海油国际融资租赁公司（简称"海油租赁"）在天津市东疆港注册成立。海油租赁股东为中国海洋石油集团有限公司及其境外子公司海外石油天然气有限公司，双方各持股50%，规划注册资本40亿元，目前实际注册资本27亿元。海油租赁致力于成为服务集团发展的重要金融工具、集团公司创新和新产业的有力助推力量、央企租赁行业综合实力的佼佼者、集团公司战略投资和金融资本融合的重要平台。经过8年的发展，海油租赁资产规模已超过220亿元，不良资产率持续为零。

2000年，中海石油投资控股有限公司（简称"海油投资"）注册成立，注册资本38.86亿元，是中国海洋石油集团有限公司的全资子公司，公司经营范围包括：实业投资、资产受托管理。2014年12月，海油租赁与海油投资机构整合，按"一套人马，两块牌子"实行双跨模式管理。截至2021年12月末，海油投资管理全级次股权单位共29家，总资产为129亿元，净资产为120亿元。

一 立足海油内部，推动产融结合

2014年以来，海油租赁立足中国海油内部，推动产融结合，累计为集团内业务投放397.79亿元，共计为兄弟单位节约成本约2.16亿元。在服务上游油气勘探开发业务方面，为海油进出口公司下属北海船务公司提供15.5万吨动力定位穿梭油轮融资服务，购置的“海洋石油932”已服务有限公司8年时间，同时与有限公司在边际油田开发、岸电项目、垦利项目、乌石项目、酸化压裂船、稠油热采船等项目中也进行了广泛的合作探讨。在服务炼化与销售业务方面，海油租赁深度挖掘客户需求，以炼化设备、加油站、油库等为租赁物，通过售后回租、直接租赁等模式，为炼化公司、化学公司提供了大量的融资融物服务，与炼化公司签订百亿元大合同，为炼油与化工产业转型升级和市场终端的布局开拓贡献了海油租赁力量。在服务天然气业务方面，海油租赁持续跟进天然气及发电领域项目，以LNG接收站、加注设备等作为租赁物，开展了江苏LNG、原广西LNG、原漳州LNG、原海南LNG等售后回租与直租业务，其中的江苏LNG项目更是实现了与财务公司联合协作，解决了江苏LNG接收站项目建设资金不能接续的问题。在服务专业技术板块业务方面，海油租赁提供了海洋石油118FPSO、3万立方米LNG运输船、珠海港作拖轮等融资服务，并积极开展经营租赁，助力专业技术服务板块实现轻资产转型。在传统售后回租业务基础上，海油租赁积极寻求服务能力和服务手段的突破。海油租赁用好用足直接租赁的财税政策优势，与惠州石化、舟山石化、海南LNG等单位开展了直接租赁业务，将财税政策的利益与兄弟单位进行了分享。海油租赁编制了《绿色金融业务发展指引（试行）》，业务投放向绿色业务倾斜，截至2022年7月，公司绿色金融余额127.03亿元，占公司融资余额的56.98%，在集团公司实现传统能源向新能源的跨越中贡献了金融力量。

二 拓展外部市场，服务实体经济

海油租赁作为央企租赁公司，在开展好产融结合的同时，也积极践行央企的社会责任。面对风云变幻的国际环境和新冠肺炎疫情的强烈冲击，海油租赁坚决响应中共中央、国务院的号召，围绕做好“六稳”工作、落实“六保”任务勇当排头兵、主力军。近年来，海油租赁积极支持实体经济发展，先后支持了湖北、天津等地的轨道交通基础设施建设项目，取得了良好的社会效益和经济效益。海油租赁也积极支持海油产业链项目，以油气资产为租赁物，以承租人股权质押和油田收益现金流监管等为风控措施，推动了有限公司曹妃甸相关区块的开发，为集团公司增储上产作出了贡献，也落实了国家有关保产业链供应链的要求。

三 秉承精细管理，发挥股权价值

海油投资始终坚守中国海油集团赋予的存量股权管理、私募股权投资、战略投资这3项职能，致力于成为集团专业化股权资产管理和投资平台，更好地服务集团战略发展。自成立以来，仅资产处置方面为集团贡献利润近40亿，为集团发展贡献了一定的金融价值。海油投资始终秉承“一司一策”管理思路，科学制定年度持股策略，实施全级次股权分级分类管理，积极争取应分尽分，确保国有资产保值增值，充分维护股东权益，累计实现分红收益27亿元。通过加强派驻董事、监事及高管人员管理，发挥参股股东独特作用，扎实跟进重点参股企业赤湾胜宝旺工程有限公司项目进展，力保“海基一号”平台项目按期交付，为集团公司油气增储上产工程再创佳绩贡献了积极力量。

四 坚持开拓创新，拓宽主动投资渠道

为打造专注于能源全产业链投资的资本运作、股权投资、创新孵化的重要市场化平台，2019年12月19日，海油投资旗下海油私募基金管理有限公司完成工商注册。2021年11月2日，首支私募股权投资基金完成备案工作，实现了系统内私募股权投资基金业务零的突破。作为系统内第一支私募股权投资基金，它将以产业链创新为目标，全力布局新能源产业链科技创新企业，为中国海油集团公司发展新产业、新动能、新效能提供支持，培育新的增长点和支撑力。

五 风控体系建设日趋完善

海油租赁/海油投资以打好防范化解金融风险攻坚战、保障公司健康可持续发展为核心，以深化产融结合、服务集团公司主业为导向，以发挥金融工具价值、助力集团公司建设中国特色国际一流能源公司为战略目标，针对公司风险

多样性、监管多元化等特点，将避免发生系统性金融风险作为工作重点，充分发挥党总支把方向、管大局、促落实的重要作用，持续完善内控体系建设，严格对标集团发布实施的《金融风险防范工作方案》，紧密围绕项目风险、财务风险、资金风险、股权风险、审计管理体系和风险管控长效机制等6个方面，以29项具体工作举措，全面夯实风险管理基础工作，打造金融风险管理升级版，系统化提升公司风险管控能力，抓实抓牢金融风险防范底线，确保实现“四个零”目标。以“三会一层”为核心，以“三个专业委员会”为载体，以“三道防线”为屏障，通过“前、中、后台”条线化管理保障业务投放及风险管控工作的高效开展。从顶层设计、组织构架、内控体系、管控机制、监督机制、智能化建设6个维度综合施策，创建了具有央企特征海油特色的全生命周期闭环风险管控体系，保障公司牢牢守住不发生系统性金融风险的底线。海油租赁作为中国海油集团公司内部首家试点单位，依托自身力量开创性地完成了信用风险压力测试专项工作，系统地检验了自身抵御外部冲击的能力，有效掌控了发展底线。《央企租赁公司闭环风险管控体系创建与实践》获2021年中国海油集团公司企业管理现代化创新成果三等奖。海油租赁被评为天津市租赁行业协会“2021年度优秀融资租赁业务创新企业”。

第六章 坚持党建领航，充分发挥国有企业政治优势

习近平总书记指出，坚持党的领导、加强党的建设，是我国国有企业的光荣传统，是国有企业的“根”和“魂”，是我国国有企业的独特优势。中国海油是我国重要的大型能源骨干企业，是海洋油气生产运营的“国家队”。自成立之初起，中国海油就天然烙印着姓党、为党的独特属性，肩负着开发蓝色国土、保障油气供给的重大使命。

因此，集团公司党组始终坚持高度重视党建工作，始终立足党的事业发展和国有企业改革发展大局，积极主动融入国家发展战略，以坚持党的全面领导为原则，坚持将党的建设贯穿改革发展、生产经营全过程，融合互动，一体推进。

党的建设不断在探索中前进，在变革中完善，确立了中国特色现代国有企业制度，逐步形成党的建设与改革发展、生产经营相匹配的融合机制。党的政治优势、组织优势和密切联系群众优势不断转化为企业竞争优势、发展优势，不断筑牢党建之根、夯实发展之魂，用“我为祖国献石油”的红色基因法宝构筑海油人的精神图腾，引领公司保持一往无前的动力、团结奋斗的内力、开新图强的定力。党建融入经营、引领发展成效显著，公司焕发出强大生机和活力，向着中国特色世界一流企业迈进，朝着习近平总书记擘画的宏伟蓝图奋发进取。

第一节

坚持党的领导，加强党的建设

自1982年成立以来，中国海油历届党组都始终坚持党的领导，高度重视党的建设工作，各级党政工团组织、各级管理人员和党建工作人员认真按照党组要求，坚持将党的建设贯穿改革发展、生产经营全过程。中国海油的党建工作既烙印着时代的特征，承继了中国石油工业的优良传统，也呈现出鲜明的海油特色，自始至终对企业的改革、发展和稳定发挥着不可替代的重要作用。

一 对外合作初期

1982年，党的十二大召开，开创了社会主义现代化建设新局面。中国海油紧紧围绕"重点转移"方针，积极对党的领导和党的建设工作进行新尝试。面对改革开放初期我国国民经济亟须改变面貌的紧迫形势，企业生产经营的重大转变带来思想政治工作重点转移的要求。当时的工作目标，是围绕对外合作不断解放思想、更新观念，走对外合作的道路。"以阶级斗争为纲"转向积极对外合作，发展生产经营，在转变职工的思想观念工作中打下坚实的基础。在对外合作的初期，集团党组坚持把改革开放作为思想政治工作重点，以思想政治工作推动干部职工解放思想、转变观念，从而促进对外合作和企业改革发展。

二 20世纪90年代初期

1992年，党的十四大明确建立社会主义市场经济体制，第一次明确了企业党组织围绕生产经营开展工作的5项任务。次年，党的十四届四中全会进一步确立了建立现代企业制度的方向，为现代企业的确立和发展指明了方向。中国海油深入贯彻学习党的十四大精神，紧紧围绕"五五一"工程，对党的领导和党的建设工作进行新探索，主要是党委要发挥政治核心作用，做好5个方面的工作。这5个方面分别为：执行中央方针政策，发挥保证监督作用；加强精神文明建设，发挥政治领导作用；参与企业重大决策，发挥促进发展作用；带领职工办好企业，发挥团结凝聚作用；做好群众组织工作，发挥领导协调作用。在“五五一”工程的建设当中，强调党支部要发挥战斗堡垒作用，落实“五到位”：健全组织，支委工作到位；完善制度，依章办事到位；模范带头，完成任务到位；联系群众，思想工作到位；严格管理，督察工作到位。党员要发挥先锋模范作用，开展“一个党员一面旗帜”活动，要求共产党员要始终保持积极进取的精神状态，具有实现信念的创造活力，始终站在改革发展的前列。

三　20世纪90年代中后期到21世纪初

1997年，党的十五大召开，国有企业改革进入攻坚阶段，迫切需要加强和改进国企党建工作，为其提供强有力的思想政治保证和组织保证。中国海油紧紧围绕“双优统一”的战略方针，开始逐步探索党的领导和党的建设工作新变化。中国海油党组结合海洋石油实际和国内外环境变化，提出了面向21世纪的六大战略，即：有效益的发展战略，天然气战略，资本运营战略，低成本战略，高科技战略，以及扩大开放战略，并强调要在建立和完善现代企业制度方面取得突破性进展。这个优快发展海洋石油事业的战略构想，对加强和改进思想政治工作提出了新的更高的要求。围绕总公司党组面向21世纪的六大战略，中国海油提出了努力实现“优快发展生产经营”与“发挥思想政治工作优势”的统一（后称为“双优统一”）的战略方针。为适应社会主义市场经济和建立现代企业制度的要求，坚持在发展生产经营中发挥思想政治工作优势，通过发挥思想政治工作优势促进生产经营优快发展迈出重要一步。

四　党的十六大至十八大时期

2002年至2012年，党的十六大至十八大期间，国企改革进一步深化，改革要求进一步提高。新形势下，要求以改革创新精神加强和改进国有企业党的建设，现代企业法人治理结构下国有企业党组织发挥政治核心作用的途径进一步明确。中国海油紧紧围绕政治优势转化工作，党的领导和党的建设取得新提升。2004年，中国海油党组提出，以较快的发展速度、较强的盈利能力和较好的发展质量在2008年建成具有国际竞争力的综合型能源公司，全面建成现代企业制度。在此基础上，建设一个国际一流的综合型能源公司。2010年，中国海油建成“海上大庆油田”，在此基础上，党组制定“二次跨越”发展战略，明确国际一流能源公司的实现路径。新的发展形势和任务对中国海油的党建与思想政治工作提出了更高的要求：紧紧围绕党组提出的战略目标，不断加强党建与思想政治工作，把国企的政治优势转化为企业核心竞争力。针对党建和思想政治工作在企业改革发展中遇到的新情况、新问题，2004年年初，总公司党组提出“把国有企业的政治优势转化为企业核心竞争力”理论。2005年，在先进性教育活动中，总公司两次召开研讨会，探讨把国企政治优势转化为企业核心竞争力问题。2006年3月，总公司党组决定成立课题组进行深入研究。2007~2008年，结合工作实践及深入学习实践科学发展观活动进行理论探索，形成了比较完整的理论体系和思路。2009年以来，不断完善理论框架，并全面推进把国企政治优势转化为企业核心竞争力的实践工作。“政治优势转化”理论不断完善。

五 2012年至今

党的十八大以来，以习近平同志为核心的党中央高度重视国有企业党的建设，全面从严治党不断向纵深发展，国有企业党的建设和改革发展发生历史性变革，提到前所未有的高度。建设中国特色现代国有企业制度下，中国海油全面加强党的领导和党的建设实现新突破。国有企业党委（党组）的功能定位，由“政治核心地位”转变为“领导地位”，由“政治核心作用”转变为“领导作用”。面对新形势、新任务、新要求，中国海油党组切实提高政治站位和政治觉悟，认真落实全面从严治党政治责任和主体责任，做出了建设中国特色国际一流能源公司的战略部署，不断加强和改善党的领导，加强和改进党的建设，引领、保障和推动中国海油在行业性的生产经营“严冬”环境下持续健康发展，为统筹推进“五位一体”总体布局、协调推进“四个全面”战略布局贡献自身价值和力量。

党的十八大以来，中国海油党建工作中最重要的举措和最重要的成果，就是党组确立了建设中国特色国际一流能源公司的发展愿景。这是在全面从严治党新形势下，中国海油坚持党的领导、加强党的建设的最重要标志，也是中国海油党组落实全面从严治党政治责任和主体责任的重要举措，体现了坚持党对国有企业的领导、加强国有企业党的建设的精神要求，展现了“在经济领域为党工作”的使命担当和做强做优做大国有企业、推进海洋强国建设的政治自觉、行动自觉。

党的十八大至2015年期间，是学习贯彻全面从严治党要求和建设中国特色国际一流能源公司战略目标准备阶段。中国海油积极参与全球竞争，努力赶超行业先进水平，打造一流的国际竞争力，实现国际先进理念与中国国情和企业实际的有机结合，获得同行的普遍认可。在这一时期，集团公司的主要任务包括认真贯彻落实中央决策部署，扎实推进全面从严治党各项工作，逐步打造全面从严治党的新常态；把党建工作摆在更加重要位置，不断凝聚重党建、抓党建的共识，为提出建设中国特色国际一流能源公司战略目标打好基础。2015年至党的十九大召开前，是深入落实全面从严治党要求和建设中国特色国际一流能源公司战略目标系统推进阶段。党的十九大召开至今，是贯彻落实新时代党的建设总要求和建设中国特色国际一流能源公司战略目标持续深化阶段。这一时期的主要任务是牢牢把握党的政治建设是党的根本性建设这一要求，以“中央企业党建工作落实年”“党建质量提升年”“基层党建推进年和党建巩固深化年”专项行动为抓手，加快推动党建工作提质、增效、升级，扎实推进新时代中国海油全面从严治党向纵深发展。

百年征程波澜壮阔，百年初心历久弥坚。2021年，中国海油以庄严的活动和最美的赞歌举办党日活动，共同庆祝中国共产党成立100周年。主题教育活动分为“星火之歌”“蓬勃之歌”“春风之歌”“时代之歌”4个篇章，通过歌舞、情景剧等形式多样的节目，深情表达海油儿女对党的感恩感激和热爱赞美之情。主题党日活动现场为各级“两优一先”进行表彰，为老党员代表颁发“光荣在党50周年”纪念章，激励全体党员不忘初心、牢记使命，振奋精神、凝聚力量，为加快实现中国海油“1534”总体发展思路而不懈奋斗。

回顾来时风雨，中国海油在党中央的亲切关怀下，从无到有，从小到大，从弱到强，从最初的计划管理体制到改革重组上市，再到建立现代企业制度，始终牢固树立“我为祖国献石油”的信念，勇担保障国家能源安全的光荣职责。进入新阶段、开启新征程，中国海油将继续听党话、跟党走，传承红色基因、赓续精神血脉，持续强化在经济领域为党工作，为全面建设社会主义现代化国家、推动中国海油高质量发展再上新台阶作出新的更大贡献。

第二节

“十三五”时期中国海油党的建设工作实践

“十三五”时期是中国海油发展史上极不寻常的五年。面对两轮“低油价”严重冲击叠加新冠肺炎疫情的深刻影响，集团公司深入贯彻落实习近平新时代中国特色社会主义思想，主动适应经济发展新常态，化被动为主动，坚定信心、迎难而上，高质量完成了“十三五”规划确定的主要目标任务。

在集团公司党组的正确领导下，各级党组织和广大党员干部，深入学习领会新时代党的建设总要求，认真贯彻落实全国国有企业党建工作会议、全国组织工作会议、全国宣传思想工作会议精神，坚定不移推进全面从严治党，紧紧围绕服务国家战略，按照集团公司“1534”总体发展思路，聚焦主责主业发展实体经济，坚持党的领导、加强党的建设，切实发挥党建工作正人心、聚人气、合人力的作用，党组织的领导核心和政治核心作用、战斗堡垒作用，以及党员的先锋模范作用充分发挥，“山清水秀”的政治生态初步形成，党的建设各项工作取得显著成效。这五年，是党组织不断壮大，活力持续增强的五年；是践行初心使命，持续推进自我革命的五年；是狠抓关键少数，政治生态明显好转的五年；是巩固团结统一，党群关系显著改善的五年；是各级党组织在集团公司工作大局中贡献重要力量的五年。

一 以政治建设为统领，“两个维护”更加坚定

“十三五”时期，集团公司党组始终把党的政治建设摆在首位，把坚决做到“两个维护”作为首要任务，驰而不息强“根”固“魂”，红色烙印愈加鲜明。

首先，公司党组以务实举措推动习近平总书记关于大力提升勘探开发力度、保障国家能源安全等重要指示批示精神落实落地。2016~2020年，新增探明石油、天然气地质储量大幅提升，储量资源基础进一步夯实，油气产量保持较快增长，原油和天然气较“十二五”期间分别增长了24%和13%，充分发挥油气增储上产“主力军”作用。

同时，坚定贯彻落实党和国家重大决策部署，在推动公司高质量发展中贡献价值。各级党组织积极践行“在经济领域为党工作”的理念，在融入党和国家重大战略部署中承担责任使命。深入贯彻落实“海洋强国”战略，深海油气勘探开发能力大幅提升；积极践行“一带一路”倡议，优化“中东、非洲、拉美、亚太、欧美”5个战略区域布局，海外业务遍及40多个国家，“一带一路”地区油气产量占海外油气总量比例大幅提升；全力打好打赢“三大攻坚战”，采取有力措施防范化解各类重大风险，出台员工诚信合规手册；对口帮扶的6个贫困县市全部脱贫摘帽，当地70万人民群众开启美好新生活；清洁能源保障能力持续增强，炼化公司党委积极推进“国六”油品质量升级，2019年全部实现国Ⅵ成品油供；气电集团党委加大天然气清洁能源供给，推进LNG车船加注，为“美丽中国”建设作出积极贡献……多举措齐头并进，为公司高质量发展、主动融入国家区域发展战略、推动企地和央企间战略合作再上新台阶注入强劲动力。

在坚决贯彻落实加快国资国企改革的工作部署基础上，全面深化体制机制改革，不断增强企业发展动力活力。一方面，中国海油大力推进供给侧结构性改革，深入开展“三去一降一补”，全力抓好“处僵治困”“压减”“两金”压降和“降杠杆减负债”等专项工作；另一方面，积极推进混合所有制改革，加快推进现代企业制度建设，深入推进产业优化重组，积极构建“双循环”发展格局。

二　以理论武装为先导，信仰信念更加笃定

5年来，集团公司党组高度重视理论武装工作，坚持把学习领会习近平新时代中国特色社会主义思想作为首要政治任务，努力激发和释放理论武装这个经济社会发展“引擎”的内在动力，推动理论武装下基层、进一线、入头脑，引

领职工群众听党话、跟党走。

理论武装为先导，信仰信念更加笃定，为公司高质量发展提供坚强思想保证和强大精神动力。首先，精准把脉“理论供给”与“发展需求”，持续打造“1234”学习体系，确保学习规范，党员干部对共产主义信仰、中国特色社会主义信念更加坚定，培养了一支高标准的党员队伍。在培养的过程中，一鼓作气抓好4场集中教育“接力跑”，在坚定理想信念、解决实际问题、转变作风上取得实效，一些影响改革发展稳定和基层党的建设等问题得到有效整改，群众意见集中的部分问题得到及时解决。在持续推进工作和培养的过程之中，大力弘扬石油精神与新时代海油精神，加强人才队伍建设，以先进典型的力量打造更坚固的党员堡垒。海油党校固定在中青班、青干班、高技能人才和群团干部等重点班次中开设石油精神专题课程，仅2019年组织赴大庆进行现场学习就高达1600余人次。各级党组织加强爱国主义、集体主义、社会主义教育，开展“弘扬石油精神”大讨论、庆祝新中国成立70周年系列活动；积极宣传以郝振山、屈长龙等为代表的优秀共产党员感人事迹，引导员工自觉做大庆精神铁人精神的传承者、践行者，为公司打赢求生存谋发展攻坚战，积极应对疫情防控与极低油价双重挑战贡献重要作用。

2017年11月22日，47岁的屈长龙回复了此生的最后一个工作邮件。他这样写道：“如果还能完整地回来，我会更加珍惜与大家相处的每一天。如果不能，就此道别了。”

屈长龙，原中海石油气电集团有限责任公司技术研发中心副主任兼总工程师。进入中国海油后，他转战攻关LNG项目，是国内LNG接收站的第一代中国管理者，自主出关技术的第一代中国开发者，大型LNG工程项目的第一代中国设计建造者，以及关键设备国产化的第一代有力推动者。

在上海LNG二期项目竞标争取谈判的关键时刻，屈长龙得知自己患有恶性脑肿瘤。就在住院的当天上午，他如期参加了上海LNG二期项目会议，以技术分90分的好成绩中标，高出第二名20多分。几天后，屈长龙的同事们从第十八届全球LNG峰会上捧回了世界LNG行业技术创新奖，这标志着中国LNG接收站技术水平已经跃升为行业领先、国际一流，被国外技术垄断的日子将一去不复返。

当寒潮从遥远的西伯利亚咆哮而来，屈长龙参与设计建造的天津LNG正全力支援保供京津冀，每日可增加供应1550万立方米。在这北京十年来最干净清澈的冬天，屈长龙长眠于他为之奋斗守护的土地上。

年仅47岁的屈长龙，用他共产党员最纯粹的初心，大力推进了国内LNG储罐技术的突破和发展，展现了党员坚不可摧的堡垒作用，为公司留下了宝贵的精神财富，激励着后来人向前去。

三 以体制机制为抓手，治理结构更加科学

5年来，中国海油党组深入贯彻习近平总书记“两个一以贯之”指示要求，健全完善体现党对国有企业全面领导的公司治理结构，不断推动党的领导融入公司治理、嵌入经营管理，党组织发挥作用更加具体化，更加有形有力。

首先，在治理结构上把党的组织内嵌到企业法人治理结构之中，确保党组织在企业改革发展中真正实现了“把得了关、掌得了舵、说得上话、使得上劲”。坚持分层分类推进，加强面对面沟通，向各董事会、经理层讲清楚党的领导、党的建设对于国有企业改革发展、生产经营的巨大优势，说明白将党建总体要求纳入公司章程体现的是党和政府对企业发展的信心，推动所属公司制企业把党组织的职责权限、机构设置、运行机制、基础保障写入公司章程，并积极稳妥地向所属各级法人企业延伸，做到“应进必进”，党组织在公司法人治理结构中的法定地位进一步确立。

同时，在领导体制上把党的领导与公司治理统一起来。结合深化改革、党组织换届、干部日常调整，推动符合条件的党组织班子成员进入董事会、监事会、经理层，“双向进入、交叉任职”比例大幅提高，13家设有董事会的所属单位党委书记、董事长由一人担任，23家三级单位董事长与党委书记实现“一肩挑”，切实推动企业改革发展、生产经营各项决策符合党的要求，确保监督、执行各个环节都有党组织把关，党的组织优势不断转化为企业发展优势。

在运行机制上，做到党组织领导与董事会决策有机结合。严格落实党组织研究讨论重大问题前置程序，自上而下制定党组（党委）议事规则，制定修订“三重一大”决策管理办法，明确董事会决策事项范围和程序，搭建分级管理监事会架构，厘清党组（党委）和其他治理主体的权责边界，推动党组（党委）把方向、管大局、促落实，董事会定战略、作决策、防风险，经理层谋经营、

抓落实、强管理，各司其职、各负其责、协调运转、有效制衡的公司治理机制逐步形成。

在组织保障方面，持续为企业转型发展注入内生动力。创建匹配战略的人才培养机制。坚持党管干部、党管人才原则，落实国有企业领导人员“20字”要求，按照“政治素质过硬，忠诚干净担当；管理能力提升，经营业绩优秀；突出创新变革，构建比较优势；改善队伍结构，激发企业活力”的目标，研究制定干部人才队伍建设“3+1”工程实施方案，突出政治标准，强化战略培养，“选、育、用、管、督”有机结合，努力打造忠诚干净担当的高素质专业化干部人才队伍，带动全公司干部人才队伍干事创业激情充分迸发，为建设中国特色国际一流能源公司提供坚强保证。

四 以强基固本为核心，基层党建更加扎实

5年来，集团公司党组深入贯彻全国国有企业党的建设工作会议精神，围绕贯彻落实新时代党的组织路线和国资委党委部署要求，压茬推进“中央企业党建工作落实年”“党建质量提升年”“基层党建推进年”和“党建巩固深化年”，以提升组织力为重点，突出政治功能，紧紧扭住基本组织、基本队伍、基本制度“三基建设”，把基层党组织打造成坚强战斗堡垒，形成围绕发展抓党建、抓好党建促发展的生动局面。

建立契合实际的组织工作体系。210个党委、143个党总支、2217个党支部，全部实现“应建尽建”，按期换届“应换尽换”。

全面落实党务干部和经营管理人员同职级同待遇。成立海外企业党工委和海外监督中心，全面加强境外党的建设，消除境外党建盲区。

健全规范高效的组织制度体系。制定《党委工作手册》《党支部工作手册》，出台混合所有制企业党建、区域党建、海外党建指导性文件，建立起一级抓一级、层层抓落实的党建工作责任体系。

在组织工作体系、组织制度体系全面建设的基础上，公司连续三年开展支部达标工作，党组织政治功能和组织力不断增强。在新冠肺炎疫情防控工作中，第一时间印发《关于在打赢疫情防控阻击战中及时选树先进、表彰先进、激励先进的通知》，动员全系统党员干部积极投身新冠肺炎疫情防控第一

线，下拨专项党费支援系统内3家驻鄂单位和京直4个重点单位疫情防控和复工复产工作，彰显各级党组织和广大党员政治担当。在油价走低、复工复产困难的前提下，编制印发《关于促进政治优势再发挥　做好疫情防控和复工复产有关工作的通知》和《关于让党旗在应对低油价挑战攻坚战中高高飘扬的行动书》，组织动员各级党组织和党员、干部团结一致、共克时艰，打通“堵点”，补上“断点”，成立党员突击队、党员志愿队566个，提交请战书382封，将“战斗堡垒”筑在疫情防控最前沿，全力协调解决复工复产面临的突出问题。

全身联动，用思想武器凝心聚力，共渡难关。集团总部深入贯彻落实中央决策部署和党组工作要求，及时推出联防联控措施，扎实做好疫情防控宣传，为打赢疫情防控阻击战凝聚信心力量。海油发展党委迅速组织旗下正达科技公司生产消毒物资，部署投产8条口罩生产线，最高日产口罩40万只，得到国资委党委书记、主任郝鹏赞誉；中海炼化党委部署向武汉雷神山医院捐赠车用柴油15吨；中海实业党委全方位组织保障第一线，为各办公大厦职工群众的健康安全保驾护航。中海炼化销售湖北有限公司阳光加油站站长白登文同志荣获“全国抗击新冠肺炎疫情先进个人”“全国优秀共产党员”称号；海油发展董汉昱、海油工程史新敏、气电集团鲁凡和炼化公司武汉市“阳光加油站”获评“中央企业抗击新冠肺炎疫情先进个人（集体）”荣誉称号。组织召开中国海油抗击新冠肺炎疫情表彰大会，全面回顾总结抗疫斗争伟大实践，对5个突出贡献单位、10名抗疫楷模、45个先进集体、91名先进个人进行表彰，将伟大抗疫精神转化为从容应对各种复杂局面和风险挑战的坚定信心，转化为推动公司高质量发展的不竭动力。

2020年年初，一场突发的疫情冲淡了年味，紧随而来的国际油价断崖式下跌，让冬天更加漫长。但在寒冬之中，“一抹中国红”却在中国海油燃起。集团公司党组领导坚守值班岗位，24小时统筹部署疫情防控和生产经营，保供应、稳生产，各级党组织靠前指挥、推动落实；基层一线党员纷纷写下请战书、立下军令状，在防疫一线和生产现场，不舍昼夜地连续奋战。

白登文，中国海油销售湖北有限公司武汉市“阳光加油站”站长。这位“80后”的年轻站长，在武汉疫情突然暴发、实行交通管制之时，驻守在中国海油武汉阳光加油站整整76个日夜、1824个小时，为解决当地的能源需求、保证能源不断供作出了重要贡献（图6–1）。

2020年1月28日，湖北销售得到消息，雷神山医院因电线线路没有架到位，靠柴油发电机发电，而建造工地缺少柴油，几乎陷入停滞状态。接到消息的白登文第一时间向集团公司党组提交捐赠申请，并得到了第一时间批复："同意"。

由于物资运输困难，交通堵塞严重，白登文带领着加油站的同事们，以手提肩扛的方式，每趟拎20升油桶，往返于油罐车和卸油点之间，5个小时，来回数十趟，累计行走20多千米！为雷神山建设工地亲手卸载了中国海油捐赠的18000升柴油。

"肩扛千斤，谓之责；背负万石，谓之任。"2020年9月8日，白登文获"全国抗击新冠肺炎疫情先进个人""全国优秀共产党员"称号。危机时刻，与武汉同在，白登文作为一名党员，在国家最需要的时候选择主动坚守，义无反顾冲锋在前，彰显了一名海油党员的担当。

五 以正风肃纪为切口，干部作风更加过硬

5年来，集团各级党组织深入落实中央八项规定精神，驰而不息正风肃纪，工作作风明显改善，精神面貌焕然一新。在持之以恒落实中央八项规定精神，

图6–1　中海油为雷神山医院建设支援送油

坚持日常监督和专项督查相结合的同时，坚决防止“四风”反弹回潮，以“总部机关化”问题专项整改扎实推进作风建设。按照“严、实、快、新”的要求纠治机关作风顽疾，组织开展集团总部22个党组织开展两轮69次联合党建活动，集团总部工作作风明显改善。大力推进“总部机关化”问题专项整改，着力解决集团总部和各所属单位“机关化”“行政化”问题。同时，大力推进构建纠治“四风”长效机制，制定并严格实施《关于进一步贯彻落实中央八项规定精神实施细则》《对中国海油领导干部插手重大事项进行记录的规定》《内部公务活动全面禁酒规定》《中国海油党组集中整治困扰基层的形式主义问题持续深化作风建设的实施方案》等，找准症结、精准施策，为“纠四风”建立长效机制做出了政策支持。

六　以反腐倡廉为重点，政治生态更加清明

5年来，集团各级党组织和纪检监察机构认真履行在全面从严治党中的职责，深入贯彻落实中纪委四次全会精神，深化全面从严治党工作举措，一体推进不能腐、不敢腐、不想腐，良好的政治生态正在形成。

（一）层层压实全面从严治党主体责任

编制印发《中国海洋石油集团有限公司党组（党委）落实全面从严治党主体责任规定》和《中国海洋石油集团有限公司党组（党委）落实全面从严治党主体责任清单》，以全面从严治党新成效推动公司治理体系和治理能力现代化。统筹推进“三个专项”整治、“四个专项”整治工作。

（二）逐步构建“一头两翼”监督新格局

结合海油实际，创造性贯彻落实党中央全面从严治党决策部署，逐步构建了以“一头两翼”为核心，各种监督协同配合、联动贯通的监督体系，有力强化正风肃纪反腐高压态势，推动党风廉政建设和反腐败斗争不断取得新成效、新进展。

（三）深化政治巡视和巡视整改

扎实推进2015年中央第一轮专项巡视整改，十九届中央第三轮巡视整改。

集团总部和14家所属单位党组织主动担起主体责任，在整改落实上见真招、动真格、求实效，扎实做好巡视“后半篇文章”。截至目前，十九届中央第三轮巡视意见中反馈的30项问题已整改完成，新增/修订制度123项。中央巡视移交96件问题线索已完成核查87件，1件按要求移交相关单位纪检部门办理，剩余8件正在抓紧核查中。扎实开展二级单位巡视巡察，发挥好巡视“利剑”作用，实现对设立党委的二级单位巡视全覆盖。积极配合两次中央巡视组巡视，审计署专项巡视；开展2016年、2017年和2019年集团公司党组常规巡视，对135家三级单位和部门进行巡察，实现巡视巡察上下联动。

（四）深化纪检监察体制改革

各级党组织旗帜鲜明支持纪检监察组履行专责监督职责，优化纪检监察组机构职能，组建集团公司党风廉政建设办公室，成立海外监督中心，各所属单位逐步完善构建派驻纪检组织，主体责任和监督责任贯通协同、形成合力。

（五）运用好监督执纪“四种形态”

推动日常监督与执纪问责、审查调查相衔接，认真处置监督中发现的问题线索。坚持标本兼治，建立中国海油“曝光台”，召开集团总部警示教育大会，大同煤制气项目组党总支摘编《党风廉政建设名词解释100条》。各级党组织深入剖析周学仲、苗春生、陈隆盛等违纪违法典型案例，用身边事教育身边人，切实筑牢拒腐防变思想防线。

七 以统战群团为纽带，凝心聚力更加出彩

5年来，各级党组织贯彻落实《集团公司党组关于加强和改进党的群团工作的意见》与《中国海油新时代统一战线工作指导意见》，加强和改进党对群团和统战工作的领导，坚持“党建带工建”“党建带团建”。以工会团结广大职工立足岗位建功立业，深入推进集团公司专项劳动和技能竞赛活动，选树李清平、李中等先进典型，多个集体和个人荣获“全国五一劳动奖章”“全国三八红旗手”“中央企业先进集体和劳动模范”等荣誉，先锋模范的示范效应和影响力不断增强。推进“暖心工程”建设，建立困难员工帮扶体系，每年投入2000多万

元，为职工群众解难事、办实事，职工群众的获得感、幸福感、安全感大幅提升。定期组织文艺会演、摄影展、健步走等文体活动，团队建设更加和谐。以团组织带领团员青年贡献青春价值，10名青年当选海油青年先锋，5个集体获评海油金牌青年先锋队，“蔚蓝力量”入选央企十大志愿服务品牌，一批批青年成长为公司事业的新生力量和工作骨干。以统战工作汇聚党外人士助力公司发展，常态化开展“爱企业、献良策、做贡献”活动，公司全国人大代表和政协委员向全国“两会”提交15条高质量提案议案，成立中央企业京外第一家建言献策工作室“中央企业党外代表人士建言献策平台刘红光工作室”，仅“稠油减征资源税优惠政策得以保留”一项提案就为公司降本数亿元，为集团公司高质量发展提供重要政策支持。除此之外，公司还积极创新开展“不忘合作初心、携手继续前进”民主党派培训班等主题活动，集团党外代表人士建言献策热情高涨，立足公司实际，反映呼声诉求，大力营造有利于集团公司高质量发展的外部环境。以统战群团为纽带，凝心聚力更加出彩助力集团公司高质量发展，其中部分发展成果，如《关于加大深水油气开发支持力度的提案》入选中央《零讯》期刊。

回顾中国海油的奋斗历程，我们深深体会到国有企业作为党和国家最可信赖的依靠力量，必须旗帜鲜明坚持党的领导，理直气壮加强党的建设。必须把坚持党的领导、加强党的建设作为重大政治原则，引导地区各部门各单位始终与党组同向、与大局同频、与员工同声，确保党中央和国资委党委、集团党组各项决策部署得到正确落实。中国海油将坚持把立足全局思考谋划作为重大政治方针，引领干部员工以更大力度融入国家重大战略，以更硬举措抓好改革发展，以更高警觉防范化解风险，推进政治优势有效转化为发展优势。要把抓基层、打基础作为固本之举，树立党的一切工作到基层的鲜明导向，打造一批富有新时代气息和京直印记的特色党建品牌，筑牢公司高质量发展根基。必须把强化作风建设作为重要保障，紧紧抓住两级总部和领导干部这个关键，以上率下，把“严实快新”融入各领域各环节，营造风清气正的政治生态样板，把以人为本、凝心聚力作为重要目标，引导广大员工从中国特色社会主义制度的优越性中树立信心，从公司上下实干争先的精气神中汲取信心，夯实凝聚发展合力的基础。

我们的全部实践已经证明并将继续证明，党建工作做实就是生产力、做强就是战斗力、做细就是凝聚力。要坚决牢固树立用高质量党建引领高质量发展的思想认识，大力弘扬抓党建从生产出发、抓生产从党建入手的光荣传统，坚持把提高企业效益、增强企业竞争实力、实现国有资产保值增值作为企业党组织工作的出发点和落脚点，聚焦落实习近平总书记重要指示和党中央重大决策部署，充分发挥党组织政治引领力；聚焦应对经济增长压力、深化国企改革任务，充分发挥党组织示范带动力；聚焦国家重大项目、重点工程和急难险重任务，充分发挥党组织号召动员力，为做强做优做大国有资本、培育具有全球竞争力的中国特色世界一流能源企业提供坚强保证。

第三节

持续探索、推进党建工作与改革发展、生产经营深度融合

习近平总书记指出，“中国特色现代国有企业制度，‘特’就特在把党的领导融入公司治理各环节，把企业党组织内嵌到公司治理结构之中”，强调要“坚持服务生产经营不偏离，把提高企业效益、增强企业竞争实力、实现国有资产保值增值作为国有企业党组织工作的出发点和落脚点，以企业改革发展成果检验党组织的工作和战斗力”。国有企业推进党建工作与改革发展、生产经营深度有效融合，是坚持党对国有企业全面领导的必然要求，是加强国有企业党的建设的根本指向，是充分发挥国有企业政治优势的现实路径。

中国海油始终立足党的事业发展和国有企业改革发展大局，推动党建工作与改革发展、生产经营相融合。党的十八大以来特别是2016年全国国有企业党的建设工作会议召开以来，党组坚持将党的建设贯穿改革发展、生产经营全过程，融合互动，一体推进，逐步形成党建工作与改革发展、生产经营相匹配的融合机制，党的政治优势、组织优势和密切联系群众优势不断转化为企业竞争优势、发展优势。

一 推进党建工作与改革发展、生产经营深度融合的部署安排上具有鲜明的连贯性和延续性，一些做法经验走在央企前列

公司结合自身发展各阶段的实际情况和发展目标，积极探索党建工作新思路、新方法、新途径，以党的政治优势、思想优势、组织优势、群众工作优势推动企业改革发展，走出了一条具有中国特色国有企业改革发展之路。

（一）坚持用党的创新理论引领企业思想政治工作，秉持“我为祖国献石油”的价值追求，夯实融合的思想基础

因对外合作需要而成立的中国海油，从一开始就肩负着推动我国海洋石油工业快速发展、保障国家能源安全的政治使命，因此，旗帜鲜明讲政治、坚定不移抓党建是中国海油与生俱来的特质。中国海油党组坚持发挥思想政治工作在推动企业改革、生产经营中发挥的作用，紧扣深入学习贯彻习近平新时代中国特色社会主义思想这一主线，健全学习教育机制，促进干部员工用党的创新理论滋养初心、引领使命，促进全体员工思想上的统一、政治上的团结、行动上的一致；促进全体员工认识到，提高企业效益、增强企业竞争实力、实现国有资产保值增值、推进企业改革发展就是为党工作的责任担当和体现；促进全体员工从科学理论中寻找解决问题的“金钥匙”，将学和做结合、查和改贯通，增强了开发蓝色国土、保障国家能源安全、“我为祖国献石油”、“在经济领域为党工作”的思想自觉和行动自觉。

（二）扎实贯彻中央重大决策部署，积极融入国家重大战略，准确把握融合的实践指向

中国海油始终铭记公司是在党的领导下的国有企业，坚定不移地听党话、跟党走，始终把中央重大决策部署、国家重大战略作为公司改革发展的风向标。20世纪80年代初，中国海油应改革开放而生，摆脱了计划经济体制的束缚，成为一家按照市场规则和国际惯例经营发展的国家石油公司，成为党和国家进行国有企业改革探索的“海上特区”。20世纪90年代，中国海油勇担“开发蓝色国土，发展海洋石油”的国家使命，迎接海洋石油世界挑战，吹响了进军蓝色国土的时代号角。进入21世纪，党中央领导集体关注“海上大庆油田”建成，

中国海油激励海洋石油战线的广大干部员工，持续深入落实科学发展观，将建成国际一流能源公司作为努力发展的方向。

党的十八大以来，以习近平同志为核心的党中央首次提出实施海洋强国战略，并做出了一系列重要部署。中国海油党组带领全体党员领导干部和职工群众增强“四个意识”、坚定“四个自信”、做到“两个维护”，坚定“在经济领域为党工作”的信念，将党建工作与贯彻落实“一带一路”倡议、建设海洋强国等国家重大战略部署结合起来，与落实“三大攻坚战”“大力提升油气勘探开发力度”“加强天然气产供销体系建设”等任务结合起来，与积极融入京津冀协同发展、长江经济带、粤港澳大湾区、长三角一体化、深圳建设中国特色社会主义先行示范区、海南自贸港建设等区域发展战略结合起来，确立了“1534”总体发展思路，配套制定《中国海油落实“五个战略”实施方案》，以实际行动贯彻落实习近平总书记对国有企业“六个力量”的要求，全力推进中国特色国际一流能源公司建设。2020年，面对新冠肺炎疫情和油价“断崖式”下跌的巨大挑战，中国海油党组坚决贯彻落实党中央、国务院重大决策部署和国资委工作要求，迅速行动，全面部署，统筹推进疫情防控和复工复产，为全国疫情防控大局作出了海油贡献。

（三）努力探索建立体现党对国有企业全面领导的公司治理结构，大力推进中国特色现代企业制度建设，完善融合的制度框架

中国海油顺应时代发展，根据不同时期党组织在公司治理结构中的地位作用，创新机制体制，努力探索建立体现党对国有企业全面领导的公司治理结构。20世纪80年代初，随着厂长负责制的全面推行，党组织在企业的地位逐渐从领导核心过渡到保证监督。中国海油率先改革传统的企业治理结构，推行在党的领导下实行“反承包”、经理负责具体经营管理等机制，激发了企业整体活力。20世纪80年代末到党的十八大之前，现代企业制度和社会主义市场经济体制初步建立，明确了企业党组织在公司治理结构中的政治核心地位。中国海油的党建工作逐步从“务虚”转为“务实”，从“无形”转为“有形”，大力创新体制机制，确保了党组织在改革发展和生产经营中发挥作用，使党组织的政治核心作用更加组织化、制度化、具体化。

党的十八大以来，中国海油深刻把握两个“一以贯之”的原则和方向，大力推

进中国特色现代企业制度建设，把加强党的领导和完善公司治理相统一落到实处。

（四）明确党组织在公司治理结构中的法定地位

把党组织的职责权限、机构设置、运行机制、基础保障写入公司章程；坚持和完善“双向进入、交叉任职”领导体制，13家设有董事会的所属单位党委书记、董事长由一人担任，23家三级单位董事长与党委书记实现“一肩挑”。

（五）建立和完善党组发挥领导作用制度机制

严格落实党组织研究讨论重大问题前置程序，制定党组议事规则，修订“三重一大”决策管理办法，完善重大事项决策机制，健全党组发挥领导作用的制度机制。

（六）将党管干部、党管人才原则落到实处

坚持新时代党的组织路线，制定干部人才队伍建设“3+1”工程实施方案，努力建设一支“政治素质过硬，忠诚干净担当；管理能力提升，经营业绩优秀；突出创新变革，构建比较优势；改善队伍结构，激发企业活力”不断推进海洋石油事业高质量发展的干部人才队伍。

（七）加强监督力量管控风险

深化“一头两翼”监督工作格局，推进派驻改革、巡视办与巡视组分设、组建党风廉政建设办公室、设立海外监督中心等，健全监督体系。建立全面风险管理、审计、纪检、检查、监事会“五位一体”的监督机制，将惩防体系与风险管控有机融合。

（八）围绕生产经营大力加强基层组织建设，充分发挥基层党组织战斗堡垒作用，突出政治功能，提升组织力，巩固融合的组织保证

中国海油成立之初，对外合作作为重要业务，面临中西方差异大、党员融入合作机构难的问题。中国海油参与对外合作的党组织要求中方党员充分发挥模范带头作用，用实际行动和工作业绩赢得了外方的信任，基层党组织在对外合作机构得以立足和发展。随着改革开放和公司发展进程的不断推进，中国海油始终以

党的组织路线为准绳，围绕公司改革发展实际进行基层组织建设，不断创新理念和方式方法，使公司党建工作与改革发展、生产经营实现双提升、双促进。

党的十八大以来，中国海油贯彻落实全面从严治党战略思想和全国国有企业党的建设工作会议精神，大力加强基本组织、基本队伍、基本制度“三基建设”，严格落实“四同步”“四对接”要求，不断强化干部队伍建设和党员队伍建设，建立健全基本制度，基层党组织的组织优势、组织功能、组织力量得到充分发挥，深度融合的组织保证更加坚强。

落实“四同步”“四对接”要求，全面夯实基本组织。成立党组办公室、党组组织部、党组纪检组办公室、党组宣传部、党组统战部、党组党校和党组政策研究室，党组工作机构更加健全。严格基层组织管理，健全基层党组织按期换届提醒督促机制，逐级建立基层党组织换届台账，集中整治软弱涣散、薄弱基层党组织，做好海外党建、混合所有制单位党建工作，解决基层党组织“应建未建”问题。

抓实抓好“三支队伍”建设，选优建强基本队伍。把基层党组织书记、党务干部队伍和党员队伍“三支队伍”建设作为基本队伍建设重点，激发基层党组织书记作表率、党务工作队伍作桥梁、党员队伍作骨干，全面打造关键时刻听指挥、拉得出，危急关头冲得上、打得赢的基本队伍。注重从生产、科研一线骨干中高质量发展党员，注重把党的组织建设和人力资源建设相结合。配齐配强党务力量，研究所属单位党群组织机构和岗位编制配置规范，专职党务工作者占直接用工总数的比例超过1%。

以党章党规党纪为根本遵循，扎实推进基本制度建设。建立健全基层党组织工作规则、议事规则，明确党组织在决策、执行、监督各环节的权责，确保党组织发挥领导作用组织化、制度化、具体化。落实所属单位党委向集团公司党组报告年度党建工作以及相关工作自检自查、评议通报制度，在所有二级单位全面推开党组织书记抓基层党建述职评议工作。实施党员干部直接联系群众制度，实现领导干部与基层员工“零距离”交流，打通服务群众的“最后一公里”。

（九）遵循党的建设要求，总体谋划，统筹推进，与时俱进打造党建工作品牌，持续激发融合的活力

在持续推进党的建设的进程中，中国海油根据不同时期党的建设要求，与

时俱进地更新党建理念，全面构建并不断完善中国海油党的建设理论体系，创新党建工作方式方法和载体，打造顺应时代潮流、符合企业改革发展需要的党建工作品牌，为中国海油党的建设为中国海油不断前进、不断创造新辉煌奠定了坚实基础。2010年，中国海油国内年产石油天然气首次超过5000万吨，建成“海上大庆”油田，实现几代海油人的共同梦想。在实现梦想的征程中，先后实施的党建“五五一”工程、“双优统一”、“把国有企业的政治优势转化为企业核心竞争力”等党建品牌实践探索功不可没。

中国海油党组积极响应党中央关于全面从严治党的重大部署，更加注重党建工作的顶层设计，先后出台了《中国海油贯彻落实党的十八届六中全会和全国国有企业党的建设工作会议精神任务分工和进度安排》和《中国海油关于新时代全面加强党的建设指导意见》两份文件，为贯彻落实新时代党的建设各项要求做出全面具体的工作安排。其中的一些措施，如把党组织的职责权限、机构设置、运行机制、基础保障写入公司章程，落实党组织研究讨论是董事会、经理层决策重大问题前置程序的要求等，都是全国国有企业党的建设工作会议对国有企业党的建设工作提出的明确具体要求，在中国海油得到了全面落地。

“支部达标”是中国海油在党的十八大以后创立的又一党建重要品牌工程。“支部达标”活动以破除“中梗阻”和解决基层党建“弱化、虚化、边缘化”问题为目标，于2017年开始在中国海油全系统开展。按照习近平总书记“加强支部标准化、规范化建设”的明确要求，“支部达标”活动突出政治功能，依据党章、党规，把支部作为一级政治组织所必需的基本要求转化为“三大类十项”和关键类“四个作用”量化考核体系，抓基层、强基础，树立一切工作到支部的鲜明导向，取得实效。“支部达标”实施3年以来，中国海油基层支部组织行为持续规范，战斗堡垒作用不断加强，党建与生产经营有效融合，基层党建工作规范化、标准化水平持续提高，党支部建设质量显著提升。

二　公司基层党组织对推进企业党建工作与生产经营的融合进行了广泛深入的探索，形成了富有时代特点、海油特色的实践成果

党建工作与改革发展、生产经营深度有效融合“实不实”，关键看是否打通“最后一公里”，主要看基层党组织的实践效果。在中国海油党组的指导和推动

下，各基层党组织推进融合的意识不断增强，以问题为导向，探索融合的结合点和着力点，根据实际工作创新性开展融合实践，积累了一批贴合实际、效果显著的实践成果。

（一）激发党组织和党员作用，聚力改革发展的重点

有限天津分公司党委聚力改革发展的重点，开展“立功立项”活动，发动各级党组织和党员在勘探开发生产、改革发展、科技创新、安全环保、服务管理等领域针对急难险重的工作任务或需要多方面沟通协调才能推动解决的问题进行立项攻关，要求项目实施要充分体现党组织和党员的作用，营造争先创优的良好氛围，2019年创造直接和间接利益数千万元。有限深圳分公司党委实施“党员领办制”，由党员主动领办党支部（作业区）的重点工作、紧急事务，以及需要协调多方资源、参与人员众多、难度较大、非本职工作外的事项和工作，使基层党员有了更多的机会主动参与到企业改革发展、生产经营的实践中，既促使整个党员队伍进一步提高了为改革发展保驾护航的本领，同时又切实增强了层党建工作的活力、吸引力和感召力，把更多的党员以及群众吸引到党建工作和党组织的活动中来。

（二）创新末梢管理，攻坚生产经营的难点

有限湛江分公司工程技术作业中心党总支针对钻完井作业风险高、难度大、突发情况多的问题，突破“甲乙方商业思维”定式，结合现场作业实际成立“临时党支部”，由现场党员平台总监担任临时党支部书记，成员涵盖海上作业现场各单位党员，共同管理、实施现场钻完井作业，重新构建现场作业单位间的“全面合作伙伴”关系，实现了党委领导作用在钻完井作业各现场的延展和对海陆多级组织的纵贯，实现了区域党建归口管理职能向钻完井一线前移，切实将党的政治优势、组织优势转化为生产力。2019年，工程技术作业中心高效完成119口钻完井作业，创历史新高，节省费用6.68亿元，节省工期535天，各项作业指标持续保持良好态势，南海西部油田各项钻完井任务高质量完成。

（三）优化组织管理，解决班组建设的痛点

华北销售公司党委以提升组织力为核心，优化管理，将党组织关系不在公

司的加油站党员，纳入日常党组织活动，实现双重管理；对没有党员的加油站实行机关党员挂点帮扶、担任党员站长、定期深入加油站、宣传党的政策，明确公司重点经营任务，帮助油站提量增效。该举措将组织建设与班组建设结合起来，提升了基层组织的凝聚力和战斗力。海油信科天津分公司通讯技术部党支部针对党员在支部组织生活中参与度较低的问题，创新采用党员轮值机制，由党员月度轮值承担支部各项工作，让基层党员主动参与到支部党的建设、企业生产经营任务中，切实增强了基层党建工作的活力，有利于提高普通党员的党性认识，并强化在实践工作中党员先锋模范作用的发挥，促进党员在生产经营任务中的责任担当。

（四）创新党建机制，回应员工关注的热点

有限上海分公司党委创新建立“领导带班制度”“领导接待日制度”，及时收集员工群众提出的意见和建议，努力解决员工关注的热点问题和生活难题。比如公司在启用新的办公楼后，单身员工宿舍距离办公地有17千米，员工上下班不便，多有抱怨。党委及时行动，组织综合服务党支部全力与地方政府对接，最后采取房屋置换的方式，将单身宿舍的距离从17千米缩短到2千米，上班用时大幅缩短。研究院青年员工较多，青年员工更加关注成长成才。研究院党组织开展“师带徒”“每周一课”“每月一讲”“小微课题攻关”“悦分享”微课堂等活动，一批青年才俊迅速成长。

此外，中国海油各基层单位党组织按照新时代党的建设总要求，围绕改革发展重点难点问题进行探索和实践，开发出一批富有时代特点、海油特色的实践成果，比如研究总院思想政治工作“三三三”工作法、国际公司海外机构党建“B2C”工作法、中海油服跨文化管理和文化融合研究、海油工程基层党建量化评价模型研究、中联煤“陀螺型”党的领导与公司治理有机融合模型等，为融合提供了生动、鲜活、富有实用性、创新性的实践参考。

青年马克思主义培养工程（图6-3）是中国海油深入开展党史学习教育，团结带领广大青年学党史、强信念、跟党走的有力举措，旨在深入贯彻落实共青团中央和中央企业团工委关于培养青年马克思主义者的要求，不断加强对优秀青年骨干的政治历练和政治锻造，为集团公司培养信仰坚定、能力突出、素质优良、作风过硬的青年骨干。

2021年9月23~27日，中国海油在甘肃定西举办了首期青年马克思主义工程集中学习培训班（图6-2）。培训邀请了华东师范大学历史系教授等学者，来自中国海油总部和所属单位的近40名学员聆听专家授课。培训过程中，学员们重走长征路，走进民洲会议纪念馆、哈达铺红军长征纪念馆、腊子口战役纪念馆、榜罗镇会议纪念馆等红色革命教育基地，共同追忆峥嵘岁月，聆听脱贫攻坚先进事迹报告，与当地青年共同交流，深入学习习近平总书记“七一”重要讲话精神和习近平总书记关于青年工作的重要论述。

图6-2 中国海油举办首届青年马克思主义工程集中学习培训班

伟大事业需要伟大精神，“重走长征路”传承红色基因，凝聚奋进力量，书写了中国海油高质量发展新篇章。

三 公司对推进企业党建工作与生产经营的融合的深入探索积累了丰富的可资传承的经验

（一）目标融合是前提

从中国海油发展的历程来看，无论处于什么时期，无论怎样改革发展，党建工作始终在国有企业中发挥着重要作用。国有企业要做强、做优、做大，要实现高质量发展，就要使党建工作与企业改革发展“目标同向”，使党建工作始终坚持服务生产经营不偏离，保证党和国家方针政策、重大部署在国企贯彻执行，把提高企业效益、增强企业竞争实力、实现国有资产保值增值作为出发点和落脚点，用企业改革发展的成果检验党组织的工作和战斗力，把党的政治优势、思想优势、组织优势体现到国有企业改革发展的伟大实践中。

（二）思想融合是基础

思想是行动的先导。党建工作与改革发展、生产经营要实现深度有效融合，就要坚持把思想政治工作作为企业党组织一项经常性、基础性工作，根据企业在不同时期和发展阶段的中心任务和工作重点，因地制宜地开展思想政治工作。实践证明，企业思想政治工作紧密围绕中心工作、符合企业发展的实际情况，就会发挥正向促进作用，思想政治工作也会随着企业发展而得到巩固和加强。反之，思想政治工作与中心工作“两张皮”，偏离企业改革发展的正确方向，就会阻碍企业的发展，思想政治工作也会遭到质疑和挑战。要始终将思想政治工作融入中心、服务发展，经常性开展形势任务教育，将企业发展战略内化成为职工群众的思想自觉和行动自觉，夯实企业发展的思想根基。

（三）机制融合是保障

要实现深度有效融合，必须做出融合的体制机制安排。要以建设中国特色现代国有企业制度为目标，把党的领导融入公司治理的各个环节，把企业党组织内嵌到公司治理结构之中，探索与企业时代责任相统一、与企业发展战略相匹配、与企业发展模式相适应、与企业经营管理方式相协调的党建工作机制。通过把国有企业党建工作总体要求纳入公司章程，把党组织的机构设置、工作职责、工作任务，以及讨论和决定企业重大事项的工作程序等内容予以规范，明确党组织在企业决策、执行、监督各个环节的权责和工作方式，以及与其他治理主体的关系，为党组织在企业改革发展发挥作用提供体制机制保证。

（四）有形融合是关键

国有企业党建工作表现形态多种多样，有些是能够直接感受到的“显性任务”，但多数是不能直接感受的“隐性任务”。要实现党建工作与企业改革发展、生产经营的深度有效融合，使党建工作在中心工作中真正发挥促进作用，就需要将党建工作的任务、要求、目标形象具体化，使职工群众能够感知党的先进性和纯洁性，感知党的根本宗旨是为人民服务，能够体会到党建工作在企业改革发展进程中的正向促进作用，认可党组织的战斗堡垒作用和党员先锋模范带头作用，使党建工作更加顺利、有效地融入企业改革发展中。

第四节

在高质量融合中实现高质量党建，以高质量党建引领中国海油新蓝图

“十四五”时期，我国面临百年未有之大变局加快演变、百年未遇之大疫情影响深远、百年奋斗目标迈向新阶段的重大时代背景。党的十九届五中全会通过的《中共中央关于制定国民经济和社会发展第十四个五年规划和二〇三五年远景目标的建议》着眼于推进高质量发展，提出“提高党的建设质量”要求，为深入推进全面从严治党、加强和改进党的建设明确了目标任务和前进方向。我们要深刻领会和把握这一要求，坚持以习近平新时代中国特色社会主义思想为指导，坚定中国特色国有企业制度自信，以更高的标准、更实的举措推进党的建设新的伟大工程，把准党的建设与改革发展、生产经营深度融合的着力点，构建完善二者深度有效融合的治理体系、价值体系、组织体系、考核体系、督导体系、问责体系，使党的建设与改革发展、生产经营深度融合、高效联动，在高质量融合中充分将党的政治优势、组织优势和密切联系群众优势转化为现实生产力，不断增强集团公司竞争力、创新力、控制力、影响力、抗风险能力，奋力开创建设中国特色国际一流能源公司新局面。

（一）在治理体系上深度融合，实现责任可知

中国海油推进党的领导融入公司治理各环节，与其他治理主体各司其职、

各负其责、协调运转、有效制衡，系统化、规范化、制度化，治理体系是内核。一是进一步确立党组织在公司治理结构中的法定地位。健全完善党的全面领导体制机制，扎实抓好《关于中央企业党的领导融入公司治理的若干意见（试行）》的实施，进一步明晰党组（党委）、董事会、管理层权力职责和工作规则，确保党组织充分发挥“把方向、管大局、促落实”作用。集团和所属全资、控股企业要在章程中明确党建工作要求，写明党组织的职责权限、机构设置、运行机制、基础保障等重要事项，明确党组织研究讨论是董事会、经理层决策重大问题的前置程序。境外注册或上市的公司开展党建入章工作，要与当地法律法规有效衔接。二是进一步落实党组织决定权、把关权和监督权。对涉及落实党中央大政方针、重要人事任免等重大决策，要由党组织决定；对经营管理重大事项，要由党组织研究讨论把关后，按照法定程序提交董事会审议决定（应以《中国共产党国有企业基层组织工作条例（试行）》第十五条为遵循，结合实际制定本单位党组织前置把关的事项清单）；在决策违反党和国家法律法规政策、侵犯公众和职工权益时，党组织要提出明确意见，予以纠正，得不到纠正的，要向上级报告。三是进一步加强董事会建设。推进以公司章程为统领的董事会制度体系化建设，建立健全董事履职保障机制。

（二）在价值体系上深度融合，实现形象可视

中国海油推进党的建设与广大党员干部职工的价值追求和使命担当相融合，价值体系是基础。一是展示对党忠诚、担当尽责的形象。严格落实《中国海油党组关于进一步加强党的政治建设的工作措施》《中国海油“不忘初心、牢记使命”制度》，建立贯彻执行党中央及上级党组织重大决策部署报告制度，定期开展对政治纪律政治规矩和制度法规执行情况的检查。二是展示强企报国、奉献社会的形象。坚决落实建设中国特色国际一流能源公司宏大愿景，全力以赴增储上产，保障国家能源安全，系统推进“1534”总体发展思路，更好肩负起能源技术变革、重大灾害疫情保障供应、高校和社会就业支撑、助力脱贫攻坚等社会责任。三是展示践行宗旨、服务员工的形象。针对群众普遍关心的劳动就业、社会保障、收入分配、安全生产等热点问题，党组织每年定期开展宣传讲解。推动思想动态调查、职工座谈、领导接待日、信访维稳等工作常态化。广泛开展劳动竞赛、岗位建功等活动。四是展示守正创新、作风优良的形象。对

接和利用新媒体新渠道开展宣传思想工作，层层开展形势任务教育、党课报告、辅导讲座、交流座谈、文化活动。严格落实《党组集中整治困扰基层的形式主义问题持续深化作风建设的实施方案》《进一步加强和改进总部及所属单位部门工作作风的实施方案》等要求，弘扬“严、实、快、新”工作作风。

（三）在组织体系上深度融合，实现行为可感

中国海油构建更加科学、严密的组织体系，组织体系是主体。一是建立健全组织设置制度，结合不同业务、不同投比性质、不同层级和发展阶段的特点，分门别类做好党组织建设指导，同步谋划党员组织关系转接、党组织隶属关系调整等工作。符合条件的应建必建，暂不具备条件的，按照业务相近、地域相邻和有利于党员参加组织生活、发挥作用的原则，采取单位联建、挂靠组建、区域或业务统建等方式组建。二是建立健全组织生活制度，构建系统学习新思想、研究新思想、贯彻新思想的工作体系，让新思想成为党员干部的政治信仰、价值追求和行动指南。深化开展“党员先锋岗”“党员示范区”活动，广泛创建党员服务队、突击队，探索推广党员评星定级、积分管理等经验做法。三是建立健全组织运行制度，重点健全党领导下的组织管理体系和运行机制，提高党组织统揽全局能力、联系群众能力、抓部署落实能力。四是建立健全组织管理制度，落实国有企业领导人员“20字”要求，扎实推进干部人才队伍建设“3+1”工程，按照“政治家+企业家”培养方向，着力培养讲政治的企业家和管企业的政治家。严格落实《中国海油党委工作手册》《中国海油党支部工作手册》，依托党建信息化平台，巩固支部达标工作成果，标准化建设常态化。五是建立健全组织监督制度，重点充分发挥巡视巡察利剑作用，突出政治效果开展常规巡视巡察、突出督促推动开展专项巡视巡察，上下联动，到底到边。

（四）在考评体系上深度融合，实现绩效可考

考核体系是驱动。中国海油坚持“凡责必考”原则，探索建立以基本评价指标、创新评价指标（加分项）和约束评价指标（减分/降档项）为主体的深度融合三级考核评价标准，坚持全面考核与单项考核相结合，年终考核与日常考核相结合，上级党组织考核与职工群众评价相结合，围绕集团公司党组重大决策部署的贯彻落实和各级党组织党建主体责任、书记第一责任、班子成员“一

岗双责”的履行等重点，定期或随机查资料、看现场、集中谈、个别访，定性、定量相结合，摸清各级党组织工作开展情况，对成效给予实事求是的评估。在计算综合绩效考核得分时，把党建工作考核得分和经营业绩考核得分相乘，并与领导个人绩效考核、干部选育和奖惩推优挂钩，激发党建成效的“乘数”效应，做到党建工作与经营业绩考核同步进行、结果同时运用，推动二者相互促进、融合发展。

（五）在督导体系上深度融合，实现失效可查

中国海油构建梯次推进、动态发展的跟踪检查督导工作模式，督导体系是重点。一是加强党委全面督导。党委承担督导工作主体责任，书记是第一责任人，担负督导工作的领导、指导和跟踪问效职责。要定期研究部署全局性的党建督导工作，定期听取年度党建重点工作推进情况、开展巡视巡察工作及问题整改、专项整治等重点工作进展。二是加强党的工作机构职能督导。党的各工作机构要加强对本部门的内部督导、对职能范围的工作督导、对有关本部门工作领域的党的路线方针政策和决策部署在本系统的贯彻执行情况督导。三是加强党组织日常督导。各基层党组织要从解决认识问题、健全督导机制、增强督导效果等环节入手，针对党建工作各项“任务书”和“路线图”，采取挂图作战、进度看板等方式，抓好进度管理和过程管控。四是形成闭环管控模式。督导部门、组织要坚持问题整改、督导检查、反馈提升相结合，对整改效果进行检查、评估和反馈，形成可追溯、可量化、可考核、可问责的完整督导工作轨迹。

（六）在问责体系上深度融合，实现失责可追

中国海油把党建责任考核问责与经常性问责相结合，问责体系是保障。一是明确追责情形。各级党委（党组）履行主体责任，纪委履行监督专责，党的工作机构依据职能履行监督职责。党组织及其领导成员、纪委及其领导成员、党的工作部门及其负责同志作为党建责任重点追究对象，明确责任追究内容清单。有下列情形之一的，应当追究责任：党和国家方针政策，党中央重大决策部署，国资委、集团公司等上级业务主管部门工作要求没有得到有效贯彻落实，出现国有资产流失、职工队伍不稳定、社会责任不履行、长期经营不善等情形，

造成严重损失，产生恶劣影响的；维护党的政治纪律和政治规矩失职，对本单位党员干部违反政治纪律行为放任不管的；意识形态领域和思想政治工作出现重大问题，重大舆情处置不当，严重损害党和国家以及中国海油形象的；党内政治生活不经常、不认真、不严肃，表面化、形式化、娱乐化、庸俗化严重的；基层党组织软弱涣散，党组织机构不健全，人员经费等得不到保障，职工群众合法权益被侵害，影响恶劣的。二是从严追究责任。党组织领导班子在职责范围内负有全面领导责任，领导班子主要负责人和直接主管的班子成员在职责范围内承担主要领导责任，参与决策和工作的班子成员在职责范围内承担重要领导责任。对党组织问责的，应当同时对该党组织中负有责任的领导班子成员进行问责。三是推动问责常态化。各级党组织要不定期开展问责工作的考评和督查。要在坚持“一案双查”制度的同时，建立健全问责情况定期报告制度。

新阶段需要新担当，新格局呼唤新作为。在即将迎来40岁生日之际，中国海油将进一步发挥国有企业独特政治优势，砥砺前行，再创辉煌。蓝图已绘就，奋进正当时。站在新的历史起点，我们每一位党员干部都应该时刻牢记自己所肩负的责任和使命，不惧风雨、不畏险阻，用汗水浇灌收获，以实干笃定前行。让我们更加紧密地团结在以习近平同志为核心的党中央周围，满怀豪情、昂首阔步踏上全面建设社会主义现代化国家的伟大征程，在新征程上创造新的业绩，为建设中国特色国际一流能源公司而努力奋斗！为全面建设社会主义现代化国家和实现中华民族伟大复兴的中国梦而努力奋斗！

第七章 深化改革创新，建立高效规范现代企业管理体系

因改革开放而生、伴改革开放而兴，保持着解放思想和改革开放相互激荡、观念创新与实践探索相互促进，在党的全面领导下，中国海油不断深化改革创新，逐步从一家单纯从事油气开采的上游公司，逐步成长为产业链完整、具有国际竞争力的综合性能源公司，逐步建立高效规范现代企业管理体系，成为党执政兴国的重要支柱和依靠力量，为建设中国特色社会主义提供了重要的物质基础和政治基础。

“迈进新征程，奋进新时代”，中国海油深入学习贯彻习近平新时代中国特色社会主义思想，奋力谱写能源报国新篇章，在保障国家能源安全、实现科技自立自强和推动绿色低碳发展上展现更大作为。

责任重大，使命光荣，中国海油党组明确提出必须把深化改革创新作为动力源泉，激活改革基因，汇聚改革动能，推进公司高质量发展迈上新台阶。

在中国海油成立40周年之际，我们一同回顾中国海油改革发展历程，继承发扬老一辈海油人的改革创新精神，以敢闯新路、勇于探索的勇气，为公司加快发展注入强劲动力，以更加昂扬奋发的精神状态将海洋石油事业不断推向前进。

第一节

推进改革发展，发挥对外窗口作用

中国海油成立之初，就肩负着开展对外合作、开发我国海洋油气资源的使命。中国海油率先向国际石油公司敞开大门，通过引进资金、技术和先进的管理经验，海洋石油工业成为我国改革开放后第一个全方位对外开放的工业，是成功的对外开放试验区。从艰苦创业到建设中国特色国际一流能源公司的征程中，中国海油先后经历了4个阶段。

一 对外开放、开拓发展阶段（1978~1992年）

1978年3月26日，中共中央、国务院做出了海洋石油对外开放的重要决策，同年12月，中央十一届三中全会召开，中国全面实行对内改革、对外开放，这一政策进一步加快了海洋石油开放的步伐。中国海油通过开展国际招标，先后与10多个国家和地区的60多家国际石油公司合作，充分发挥"海上特区"的窗口作用，在体制机制进行专业改革和职能整合，推动了中国海洋石油工业在对外开放和合作中迅速崛起。

二 体制创新，转型发展（1993~2002年）

1992年南方谈话后，中国特色社会主义市场经济得到进一步发展，中国海油在开放体系下，学习借鉴国际同行先进的管理经验和成功的管理模式。为实现改革效果最大化、改革成本最小化，中国海油于1993年提出建立国际油公司体制，并设计"油公司集中统一，专业公司相对独立，基地系统逐步分离"的"三条线"改革路径（图7-1）。

图7-1　1998年，中国海油开始在全集团范围内实施用工与薪酬制度改革

三　迈向国际，跨越发展（2003~2011年）

按照党中央“坚持‘走出去’与‘引进来’相结合的方针，全面提高对外开放水平”的重要指示，中国海油着力提升国际竞争力，通过成功实施改革重组、资本运营、海外并购、上下游一体化等重大举措，构建了包括油气勘探开发技术体系、工程体系、装备体系、管理体系在内的海洋石油工业体制，逐步形成符合国际规划、尊重市场规律、遵循中国基本国情、具有中国海油特色的管理模式。

四　改革再出发，建设中国特色国际一流能源公司（2012年至今）

党的十八大以来，国企改革经历了政策制定期、专项工程期和全面推动期。在以习近平同志为核心的党中央坚强领导下，各地区、各部门、各企业推动国企改革全面深化，改革举措层层落地，改革实践不断涌现，在许多重要领域和关键环节取得重大进展，国企改革取得历史性伟大成就。面对新形势、新任务、新要求，中国海油党组切实提高政治判断力、政治领悟力、政治执行力，积极构建与现代企业治理结构相适应的工作机制，将国企政治优势全面转化成独特的核心竞争力，努力建设中国特色国际一流能源公司。

第二节

持续完善中国特色现代企业制度

中国海油集团党组坚决贯彻落实习近平总书记“两个一以贯之”重要思想，进一步强化把党的领导融入公司治理各环节，实现制度化、规范化、程序化。全面梳理集团公司中国特色现代企业制度建设中的短板弱项，逐步构建起由1部章程、2项制度、3项规则组成的权责体系，保障党的领导融入公司治理、嵌入经营管理，进一步推动集团公司中国特色现代企业制度建设系统化、规范化、制度化。

一 充分发挥党组把方向、管大局、保落实重要作用

准确把握决策主体功能定位，坚持权责对等、权责统一原则，彰显政治属性、强化政治引领，坚持质量效率，建立起16方面83项权责事项清单，对涉及“三重一大”事项明确审核程序，与内控体系保持一致，推动决策科学高效。强化指导协调，保障执行更加有力。制定党组会议决策事项督导清单，依托“分级管理、及时交办、限时办复”跟踪督办机制，推动各项决策部署及时有序落地见效。加强协同协作，促进治理更加有效。围绕公司重大项目、重点工程、重点任务，打破管理界限，成立专责小组，统筹推进工作，推动公司治理效能全面提升。

二 修订相关制度文件

进一步优化和完善中国海油党组及所属单位党委在决策、执行、监督各环节的权责和工作方式。制定党组前置研究讨论重大经营管理事项清单。梳理由集团董事会或经理层审议批准、需党组前置研究讨论的35项重大经营管理事项，形成集团公司党组前置研究讨论重大经营管理事项清单（2020版），明确了16方面83项事项权责。经董事会审议的“三重一大”事项全部实现党组会前

置审议。全部二级公司均明确了党组织前置审议程序。修订《集团公司“三重一大”决策管理办法》，完善党组前置研究讨论重大经营管理事项清单；推动和指导所属单位修订完善“三重一大”决策管理办法，完善党委前置研究讨论重大经营管理事项清单，进一步厘清各治理主体权责边界。

三　完善法人治理结构

按照“两个一以贯之”的要求，积极探索把加强党的领导和完善公司治理统一起来的有效途径和方式。通过修订集团公司章程，全面完成二、三级境内全资及控股公司将党建工作总体要求纳入公司章程，进一步明确党组织在公司法人治理结构中的法定地位，以及党组织在企业决策、执行、监督各环节的权责和工作方式。加强集团公司派出董事、监事管理，严格执行《集团公司派出董事管理办法》，发布《所属单位董事会、董事考评办法》，在严控集团总部规模的情况下，在有关部门设立董事会工作处和监事会工作处。实施集团及子企业公司制改制，2017年11月1日完成集团公司工商登记变更工作，是最早完成集团层面改制的3家中央企业之一；于11月15日完成所属22家全民所有制企业的工商变更登记工作，是最早完成全系统改制的中央企业之一。

四　加强董事会建设

调整完善董事会组织机构，健全完善董事会运行机制，修订《中国海油董事会授权管理办法》，完善了董事会决策界面，进一步落实董事会职权。规范所属公司董事会建设，有序推进组织建设，厘清公司治理主体的权责关系，不断完善制度的有效性，建立董事履职保障机制。出台中国海油所属单位董事会规范运作办法，董事会中外部董事原则上占多数，全面依法落实重要子企业董事会各项权利；修订完善集团公司董事会向经理层授权的管理制度，进一步依法明确董事会对经理层的授权原则、管理机制、事项范围、权限条件等主要内容，充分发挥经理层经营管理作用；严格落实总经理对董事会负责、向董事会报告的工作机制，强化董事会对经理层工作监督；推动和指导所属单位修订完善董事会向经理层授权的管理制度。

五 加强对标世界一流管理提升

贯彻落实国资委对标世界一流企业管理提升行动工作要求，按照集团公司制定的《中国海油对标世界一流管理提升行动工作方案》和对标工作清单，分3个阶段实施对标世界一流管理提升行动，重点在战略管理、组织管理、运营管理、财务管理、科技管理、风险管理、人力资源管理和信息化管理8个方面提升管理能力和管理水平，形成系统完备、科学规范、运行高效的中国特色现代国有企业管理体系，总体管理能力明显增强，企业管理达到或接近世界一流水平。制定对标提升行动实施方案，构建三位一体组织体系，制订3阶段8步骤工作计划和5项保障措施，制定对标世界一流管理提升权责清单和任务，完成当年任务。

六 优化集团管控模式推动总部机构改革

印发《集团总部机构改革方案》，建立“集团总部－业务板块－业务运营单位”三级管控架构，明确总部、业务板块和业务运营单位“三层四中心”的职能定位。成立财务共享中心。坚持理论联系实际，开展集团管控理论研究和实践对标分析，吸收外部先进管理思想、方法、工具和经验，梳理集团管控存在的核心问题。坚持战略引领和问题导向，使集团管控与发展战略相匹配，形成集团管控总体优化思路，完成集团管控模式研究课题。

七 “机关化”问题专项整改

从严从实推进立行立改和专项整改，强化作风建设，规范机构名称和职级称谓，实施集团总部机构改革，集中整治形式主义、官僚主义，完成集团总部“机关化”问题专项整改。针对所属单位在职能定位、治理体系、工作方式、工作作风等方面存在的突出问题，靶向发力，分类施策，完成所属单位本部“机关化”问题专项整改。

八　优化集团公司对所属单位的授权放权

完成集团公司《2020年度内控体系工作报告》编报。推进风控信息化建设，组织完成风控信息系统立项，开展对12家主要所属单位风控信息系统蓝图设计前期调研。制定发布《中国海油优化内控制度体系实施方案》，持续优化完善集团公司内控制度体系。加强境外重点业务和高风险领域的制度建设。制定出台加强境外资产管理、推动加快境外重点业务和高风险领域的制度。

第三节

加快推动产业布局优化和结构调整

中国海油深入学习贯彻习近平总书记“四个革命、一个合作”能源安全新战略和关于加大油气勘探开发力度的重要指示批示精神，围绕服务国家战略，按照集团公司“1534”总体发展思路，聚焦主责主业发展实体经济，深化供给侧结构性改革，坚持有进有退、有所为有所不为，产业布局优化和结构调整取得重大进展，油气保障能力和资源配置效率持续提升。

一　加强支撑体系建设

加强公司战略管理体系建设，制定《中国海洋石油集团有限公司战略管理制度》，建立“一个整体，两个层次”的战略管理体系。高质量编制“十四五”规划，以公司“1534”总体发展思路为指引，坚持“自上而下”和“自下而上”相结合，科学编制公司“十四五”发展规划方案。组建能源经济研究院，健全集团公司战略规划和决策咨询支撑体系，发挥战略参谋部作用。

二 聚焦主业优化资产

中国海油始终坚持以能源报国为己任，落实“四个革命，一个合作”能源安全新战略，聚焦主业，加大油气勘探开发力度，加速天然气产供储销体系建设，加强上下游产业链协同发展。2020年，中国海油实现国内海上原油增产240万吨，占国内原油增量的80%以上，为保障国家能源安全作出贡献；2021年，中国海油在有限公司构建电力业务单元。研究设立新能源投资主体和岸电建设主体，加快能源转型和海上生产电气化步伐，做强中国海油的新能源和电力业务。

三 加快产业布局重组

中国海油积极推进炼化产业改革重组（图7-2），按照“统一产业规划、统一资源配置、统一营销策略、统一体系建设”原则，重组整合炼化产业，于2015年重组成立中海石油炼化有限责任公司，并推动中海炼化在优化产权结构、推动瘦身健体、推进混合所有制改革上不断发力，该公司此后连续3年利润总额突破100亿元，改革红利有效释放；积极推进海油国际与原尼克森公司的“二次整合”，基本完成新海油国际总部职能优化、原尼克森公司去总部化和人员精简、缩减管理层级等重组优化工作，于2019年提前实现“经

图7-2 中国海油稳妥有序完成炼化板块改革重组，炼化板块实行“1+N”改革重组

济效益上升20%、桶油管理费下降20%、桶油操作费下降10%”的改革整合目标（图7-3）。

图7-3 中国海油旗下尼克森公司位于英国北海的Buzzard油田

实施销售贸易体制改革，成立中海油国际贸易有限公司（图7-4），油品贸易和上游销售业务主要在有限公司销售贸易体系下运行，实现销售贸易业务统

图7-4 中海油国际贸易有限责任公司揭牌仪式在北京举行

一布局规划、统一资源配置、统一体系建设，提升运行和管理效率，助力公司全力开拓国际贸易市场，优化多元化网络布局；完成山东海化战略性重组，实现了四方优势互补和互利共赢。

推进金融业务改革，制定深化金融业务改革的方案并推动落实，进一步加强金融业务的集中管理和风险管控，强化产融结合、融融协同，提升集团资本运作能力，更好发挥产业基金对战略性新兴业务的发现、孵化和加速功能，使金融业务更加有力支持实体经济发展；全力配合国家管网集团组建运营，圆满完成资产移交和人员划转，实现资产增值率达125%。经过上述改革，集团公司上中下游业务之间、国内业务与海外业务之间、油气主业与金融贸易业务之间的联系更加紧密、协同效应更加凸显、运行效率明显提高，产业链一体化综合竞争能力显著增强。

四 深化供给侧改革

深化压缩管理层级、减少法人户数，继续聚焦主责主业，对设立公司实行总量控制，将压减纳入集团股权管理日常工作机制，实行常态化管控，压减工作成效显著，截至2021年5月（压减考核期末），集团公司全面超额完成国资委压减3年总目标；深入推进“处僵治困”及亏损企业治理，中国海油印发工作手册和考核暂行办法，采取月例会制度和专人专户督导措施，实现亏损企业数量和亏损金额双降的目标，并出台亏损企业预警与退出机制，根治“处僵治困”问题，实现本质扭亏。2016年以来，中国海油累计完成55户僵尸特困企业的治理任务，亏损企业户数和亏损金额由2017年年末的186户、亏损421亿元下降至2019年末的68户、亏损146亿元。2020年，面对低油价和疫情防控双重挑战，中国海油保持战略定力，坚定信心，迎难而上，深化改革，创造性开展工作，亏损企业户数减至40户，亏损额有效控制，尤其是纳入国资委重点亏损子企业专项治理范围的25户企业完成年度整体及各单户减亏任务，坚决打好打赢治亏攻坚战。

组织盘点集团公司土地，进一步摸清土地家底，对闲置未开发使用土地，制定具体方案，多措并举，积极推进存量土地盘活利用；健全重点区域跨业务板块党建与生产经营协调机构，明确定位、职能、领导体制和支撑体系，根据党和国家重大发展战略，及时研究制定融入国家战略的指导性文件，加强各业务的协同发展，提升集团区域省域业务开拓能力和成效；加大“两金”压降力度，持续加强应收账款管理和库存管理，加快清仓利库，盘活存量，控制增量，2016~2019年连续4年“两金”增幅低于收入增幅，应收账款周转率年均提升2.6次，较好完成国资委历年考核任务；优化担保业管理模式，强化所属单位对担保业务的风险管控，逐步建立集团的信用风险管控模式。

剥离国有企业办社会职能，解决历史遗留问题，全面完成“三供一业”、市政社区分离移交、所办医疗教育机构深化改革和厂办大集体改革，截至目前，中国海油分布在18个城市的家属区13.8万户完成“三供一业”职能移交和资产移交（图7-5）；全力推进退休人员社会化管理工作，印发《中国海洋石油集团有限公司退休人员社会化管理专项工作总体方案》并实施。截至2020年年底，已实现社会化管理退休人员3.58万人，占比98.99%，完成退休人员社会化主体工作。经过上述改革，企业核心竞争力不断增强，国有资本运营质量和效益不断提升。

图7-5 中国海油稳固推进“三供一业”分离移交工作，持续做好矿区管理、服务与稳定

第四节

积极稳妥深化混合所有制改革

为了进一步增强资本扩张能力，中国海油制定《中国海油混合所有制改革操作指引》，严格规范集团公司控股企业混合所有制改革操作行为，深化推进混合所有制改革，强化业务协同，灵活调配资本以及对冲风险，逐步将中下游业务和资产注入上市油公司，实现上中下游一体化业务的整体上市，做强做优做大一体化上市公司。

一 深入推进上游混合所有制改革项目

中国海油积极推动国家发展改革委批复的上游勘探开发项目混合所有制改革，推动乌石项目、垦利项目两个混改项目试点落地，探索中国海油与地方融合发展的新模式。2020年12月17日，垦利混改项目——中海油（东营）油田开发有限公司在山东省东营市注册成立；2021年1月5日，乌石混改项目——中海油（雷州）油田有限公司在广东省雷州市注册成立。两项目混改公司的设立，标志着公司上游油气开发领域混合所有制项目的开端，也标志着集团公司的推进的国务院第三批重要领域混改试点项目的完成。此外，中国海油推动中联公司注入有限公司，将陆上非常规天然气业务纳入上市油公司当中。

二 推进中下游业务和资产混合所有制改革

中国海油积极支持和引导集团公司所属单位上市，培育若干科创型企业走向资本市场，进一步提升集团公司资产证券化率，2019年，海油发展在A股上市，标志着中国海油专业服务板块全部实现上市，集团公司存续企业改革迈出关键一步。

对所出资企业混改的必要性、可行性逐一评估，指导具备条件的企业一企一策制订方案，更加充分发挥混合所有制改革优势，加快获取优质终端资源，提高市场竞争力。截至目前，中国海油炼厂混改进程不断加速，四川沥青公司、营口沥青公司、广东沥青公司、泰州沥青公司等单位逐步完成改革转型，由控股转为参股或完全退出。

制订集团公司混合所有制企业骨干员工持股的操作性文件，支持符合条件的企业在混合所有制改革过程中，骨干员工与非国有股东同股同价持有股权。海油发展安技服公司积极推进混合所有制改革，探索采取多元股权结构设计，在引入战略投资机构、建立职业经理人团队、实施员工分红激励等方面取得实质性进展。

支持混合所有制企业积极引入高匹配度、高认同感、高协同性的战略投资者，调整优化企业股权结构，提高控股上市公司规范运作水平，引入持股5%及以上的战略投资者作为积极股东参与公司治理；支持混合所有制企业全面建立灵活高效的市场化经营机制，在劳动、人事、分配三项制度改革上率先取得突破；支持各所属单位对持有股权比例低于50%且其他所有制股东能够有效参与公司治理的国有相对控股混合所有制企业，根据法律法规和公司章程实施更加市场化的差异化管控。

对决策审批、审计评估、产权交易、职工安置等重点环节加强监督，对改革过程中出现的偏差及时提醒纠正，切实防止国有资产流失；充分保障职工对公司混合所有制改革的知情权和参与权，做好涉及职工切身利益事项的评估工作，职工安置方案须经职工代表大会或者职工大会审议通过；严格管理集团公司参股投资，加强参股股权管理，按照国资委要求，对参股公司开展参股经营投资自查，并推动完成整改工作；制定并发布参股企业管理指引，明确参股企业投资、管理、退出原则及机制；开展对虚假投资、挂靠经营等不规范行为的清理整顿行动（图7-6、图7-7）。

三 扎实推进“双百行动”

努力打造具有引领示范带动作用的改革尖兵。中国海油大力支持中海油服和海油发展安技服公司参与国企改革“双百行动”，将可授的权限全部授予两家企业董事会，切实落实董事会职权。两家“双百企业”不断健全公司法人治理结构，用活用好各种改革“政策包”和“工具箱”，积极稳妥推进混合所有制改

图7-6 中国海油在加油站、技术服务等领域推进混合所有制

图7-7 一座加油站，两块央企牌，是对深化国企改革的路径探索

革，以产权层面的“混”促进体制机制层面的“改”，建立与劳动力市场相适应、与经济效益增长和人工成本投入回报率联动的分配机制，改革红利得到充分释放。在国务院国企改革领导小组办公室组织的“双百企业”三项制度改革专项评估中，海油发展安技服公司获评A级，中海油服和海油发展安技服公司“双百行动”入选国务院国资委《改革样本》(图7-8)。

中海油服推动组织机构改革，打破直线职能管理模式，推动队伍结构转变，健全激励约束机制，成立中海万泰技术有限公司，实现高端石油装备制造产业

图7-8　中海油服、海油发展安技服公司被纳入国资委“双百行动”

的混合所有制改革。2020年，公司营业收入为289.59亿元，净利润为27.18亿元。公司营业收入基本恢复并稳定至行业形势剧变前水平，其中，技术板块在行情整体持续低迷情况下，成功稳住了高速发展趋势。

海油发展安技服公司组织机构改革突出“扁平化、专业化”，人事制度改革突出“强激励、硬约束”，用工制度改革强调“岗位制、竞聘制”“归零赛马+业绩对赌”“岗位分红+员工持股”，开展市场化薪酬体系改革。2020年，海油发展安技服公司实现营业收入超10亿元，连续两年增幅超40%，实现利润总额过亿元，同比增长26%；外部市场收入快速上涨，复合增长率达60%；全员劳动生产率复合增长率接近20%。

第五节

培育高质量发展新动能

中国海油积极推动发展动力从依靠要素驱动发展向创新驱动发展转变，着力实施创新驱动战略，深化科技体制机制改革，创新市场开拓模式，推进数字化转型，重塑企业发展新动能。

一 大力推进科技体制机制改革，打造创新发展新引擎

中国海油聚焦创新驱动战略，制定发布《集团公司深化科技体制机制改革方案》，深入推进9个方面、80条改革措施的落地实施，积极探索构建“层次分明、功能齐全、开放协同、运转高效”的具有国际竞争力的科技创新体系，增强自主创新能力，取得基础理论研究的新突破。优化科研与信息化职能组织管理，印发《集团总部机构改革方案》，强化集团科研与信息化组织管理，组建科技信息部，集中负责科技创新与信息技术发展工作；实施科研人员精准激励，发布《中国海洋石油集团有限公司科研人员精准激励指导意见（试行）》和内控制度《中国海洋石油集团有限公司突出科技贡献奖评选实施细则》；进一步完善中下游研究机构的改革方案，提升中下游技术创新整体实力，加速为公司贡献更多科技创新成果。

健全技术创新的市场导向机制，优化创新资源配置，实行以增加知识价值为导向的分配政策，激发广大科技人员创新热情和潜力，建立支撑公司高质量发展的科技保障体系。2016年9月，中国海油召开首届创新大会，把创新发展提到新高度。随后，公司设立创新基金，举办首届创新大赛，一大批主业科技创新、商业模式创新、管理创新、跨界科技创新项目浮出水面，极大地提高了全体干部员工的创新热情。

聚焦重大产业瓶颈问题和重点攻关方向，推动重大关键技术的研发与应用，《南海高温高压钻完井关键技术及工业化应用》《渤海湾盆地深层大型整装凝析气田勘探理论技术与重大发现》分别获得国家科技进步一等奖；“十三五”期间，新增全国创新争先奖先进个人1人、中青年科技创新领军2人、百千万人才工程2人、国务院特殊津贴28人（专业技术类），多位科研工作者获得“何梁何利产业创新奖”“侯德榜化工科学技术成就奖”“孙越崎能源科技奖”等科技大奖。

二 创新市场开拓模式，有效挖掘市场潜力

中国海油积极践行市场引领战略，加快推进天然气产供储销体系建设。通

过完善天然气电商旗舰店模式，延长电商交易服务链，打造中国海油天然气销售运营管理中心；借助上海石油天然气交易中心开展竞拍等创新营销手段，营造全新商业生态；大力推动LNG罐箱多式联运，拓展运输渠道；响应共建“一带一路”倡议，促进天然气进口来源多元化；坚持低成本、差异化、合资合作等多种模式并行的终端网络开发思路，实现成品油零售能力的快速增长；坚持以油库为中心，面向终端用户的驻库销售，打造具备自身特色的直销能力。

三　推进数字化转型，建设“智慧海油”

中国海油深入推进“两化”深度融合，加快推动管理信息化向生产信息化、数字化、智慧化转变，持续打造海油移动平台，有序开展海上井口平台无人化改造项目，统筹布局海外信息化建设，实施海外信息技术共享服务中心建设，切实提高企业生产运行效率，利用“互联网+”技术推动产业转型，采用物联网、大数据、人工智能等新技术改造传统产业，加快推动“智能油田”“智能炼厂”和“智慧油站”建设（图7-9）。2021年4月，中国首个海上智能气田群——东方气田群全面建成，海上油气生产运营迈入智能化和数字化时代；同年10月15日，中国海油首个智能油田群——秦皇岛32-6智能油田（一期）项

图7-9　中海油信息科技有限公司打造无人机巡线新产业

目全面建成投用，使秦皇岛32-6油田这个20年的老油田具备了全面感知、整体协同、科学决策和自主优化等显著智能特征。

创新商业模式，开发天然气和成品油电商平台，实施一卡通互联网营销，成为国内同行业首家集团层面实现加油站、加气站共用一套零管系统的企业，创造了可观的经济效益。截至2021年10月11日，海油商城累计交易额突破5000亿元，并获得国资委国有重点企业管理提升标杆项目奖。

四 扎实推进科改示范行动

中国海油组织落实“科改示范行动”，积极申报国务院国资委“百户科技型企业”，推动入围国资委“科改示范行动”的海油发展天津院和常州院两家科技型企业在完善公司治理、重组上市等方面加快探索创新、尽快取得突破，打造改革样板。

中国海油以激发创新动能为核心，增强海油发展天津院和常州院（简称“两院”）的竞争力、创新力、控制力、影响力和抗风险能力。2020年，“两院”完成资产、机构、人员重组，完成董事会建设方案、股权结构优化、市场化选人用人和激励约束、科技创新等方面的顶层设计；2021年，“两院”做实董事会，推动市场化选人用人、激励约束机制的落地，接下来，中国海油还将推进“两院”进一步完善董事会职权，建立多元股权结构，引入战略投资，实现员工持股，为上市做好准备。

第六节

健全市场化经营机制

中国海油成立以来，坚持经济高效的用人原则，不断健全市场化经营机制，着力开展三项制度改革，企业的活力和效率不断增强。

一　推进经理层任期制和契约化管理

中国海油修订党组直管领导班子及领导人员任期管理制度，明确党组直管领导人员全面实行任期管理。严格任期管理和目标考核，实现岗位价值、业绩贡献与薪酬激励、职业发展挂钩。推动全系统所属单位直管领导人员签订经理层岗位聘任协议，根据考核结果兑现薪酬和实施聘任或解聘。对集团公司二、三级单位实行领导班子成员任期制和契约化管理，形成“有职务就有任期、有岗位就有考核、有业绩就有激励”的工作体系。优化集团公司两级技术专家考核评价机制，打破专家“一评定终身”局面，实行以绩效考核结果为依据的“能上能下”的专家任期机制，充分调动专家人才积极性和主动性。完成海油工程、中联公司、炼化销售3家单位经理层任期制和契约化管理试点工作，制订较完备工作方案，明确各所属单位推行经理层成员任期制和契约化管理的具体目标，系统内所属单位直管领导人员全面推行。

二　合理构建市场化劳动用工管理机制

中国海油完善岗位序列管理，做精管理队伍，持续压缩管理人员编制，做强专业队伍，建立销售贸易队伍，搭建专门的晋升通道。科学调控用工总量，以全员劳动生产率为基础，建立基于战略导向和鼓励效益提升的用工总量调控数学模型。把好“进”“退”重要关口，健全市场化招聘机制，规范劳务外包岗位用人标准及其转为直接用工条件。优化产业布局与用工总量协调机制。紧盯MTW比例25%：40%：35%的目标，持续压减管理人员数量，做强专业技术队伍。清晰界定直接用工、劳务用工的人员范围与管理权限，明确用工范围和管理模式，实行岗位精细化管理，根据岗位性质和重要性程度，确定直接用工、劳务派遣和劳务外包的岗位目录。

三　大力推行业绩导向的薪酬分配制度

中国海油强化完善业绩考核和工资分配的联动机制，重点实施各市场化板块的业绩贡献导向激励，系统实施各类重点人员的精准激励，灵活开展多种方式结合的中长期激励。强化绩效考核结果的运用，实行岗位调整和岗位退出机制，建立多种分流安置渠道，建立人员待岗储备人才池，完善各种退出渠道的条件、方式、待遇标准等，为员工离职创业等提供便利条件。强化完善业绩考核和工资分配的联动机制，加强业绩奖金考核兑现机制，全面推行年度目标管理和月度考核兑现机制。集团公司和各所属单位完善即时奖励制度，对做出突出贡献的员工进行奖励，鼓励价值创造。系统实施各类人才业绩贡献导向的精准激励，创新市场化和业绩贡献导向的绩效工资分配制度，主业处于充分竞争行业和领域的企业，增强危机意识和改革意识，率先打破一张工资表，打破“高水平大锅饭”，建立起灵活高效的市场化业绩考核和薪酬分配制度，全面落实《科研人员精准激励指导意见》，建立经理层任期制和契约化管理的薪酬配套机制。

第七节

推动管控体制改革

中国海油持续优化集团管控模式，进一步明确总部和各所属企业的权责界面，推进“放管服”改革，推进治理体系和治理能力现代化，持续优化集团管控结构、管控模式、管控方式和管控流程，推动管理模式向现代化、数字化、智能化转型，取得积极成效。

深化企业管理机制改革。中国海油实施采办管理体制改革，组建采办共享中心，将采办集中度提高到90%以上，采办节资率提高10个百分点；成立法律支持中心，实现集团法律风险防范全覆盖，全面提升企业法治建设水平；启动财务共享服务中心建设，努力实现“加强管控、提升效率、整合资源、降低成本、支撑战略”的财务管理变革目标。加快推进数字化转型，建设“智慧海油”。采用物联网、大数据、人工智能等“互联网+”技术改造传统产业，加快推动“智能油田”“智能炼厂”和“智慧油站”建设；创新商业模式，开发天然气和成品油电商平台，实施一卡通互联网营销，成为国内同行业首家集团层面实现加油站、加气站共用一套零管系统的企业。

调整优化业务组合和管控关系。中国海油压缩管理层级，完善总部－业务单元－运营单元的主体三级管控结构。随着集团上中下游业务一体化上市，不断调整优化集团公司总部与有限公司总部一体化运营机制，探索建立党组统一领导，双层董事会差异化决策，各自经理层经营责任清晰的治理体系，合理共享职能资源，实现管控扁平化和上市公司规范治理优势的有机结合。

完善“战略＋运营”型集团管控模式。总部管一级再下看一级，科学界定自身的管控定位，进一步明确权责边界和清单。充分关注所属单位对子企业的管控情况，加强与各自管控定位相匹配的能力建设。根据“战略＋运营”的总体管控定位，综合考虑各业务板块的战略地位、发展阶段、行业属性、竞争强度和管理能力等因素，实施差异化的授权放权，坚持授权与监管相结合、放活与管好相统一。

优化总部职能部门设置，科学系统配置职能权力，解决职能“打架”“盲区”和职责不清，研究提出优化完善方案并开展相关工作。优化集团管控方式和管控流程，从“直接式”“穿透式”管控，向更多通过法人治理结构的治理型管控转变，从“控制”向“配置”转变，从“一刀切”向“刀刀切”的差异化管控方式转变，构建价值创造性总部。围绕价值创造的原则通过“纵向压缩，横向集成”，优化管控和管理流程，消除流程黑洞，缩短管理链条，解决流程烦冗问题，提升业务流程效率。

深化共享服务体制机制重构。按照“一个共享平台、多路共享服务”思路，探索成立全球共享服务公司，推动集团总部跨部门合作和运营改善，实现规模效应和协同效应。加强战略管理体系与能力建设。完善集团战略管理体系健全集团战略管理制度，推动所属单位完善战略管理体系健全战略管理制度，加强集团总部与所属单位、能源经济研究院在战略管理上的贯通协同，全面提升集团的战略管理能力。开展集团“总部机关化”专项治理评估，推动建立长效机制。

第八节

加强内控及风控体系建设

中国海油以习近平新时代中国特色社会主义思想为指导，全面贯彻落实党的十九大和十九届二中全会、十九届三中全会、十九届四中全会、十九届五中全会以及中央经济工作会议精神，积极落实国资委内控建设、财政部等五部委发布基本规范与配套指引要求，结合自身实际推动实施内控制度体系建设，加快推动集团公司治理体系和治理能力现代化，建设系统完备、科学规范、运行高效的中国特色现代国有企业管理制度体系，切实增强公司的竞争力、创新力、控制力、影响力和抗风险能力。

建立完善的内控合规与风险管理治理架构。中国海油成立董事会及4个专业委员会，形成了包括董事会及专业委员会、管理层、职能部门和业务单元在内的公司治理架构。在总部及所属核心企业建立由各业务单元、风险管理机构、内部监督机构构成的风险管理三道防线，三道防线各司其职，协同推进风控管理工作。

建立与中国海油业务发展相适应的风险管理标准和内控管理标准。根据内控管理标准，中国海油建立了以风险管理为导向的16个较为完整、有效的内控制度体系，涵盖公司治理、战略计划、科技管理、人力资源、财务管理、供应链管理、法律事务管理等经营管理活动的各个领域和关键环节，强化制度执行，持续改进。

梳理明确中国海油风险偏好。中国海油从战略风险偏好、运营风险偏好和行为风险偏好三个维度进行拆分和细化，设定明确的风险敞口，以风险分层分级管理为基础，将风险传导至预警指标，通过限定预警指标的限额对风险偏好进行管理。公司建立重要业务领域风险预警机制，确保能够分层级实时监控运营风险。

形成集团公司重大经营风险应对机制和制度。聚焦关键业务、重点领域，中国海油加强风险评估与管控，明确重大经营风险应对的程序、职责、流程。针对跨领域、跨流程、跨部门的重大风险，建立风险动态跟踪评价体系，加强风险提示和应对策略研究。严守不发生重大风险的底线，增强风险化解能力，为实现企业高质量发展奠定基础。

做实风险管理专业审查职能。在油价持续低迷的环境下，公司在投资管理方面引入量化工具模型，对投资项目等建立全生命周期的风险管理流程与工具模型（决策与实施），强化投资项目风险研判，为科学决策服务。

定期开展风险防控专项检查。中国海油夯实风险管理基础，结合业务板块实际，发现薄弱环节，推动风险应对，并总结实践经验，提炼风险典型案例。

优化风险管理、内部控制的绩效考评机制。中国海油进一步统筹风险管理与效益、效率的平衡，确保风险管理与内部控制考评与战略发展要求、经营理念、风险偏好及风险政策保持一致。

积极防范化解金融风险。加强对参股金融机构的管理，坚决杜绝融资性贸易，强化担保、委贷、金融衍生品等高风险业务管控，严防脱实向虚；保持稳健财务底线，严守资本纪律，加强投资管理，杜绝盲目投资、违规投资。加强安全生产风险防范，强化重点领域、关键环节安全管理，持续夯实安全环保基础，提升环境风险分级防控能力，全面防范安全生产领域的潜在风险。

持续加强法律与合规风险管控。中国海油坚持市场化、法治化、国际化发展，进一步压实合规管理责任，抓好集团公司已发布的合规管理制度的落地，培育良性合规文化；践行"管业务必须管合规"的合规管理理念，共同构建"强内控、防风险、促合规"的工作格局。

下一步，中国海油将继续深入学习习近平新时代中国特色社会主义思想，学习习近平总书记关于国资国企改革和党的建设重要论述和讲话精神，做到学深悟透弄通做实，用先进思想和理论指导下一步的改革和实践，以实实在在的改革成效作为检验"四个意识""四个自信""两个维护"的重要"试金石"；系统梳理当前公司存在的体制机制短板和弱项，推动公司深化改革不断取得新突破、新进展，充分依靠改革有效应对内外部风险挑战，提高服务国家战略的能力，创造一流的经营业绩；加强改革的组织领导，强化改革的责任担当，做好谋划深化改革的"最先一公里"，切实打通各项改革措施落地见效的"最后一公里"，充分激发基层改革活力和动力，用基层改革试点撬动中国海油全面改革。

第八章 致力人才兴企，打造精干高效海油铁军

2018年7月，习近平总书记对石油战线做出“大力提升国内勘探开发力度”的重要批示，为国内石油企业做好油气勘探开发工作指明了方向。党的十九大及全国组织工作会议赋予了新时代中国海油组织人事工作的新任务新要求。中国海油坚持以习近平新时代中国特色社会主义思想为指导，增强“四个意识”，坚定“四个自信”，做到“两个维护”，深入贯彻党的十九大和十九届二中全会、十九届三中全会、十九届四中全会、十九届五中全会精神，认真贯彻新时代党的组织路线，全面落实中国海油“1534”发展思路，以健全“五个体系”为重点，深化推进干部人才队伍建设“3+1”工程、三项制度改革和精准激励，有效落实“六稳”“六保”，在疫情防控和应对低油价“两场战役”中，圆满完成了各项重点工作任务，为建设中国特色国际一流能源公司进一步夯实了组织和人才基础。

第一节

把贯彻落实新时代党的组织路线作为重大政治任务

2018年全国组织工作会议召开以来，中国海油党组一直将加强组织建设作为党建工作的“头号工程”，要求党员领导干部学深悟透、融会贯通，做到思想认识到位，行动步调一致。

一 深刻理解新时代党的组织路线的科学内涵和实践要求

新时代党的组织路线，明确了做好新时代党的建设和组织工作的指导思想、总体要求和基本原则，明确了新时代组织工作的重大战略、重大任务和方法途径，是各级党组织和广大党员干部加强新时代党的建设，做好组织工作的“纲”和“本”。一是深入领会和落实“抓好坚持和完善党的领导、坚持和发展中国特色社会主义”的基本要求。把“两个维护”贯彻到中国海油党的建设全过程，推动各级党组织和广大党员干部增强“四个意识”、坚定“四个自信”落实到具体行动中。二是深入领会和落实“抓好用党的科学理论武装全党”的基本要求。把学习贯彻习近平新时代中国特色社会主义思想作为全系统党员干部教育培训首课、主课、必修课，教育强化每名党员，特别是领导干部党的意识和组织观念，自觉做到思想上认同组织、政治上依靠组织、工作上服从组织、感情上信赖组织。三是深入领会和落实“抓好党的组织体系建设”的基本要求。强化系统思维、坚持一体推进，既重视抓好组织设置、组织覆盖，又重视完善组织运行机制、组织管理制度，通过严密组织体系，推动形成强大组织力。四是深入领会和落实“抓好执政骨干队伍和人才队伍建设”的基本要求。坚持德才兼备、以德为先、任人唯贤，严格把好政治关、廉洁关，严把素质能力关，及时把愿干事、真干事、干成事的干部发现出来、任用起来；着眼提高干部队伍治理能力，加强年轻干部思想淬炼、政治历练、实践锻炼、专业训练；建立健全干部担当作为的激励和保护机制，落实“三个区分开来”要求。五是深入领会和落实“抓好党的组织制度建设”的基本要求。坚决贯彻国企党的建设两个“一以贯之”，持续完善组织制度体系，深化干部人才体制机制改革，坚决落实民主集中制，把制度执行力作为干部选用考评的重要依据，推动广大干部严格按照制度履行职责、行使权力、开展工作。

二 坚决有力推动新时代党的组织路线在海油落地生根

一是先学一步。2018年全国组织工作会议召开后，中国海油党组第一时间传达会议精神，先后3次开展中心组学习，其中2次作为第一议题，要求各级党员干部深刻理解和把握新时代党的组织路线的重要意义、科学内涵和实践要求，自觉在思想上、政治上、行动上同以习近平同志为核心的党中央保持高度一致。二是系统贯彻。出台《中国海油贯彻落实全国组织工作会议精神的具体措施及实施安排》，推动全系统掀起学习贯彻全国组织工作会议精神的热潮，组织开展干部工作“五个体系”研究攻关，构建干部选育管用全链条机制，推动高素质干部、专业化人才和年轻干部队伍建设“三大工程”。三是引向深入。2020年中央政治局就“深入学习领会和贯彻落实新时代党的组织路线”举行第二十一次集体学习后，集团党组先后两次组织深入学习贯彻，聚焦“五个抓好”基本要求，系统研究全面贯彻落实新时代党的组织路线的具体举措，在线上学习平台开设覆盖全员的《贯彻落实新时代党的组织路线》专题班，要求各级组织部门和组工干部先学一步、深学一层，奋力开创中国海油组织工作的新局面。

第二节

忠诚干净担当，干部队伍建设迈入新时代

为全面贯彻新时代党的组织路线，围绕建设中国特色国际一流能源公司战略目标，针对中央巡视反馈的突出问题，集团党组经综合研判、科学论证，于2020年6月出台《中国海油干部人才队伍建设“3+1”工程实施方案》，明确未

来3~5年公司高素质干部队伍、专业化人才队伍、年轻干部队伍和国际化人才队伍建设的总体目标和65项具体措施。“3+1”工程致力打造人才队伍“蓄水池”、打通选人用人“大动脉”、开辟人才晋升“快车道”，将中国海油干部人才队伍建设工作推向了一个新阶段，引起系统内各级干部员工的广泛热议，受到系统外同行的密切关注。

一 把准发展方向，将落实中央要求与实施企业战略紧密结合

“3+1”工程以新时代党的组织路线为纲，以“培养忠诚干净担当的高素质干部、集聚爱国奉献的各方面优秀人才、培养造就一代又一代可靠接班人”为遵循，站在保障国家能源安全高度，着眼于建设中国特色国际一流能源公司的战略需要，在中国海油大力实施“1534”总体发展思路和“人才兴企”战略的新要求下顺势而生。“3+1”工程突出问题导向，聚焦公司干部人才队伍建设的短板和问题，以提高质量、优化结构、减少束缚、畅通渠道为突破口，紧紧围绕领导班子年龄结构及M、T、W员工队伍建设两条任务主线，有针对性地提出65项具体措施、十大关键措施和一系列方向性要求。“3+1”工程提出，用3年时间实现党组直管领导人员队伍结构指标明显优化，平均年龄由52岁下降到50岁，领导班子年龄结构达到5:3:2的硬要求，其中，50岁以上占比50%，45岁左右占比30%，40岁左右占比20%左右，并将此作为干部选拔任用的刚性要求和领导班子结构调整的阶段性目标，通过长远配备和常态化选配两个维度推进落实，以此为抓手加强公司干部人才队伍的战略性储备培养，充分彰显了集团党组的落实党的组织路线，持续推进干部年轻化工作的改革决心。

二 树立鲜明导向，将人才选育用留与提升管治水平紧密结合

“3+1”工程旗帜鲜明树立重实干重实绩的选人用人导向，为优秀者开辟“绿色”通道，为改革创新、担当作为的干部卸下“思想包袱”，让不担事、不干事的干部失去市场。一是全力推进高素质干部队伍建设。在围绕“532”比例目标大力优化干部队伍年龄结构的同时，“3+1”工程重点突出基层和实践导

向，将基层工作经历作为干部选任的必要条件。2020年，新提任的直管干部中73%来自基层，总部提任的干部有42%交流到基层，一批没有基层经验、没有现场实战经历的总部干部员工主动申请到基层锻炼，目前已实现双向交流任职174人，在此基础上，持续加大干部考察力度，健全制度体系及配套措施，推动干部能上能下成为常态。二是大力发现培养选拔优秀年轻干部。实施“选苗育苗”计划，建强建优年轻干部人才库，构建以“80后”“90后”为主体的基层干部储备梯队，大幅提高优秀年轻干部占比，重点使用35岁左右中层副职和40岁左右中层正职，并将其比例提高至40%，力争用3年时间，打造一支高素质专业化的优秀年轻干部队伍。为加强年轻干部培养，增强其“实战”经验，建立双向任职制度和轮岗交流机制，实施“两个100”实践锻炼计划，让总部与基层、国内与国外年轻干部交流互动。各级组织部门持续跟踪，及时了解年轻干部表现，掌握思想动态，优进绌退，保持优秀年轻干部队伍“一池活水”。

三 聚焦核心问题，将方案贯彻落实与组织体系建设紧密结合

为确保“3+1”工程的落实落地，集团公司第一时间成立专项工作组，明确任务分工、督导方案执行、深化巩固成果，同步配套落地一系列干部人事改革政策，均取得了良好的成效。一是健全选贤任能制度机制。修订印发《党组直管领导人员管理办法》，制定出台《领导人员选拔任用工作规范》，对领导人员选拔任用的管理要求及方法流程做出明确规定，全面提升了中国海油的组织工作科学化、规范化水平。二是完善配套激励措施。树立“奖金是贡献挣出来的”理念，制定出台《集团公司超额利润奖励方案试行意见》，调动各单位超产超额的内生动力，激发骨干人才干事创业积极性。为激励领导人员担当作为，研究制定《贯彻落实“三个区分开来”容错纠错实施办法（试行）》《进一步激励干部担当作为的工作措施》，进一步促进组织目标与个人意愿、干部担当作为与组织严管厚爱相融合相统一。注重从急难险重任务一线考察识别干部，实施以来系统提拔、重用、表彰117人。三是有序推动干部退出。在2019年修订发布《领导人员退出领导岗位管理办法》后，坚持公平公正严格执行退出领导岗位工作，现已形成常态长效。2020年，党组直管领导人员退出81人、所属单位退出

721名，均安排从事专项工作，有效盘活了干部队伍。四是干部队伍结构优化向好，取得突破性成绩。直管干部平均年龄同比下降1.39岁（含自然递增，52.27岁降至50.88岁），老中青结构由5.9∶3.8∶0.3优化至4.3∶5.1∶0.6，优秀年轻干部得到充分使用（45岁以下年轻干部由23人增至40人，增幅73.9%）。2020年，在新提任党组直管领导人员中，45岁左右41人，占比59.4%，其中“80后”4人。16家二级单位党委全部实现新提任M8级干部“50%”目标，全集团圆满完成“双50%”控制任务。全系统22家所属单位组织专题调研，直接掌握了1237名优秀年轻干部，形成了“集团+二级单位”两级优秀年轻干部库，在提任干部时优先从其中选拔，为公司事业发展储备了后备力量。

第三节

从严干部监督，持续巩固风清气正的政治生态

党的十九大以来，党组组织部紧跟党中央全面从严治党坚定步伐，认真落实集团公司党组关于从严管理监督干部的工作部署，聚焦干部监督工作中的重点难点问题，把政治监督摆在首位，加强干部监督制度体系建设，做实做细日常监督管理工作，深化所属单位选人用人监督，干部监督工作取得显著成效，在净化选人用人风气、促进干部忠诚干净担当、营造良好政治生态中的积极作用日益彰显。

一 严格执行领导干部个人有关事项报告制度，严把选人用人“入口关”

坚持把贯彻落实领导干部报告个人有关事项工作作为履行全面从严治党主体责任的一项重要政治任务，将其作为检验领导干部是否对党忠诚老实的“试金石”。通过不断强化抽查核实结果运用，持续用力抓紧抓实。2020年，查核

一致率由中央两部法规颁布之初的71.8%提升至目前的92.07%。一是填报前打好“预防针”，确保思想不懈怠。对领导干部日常教育，坚持高起点、高站位，做到“四个讲清”，即讲清个人有关事项填报工作的重大意义，讲清填报工作的核心内涵，讲清填报工作的具体要求，讲清填报工作的处理准则，帮助干部夯实对党忠诚的思想基础。通过持续不断地陈之以理、晓之利害，领导干部如实填报的自觉性不断增强。二是填报中注入“强心剂”，做到动作不变形。坚持“凡填必讲”，在年度集中填报前组织全系统填报人员及组织人事部门集中培训，帮助广大干部准确把握填报标准。坚持“新填必教”，对每位首次填报干部进行一对一辅导、面对面检查。坚持“暗雷先排”，重点关注房产、股票基金、投资型保险、家属从业等事项，及时进行重点提醒，尽可能地降低非主观漏报、瞒报风险。三是填报后亮起“高压线”，力争填报无遗漏。持续强化责任追究力度，严格落实中央两部法规的刚性执行，对存在漏报、瞒报情形的做出严肃处理，决不姑息迁就。

二　强化选人用人工作监督，政治生态日益清朗

一是“一报告两评议”全覆盖。2015年以来，对所有二级单位选人用人“一报告两评议”实现全覆盖。2017年开始，指导督促各所属单位对有选人用人权限的三级单位开展“一报告两评议”。及时指出各单位选人用人方面存在的问题，敦促其及时整改，对排名靠后的二级单位组织人事部门负责人进行提醒约谈。二是内嵌党组巡视专项检查全覆盖。2018年开始，选人用人专项检查组内嵌到党组巡视，经过4轮巡视，实现所有二级单位专项检查全覆盖。同时通过提级检查的方式，强化工作效果，比如巡视开展对反映问题比较集中的三级单位直接介入，对所属单位党委选人用人“回头看”。三是针对突出问题选人用人专项整治全覆盖。统筹解决面上问题和点状问题，党组在2020年组织开展了选人用人专项整治，聚焦选人用人制度建设和执行两个方面，打好突出问题歼灭战；聚焦干部队伍结构失衡等5个方面的问题，打好共性问题攻坚战；聚焦问题整改落实和追责问责，打好巩固拓展持久战。经过一年的努力，民主集中制原则得到全面加强，选人用人导向更加清晰，选人用人基础工作全面巩固，各级组织人事部门的干部监督职能得到实质性加强。

三 切实做好干部日常管理监督，干部的规矩意识不断增强

一是认真落实经商办企规范试点。深入学习贯彻习近平总书记重要指示精神，研究制定《中国海油规范领导干部配偶、子女及其配偶经商办企业行为扩大试点工作实施方案》，按照中央统一部署扎实做好试点工作。参与组织完成269名领导干部的申报、核查甄别，对需要规范退出的7名党组直管干部，按照“一人一策”的原则沟通退出意向。同时制定印发《中国海洋石油集团有限公司规范领导干部配偶、子女及其配偶经商办企业行为的规定（试行）》，建立长效机制，从制度上对领导干部配偶、子女经商办企行为做进一步规范。二是加强领导人员因私出国（境）管理。每半年梳理全系统处级及以上领导人员因私出国（境）监督管理情况，及时维护并敦促各单位提交备案信息，确保因私证件应收尽收、备案信息应备尽备。2020年，自主开发集团公司直管领导因私出国（境）系统，进一步规范全系统因私出国（境）管理和因私证件管理，并在全系统推广应用。三是抓好“裸官”专项治理，在全系统每年开展一次清查，对不适合在原工作岗位任职人员及时进行组织调整。四是强化日常监督管理教育。用足用好提醒、函询、诫勉这一组织监督手段，坚持抓早抓小、防微杜渐，最大限度地发挥提醒、函询、诫勉制度的刚性约束作用，真正让提醒、函询、诫勉成为管理监督干部的“紧箍咒”、关心爱护干部的“预防针”。五是畅通日常监督渠道，自2015年起，集团公司设立了干部监督电话和信箱，受理群众关于选人用人方面的信访举报。同时，用好干部监督举报平台，认真查核，及时纠正核实属实的问题，营造山清水秀、风清气正的政治生态。六是完善干部日常管理监督机制。建立党组工作部门联席会议制度，定期组织对干部的政治立场、思想作风、道德品质、廉政勤政等方面的情况进行充分沟通，增强各职能协作，及时掌握领导干部存在的苗头性问题。七是加强干部人事档案管理工作。落实《干部人事档案工作条例》，进一步夯实干部人事档案管理基础工作，做到“凡提必审、凡进必审、凡转必审”。高标准完成干部人事档案专项审核工作，“十三五”期间，全系统档案专项审核99148份，完成初审84820份。组织全系统档案管理机构，配合做好退休人员社会化管理专项工作，截至2020年12月，全系统共完成退休人员人事档案移交35652份。

第四节

落实人才兴企，培育高水平、专业化的人才队伍

中国海油始终坚持以习近平新时代中国特色社会主义思想为指导，深入学习贯彻党的十八大、十九大和十九届二中全会、十九届三中全会、十九届四中全会、十九届五中全会精神，认真贯彻落实新时代党的组织路线和“四个革命、一个合作”能源安全新战略，坚持党管人才原则，围绕建设中国特色国际一流能源公司的战略目标，推动实施“人才兴企”战略、干部人才队伍“3+1”工程，统筹推进人才队伍建设，强调党管人才、服务发展，高端引领、整体开发，健全体制、创新机制，统筹规划、人才优先的人才发展规划导向，培育一支规模合理、结构优化、素质优良、能效优异，具有专业化、职业化、市场化、国际化特点的人才队伍；构建一套科学规范、开放包容、运行高效的人才发展管理机制和政策体系；持续优化人才发展环境，营造一种识才、爱才、敬才、用才的浓厚氛围。充分激发人才队伍活力，全面推进人才队伍建设，为中国海油高质量发展打下坚实人才保障基础。

一　支撑公司高质量发展，擘画人才兴企战略蓝图和路线图

一是坚持人才发展与企业发展同步谋划。形成以“战略导向—工程牵引—规划落实”为主线的人才发展蓝图和路线图，制定发布《人才兴企战略专项实施方案》，明确到2025年、2035年、2050年人才结构、人才素质和人才效能3个方面的关键指标，提出建设具有中国特色的党管人才体制、具有高端引领和内生驱动的人才管理机制、具有战略思维和全球视野的国际一流人才队伍和具有行业前瞻性的人才发展能力4项具体实施路径。二是着力打造一支忠诚干净担当的高素质专业化年轻干部人才队伍。2020年6月，出台干部人才队伍建设“3+1”工程实施方案，对高素质干部队伍建设、专业化人才队伍建设、优秀年轻干部队伍建设以及国际化人才队伍建设工程做出明确部署，着力打造人才队伍“蓄水池”、打通选人用人“大动脉”、开辟人才晋升“快车道”。“3+1”工程

实施以来，中国海油人才队伍结构实现有效优化，优秀年轻人才得到充分使用，为海洋石油工业高质量发展提供了强有力的人才保障。

二 打造“三支队伍”，畅通员工职业发展路径

2004年，中国海油成立了总公司人才工作领导小组，在当年公司年度工作会议上，中国海油提出要培育适合不同类型人才成长的机制和制度环境，优化人才队伍结构，重点培育优秀的管理人才、科技人才、技术工人等“三支人才”队伍。“三支队伍”建设的提出，让中国海油的人力资源工作在理念上实现了从传统的人事管理向人力资源开发管理的转变。

为使“三支队伍”建设的理念落地，中国海油进行了积极探索。2004年1月出台了《中国海油人力资源管理制度文件汇编》，首次对“三支队伍”建设推出了一整套管理办法，三个岗位序列——经营管理岗位序列（M）、专业技术岗位序列（T）、技能操作岗位序列（W）具有各自发展的路径。

“三支队伍”建设政策设定，中国海油的员工，根据自身特点及公司发展需要分别进入管理、技术、操作不同的岗位，沿着不同的路径逐级发展，每个序列都有足够的上升空间，解决了“千军万马过独木桥”的难题，打通了员工的发展通道。如从事专业技术、设计、研发等工作的科研技术人员，沿着T序列的“实习生－技术员－助理工程师－工程师－资深工程师－首席工程师/所属单位专家－总公司专家/所属单位总师－总公司资深专家/总公司副总师－总公司首席专家/总公司总师”这样一个通道发展，序列中的首席专家，其薪酬级别与总公司总经理助理相当。在与T序列类似的W序列中，总公司技能专家的薪酬可以达到所属单位领导班子成员的薪酬水平。“三支队伍”的建立，实现了“纵向有长度，横向有宽度，考评有标准，运行有空间”，极大地拓展了技术与技能人员的发展空间，极大地激发了他们扎根一线，潜心钻研，立足岗位成才的积极性和创造性。

为使T序列、W序列中那条从“所属单位专家－总公司专家”的发展路径真正畅通，自2007年起，中国海油开展了两级技术技能专家的评选，着手构建以能力、业绩为导向的科学的评价体系，打造了一支专业结构合理、技术水平高、创新能力强、业绩贡献优的专家队伍，从而带动了整个人才队伍的建设。

专家评聘及薪酬待遇和激励政策的兑现，提升了公司在竞争激烈的人才市场的竞争力，对凝聚人才、激励人才更加努力地钻研、创新、奉献、培养人才起到了积极作用，科技研发人员的流失率明显降低，当选专家在科研领衔、技术攻关、决策咨询和人才培养方面的作用得到了进一步的发挥。同时，专家评选体系导向明确，鼓励发明创造，细化业绩成果考核，对提升公司的科技竞争力和影响力有明显的促进作用。

突出科技自立自强，大力推进科技人才队伍建设。一是积极培育科研“国家队”。以落实国家重大人才工程为抓手，建设科技前沿“领跑者”。公司现有中国工程院院士3人、国家“万人计划”人选4人、国家“百千万人才工程”人选11人、享受国务院特殊津贴专家82人、全国重点领域创新团队1个、中央企业优秀科技创新团队1个、深化人才发展体制机制改革示范企业1家，取得国家科技类奖项23项。二是实施战略性高层次人才培育计划。选拔首批战略性高层次人才培育对象35人，按照“一人一策”分层分类实施针对性培养计划，通过国家重大科研、重大工程项目、关键核心技术攻关和推动科研成果应用等，培养一批战略型科学家。推动所属单位盘点选拔114名40岁以下青年拔尖人才作为第四梯队，保障高层次人才战略接替。三是实施科技领军人才培育计划。紧紧围绕增储上产“七年行动计划”、关键核心技术攻关，为公司提供强有力的智力支撑。坚持品德、能力、业绩、潜力导向，聚焦评选重点领域，适当向勘探、开发等主干专业倾斜，累计选拔产生集团公司技术专家158人。创新开展所属单位技术专家评选，突出技术创新、核心技术自主可控能力导向，培养小而缺专业拔尖人才，放宽专业技术工作年限，加快青年人才培养，保障队伍接替，累计选拔产生所属单位技术专家599人。四是实施青年科技英才培育计划，以打造复合型青年科学家队伍为目标，与石油院校深入开展校企合作，围绕增强综合素质、夯实专业能力、提升创新能力，分勘探、开发与开采、海洋工程、钻完井和炼油化工等5个专业，累计选育青年科技英才679人。聚焦数字化转型重点领域，组织数字化人才先锋营，培养数字化人才503人。采取订单式联合培养人工智能、大数据和油气学科复合型硕士研究生20人。五是坚持培养和引进并举，打好人才“抄底战”，实施“蓝海计划”。聚焦“高精尖缺”、解决关键核心技术难题、服务海洋油气主业、“碳达峰、碳中和”，加快引进海外高层次人才，助力海洋石油事业大发展。

图8-1 李中

李中（图8-1）。先后获得国家科技进步一等奖、何梁何利产业创新奖、省部级科技进步奖20次（特等奖3次、一等奖10次），授权发明专利42件，出版专著7部，论文39篇，被评为国家“万人计划”科技创新领军人才，获得全国五一劳动奖章。攻克了高温高压、深水等多个复杂领域的钻完井技术难题，实现了南海西部高温高压钻井和测试成功率100%、环空“零”带压的世界纪录，钻井速度提高了162%，这套成果还走出国门“大展身手”。

三 聚焦高端引领，铸就高素质技能人才队伍

一是大力弘扬劳模精神和工匠精神，培养知识型、技能型、创新型技能专家。公司现有全国技术能手37人、行业级“大国工匠”9人、中央企业“百名杰出工匠”2人、中央企业技术能手95人、中央企业青年岗位能手45人、海油工匠20人、荣获“嘉克杯”15人。选拔集团公司技能专家，坚持品德优先，突出关键工种、能力业绩，创新创造、高端引领，扩大选才视野，鼓励一线技能队伍出身的平台总监、高级队长、队长、船长等技术、管理岗位人员回归技能队伍，累计选拔产生集团公司技能专家34人、所属单位技能专家64人。二是加快培育杰出工匠，建设技能大师工作室。依托全国技术能手和两级技能专家建设首批集团公司技能大师工作室5个，有效搭建技能人才创新创效平台，健全工作机制，印发《关于规范管理两级技能工作室的指导意见》，切实发挥好技能工作室在技能攻关、技艺传承、技能创新、交流推广中的重要作用。三是推进职工素质工程建设。加大专业技能培训力度，开展高技能领军人才集训班、大国工匠联合培养班、技师工作室能力拓展培训班等重点班次。打造精尖产业工人主力军，开展“劳动和技能竞赛年”技能比武。增进高层次技能人才的学习交流，组织技能人才赴优秀央企开展高技能人才交流。四是完善技能人才激励机制。落实国家有关提高技术工人待遇和新时期产业工人队伍建设改革等政策，

逐步建立规范技能岗位工资序列，提高高技能人才及领军人才待遇，针对海上一线技能人员，实行差异化岗位技能津贴，与职业技能等级认定衔接，以实际出海天数为依据，兑现海上高岗位技能津贴。实施集团公司两级技能专家专项激励。统一规范企业年金制度和补充医疗保险制度，定期开展休假、交流等，受到了广大技能员工好评。

图8-2　徐长贵

2020年全国劳动模范徐长贵（图8-2）。徐长贵带领团队打开了渤中19-6的勘探局面，一举发现了中国东部老油区第一个大气田，探明天然气2亿立方米、凝析油2亿吨。2020年，徐长贵来到南海，从一个部门负责人到掌舵南海西部的勘探“大盘”。2015年以来，他作为主要发现人先后发现了11个大中型油气田，向国家提交探明石油地质储量8.2亿吨油当量，为渤海油田上产3000万吨并持续稳产做出了突出贡献。在他和团队的攻坚克难下，2019年渤海探井突破100口，创历史新高，并成功发现我国东部最大的天然气田——渤中19-6气田，为缓解华北天然气荒、打赢蓝天保卫战做出重要贡献，创新成果获得2019年国家科技进步一等奖。

四　激发人才创新活力，深化人才发展体制机制改革

一是为激发科研人员干事创业的热情和激情，完善价值贡献导向的精准激励机制，发布《中国海油科研人员精准激励指导意见》，实施国家科技计划项目绩效奖机制，探索海外订单项目奖酬金机制，开展关键核心技术攻关项目奖励、科技成果转化激励等措施。二是畅通人才发展“立交桥”。在人才发展通道纵向贯通的基础上，横向实现“转换有序”，推动优秀人才在各序列中合理流动发展。引导技术水平高、创新能力强的技术人才进入技能队伍，具有技术和管理经验的优秀技能人才转聘管理或专业技术职位通道。三是建立职业技能等级与相应技术职称比照认定制度。开展高级工以上技能人才参加工程技术人才职称评审试点，鼓励技能人才一岗双证，既可参加技能等级认定，亦可参加专业

技术资格评审。四是改革职业技能等级认定。2018年，中国海油成功入选全国首批职业技能等级认定试点中央企业，技能人才评价由职业资格体系转入职业技能等级认定体系，开启建立以职业能力为导向、以工作业绩为重点，弘扬石油精神、工匠精神，注重职业道德养成的技能人才评价体系。五是从政策制度、组织机构、激励机制、容错氛围等方面多措并举，开创前瞻基础研究工作新局面。设立前瞻基础研究、重点实验室自由探索、国际科技合作资助等科研项目类型，支持对核心科学问题研究与国际前沿、颠覆性技术跟踪探索。与国家自然科学基金委设立企业创新联合基金，统筹利用国内优势基础研究资源力量开展项目研究。布局覆盖上中下游产业链的集团公司重点实验室。对前瞻基础研究类科研项目进行全额经费支持，建立容错机制，赋予科研人员对技术路线或研究内容进行优化调整的一定自主权，项目成果转化情况与预算执行率不纳入考核范围。

第五节

加强规划引领，大力推行精干高效的用人制度

结合产业发展和用工需要，按照“控总量、调结构、提素质、促发展”的管理思路，中国海油科学编制“十四五”人力资源规划，准确把握用工总量、用工结构、用工效率，在全系统内开展劳务用工摸排整顿，研究制定相应管理和改进措施，深化劳动用工制度改革，妥善处理好严控用工总量与满足发展、落实国家“六稳”“六保”之间的关系。

一 “控总量”取得新成效

合理制定减员指标，严格执行年度用工计划，有效控制用工规模，建立并完善减员增效奖励机制，对于减员成效显著的单位给予工资总额奖励。通过分

类清理非主体和低端岗位用工、市场化业务外包、人员分流安置等形式，推动用工改革，逐年压减用工规模，保持了公司精干高效的用工优势。2015年年末至2019年年末，用工总量减少37809人，减少32.08%，提前完成“十三五”直接用工控制在8.5万人的奋斗目标。同时，优化用工模式，挖掘用工潜力，保障“七年行动计划”油气勘探开发高效作业的用人需求。

二 “稳就业”收获好成绩

公司党组深刻认识就业工作，尤其是高校毕业生就业工作的重要性、严峻性、复杂性，全面落实党中央、国务院关于稳就业工作的决策部署，坚持实施就业优先战略和更加积极的就业政策，确保招聘数量，保证岗位稳定，切实增强紧迫感责任感，把就业当成最大的民生抓紧抓实抓好。尤其是面对2020年年初突如其来的疫情挑战，集团公司坚决落实“六稳”“六保”，多措并举扩大就业增量，第一时间研究部署，制定细化防疫措施，深挖用工潜力，明确要求各所属单位疫情期间不得裁员或变相裁员，保证了员工队伍稳定，通过开设湖北专场，共招聘湖北籍和湖北省高校毕业生227人，均超额完成任务。一是贯彻落实集团公司“1534”总体发展思路，推动人才兴企战略，加强员工队伍结构调整，持续加大高校毕业生招聘力度，保持年度2000人规模，在满足主业、新增生产设施设备单位用人需求的同时，补充高端科研岗位。二是探索建立应届毕业生招聘统一考试制度。由集团公司统一组织毕业生的准入考试确定入围人选，各招聘单位自主开展人才测评和专业测评、面试考核等确定拟录用人选，以加强毕业生招聘质量的管理，确保毕业生招聘工作公平公正公开。进一步健全完善具有中国海油特色的信息公开、过程透明、结果公示、运行规范的高校毕业生招聘工作体系，已连续3年组织开展线上、线下统一文化考试，不断总结经验，提升考核水平，报名规模不断扩大，人员结构持续优化。三是完善相关招聘制度，在进一步明确招聘标准和程序规范的同时，针对个别基层单位处于偏远地区、工作生活条件相对较差，个别岗位工作强度大、吸引力差的实际困难，对不同行业、不同地区的招聘条件进行针对性调整，根据实际业务需要，制定更加有针对性的招聘政策，避免“一刀切”；出台《关于进一步规范领导人员近亲属招聘的工作意见》，规范招聘管理，降低“近亲繁殖”等用工风险。四是系统优化毕业生招聘及培养机制，储备支撑中国海油基业长青的优秀人才。明确规划，选拔集团公司年度应届毕业生招聘总量的30%左右为优秀毕业生，油气主干专业优先，作为中国海油百年基业的战略人才储备；建立“顶尖、优秀、常规”应届毕业生分类管理机制，集团公司根据未来发展对高端人才需求，招聘10~30名顶尖毕业生统筹使用，并到各所属单位实习锻炼，为中国海油10~20年后战略发展储备相关人才，由各所属单位在招聘计划的30%范围内，根据本单位战略发展定位研究制定本单位的优秀毕业生的学校、专业、学历和成绩要求，备案后由所属单位自行招聘并培养；调整薪酬待遇，以薪酬留人，顶尖毕业生的年薪30万/年起，预计30万~50万/年。五是加强灵活用工政策研究和管理，在依法合规的前提下，推进用工市场化改革，鼓励支持所属单位开展用工管理模式创新，利用好业务外包、弹性用工等多种方式，持续优化劳动用工结构。鼓励支持中国海油服机关改革，紧密跟踪并推动海上平台无人化改革，在南海东部石油局开展海上操作人员外包试点工作，加强与开发生产一路沟通，总结出海上操作业务外包新模式，并在集团内开展大讨论，提高认识、统一思想，逐步在全海域推广。六是加强校企合作，持续提升海油校招品牌。连续多年由人力资源部领导带队在重点生源院校开展宣讲活动，与师生深入座谈交流，弘扬石油精神、宣贯海油理念，打造海油校园招聘金字招牌（图8-3）。

图8-3　中国海油2021届校园招聘中国石油大学（北京）专场

三 “调结构”实现新优化

为进一步优化人才队伍结构，使得用工规模发挥出更优的效应，集团公司通过有策略地组织招聘，优化招聘模式，严把人员入口关，统一组织高校应届毕业生招聘工作，面向海外高校采用在线考试，逐步加大推进全球引才工作力度，不断提升雇主品牌。调整在京单位招聘条件，适度放宽系统内进京岗位级别要求，盘活现有人员存量，同时调整外部引才的户口要求，用好内外部两个人才市场，促进人力资源优化配置。大学本科及以上学历由52%提升至68%，队伍年龄结构得到有效控制，储备起足够数量人员填补年龄“断层”。上下游用工比例逐步向上游倾斜。管理、技术、操作岗位结构比例进一步优化。提高劳动用工效率，探索建立用工总量调控与全员劳动生产率联动机制，并纳入2019~2021年领导班子3年任期考核，切实提高用工质量，增强人才价值优势。引导企业注重人工成本投入产出效率，保持人工成本与主要经营业绩指标对应关系总体稳定，确保人工成本增长与集团公司整体发展相适应，集团公司人工效能指标持续优化，各类指标在央企中处于领先行列。

四 规范管理取得新水平

进一步落实党管机构编制的原则，以规范管理为基础，以用工质量为核心。一是开展内部劳务派遣规范清理工作，落实依法合规用工，取消内部劳务派遣用工形式，完成了西部公司用工专项清理，原内部劳务派遣员工已经全部清理完毕，形成了劳动合同制为主、劳务派遣制为辅的用工机制。二是按照精干高效的原则，严控机关编制，做实基层，研究确定财务公司、中联公司、国际公司、融风能源、能源经济研究院组织机构和人员编制方案，提高全员劳动生产率管理意识，着力释放组织机构改革红利。三是设立法律、采办共享中心，配合推进财务、审计共享中心建设。调整后，京直地区法律岗位缩编42.6%，法律部减编39.4%；集团采办从业人员降幅15.7%，采办处级干部职数减少15个，有效推动管理资源共享，管理效率提升，管理层级精简。四是建立制度化、模型化的机构编制管理机制。编制修订“海上采油平台”“海上钻完井作业”“炼油和化工生产装置”定员标准，重新核定有限公司海上采油平台编制，减编887

个，占总体海上编制10.7%。规范专业/工种和用工管理，研究主体工种划分，梳理非主体用工范围，规范劳动合同管理。五是服务产业发展，指导海油工程等10家单位开展机构优化，组织海西宁德、新能源等4家单位414名员工分流安置，完成天野公司劳动用工效率提升，完成中联公司低岗位外包工作，完成西部医院、渤海医院、大同煤制气项目筹备组的分流安置工作。

第六节

激发队伍活力，建立科学有效的绩效薪酬体系

一 全面构建薪酬分配制度体系

按照“依法合规、统分结合、协同增效、增强活力”的基本思路，完善分配管控模式，统筹考虑历史沿革与发展要求、集团统一特征与行业区域差别、企业发展与员工成长之间的关系，构建职能权责界面清晰化、薪酬福利结构统一化、薪酬福利标准差异化的薪酬福利分配制度；进一步优化完善用工与分配制度，制定了《优化完善用工与分配制度总体方案》及用工、工资和企业年金的三项实施方案，在全系统实施劳动合同制用工、完善岗位等级工资制和企业年金制度，全面建立了以合同管理为核心、以岗位管理为基础的市场化用工制度；落实企业负责人薪酬待遇，试行退出领导岗位干部薪酬管理，全面实行直管领导人员年薪制，完善所属企业年度工资总额“业绩考核奖金池”与绩效考核联动机制，在海油发展试点价值导向的差异化薪点值策略，在海油工程试点薪酬向重大项目和境外机构倾斜的差异化薪点值策略。薪酬制度充分适应中国海油市场化、国际化的要求，为公司建立人才激励机制，提供了市场化、国际化平台，使公司的管理体制和用人机制充满了竞争的活力和创新的张力。

二 建立导向明确、激励有效的办法

按照战略定位，引入工资总额增长的行业差异因素。实施集团公司专项奖励办法。坚持效益导向原则，研究利润考核单位超额净利润激励方案，树立“工资是挣出来的”理念，鼓励创造更好效益；完善集团奖励机制，制定下发《集团公司专项奖励实施指引》，设置6个奖金分配单元，年度奖励设上限，激发骨干人才干事创业积极性；创新及时激励措施，建立总部机关部门即时奖励机制，赋予部门领导更直接、更有效的激励手段。

三 强化工资总额“业绩考核奖金池”联动导向机制

所属单位经营业绩考核聚焦核心指标，将经济增加值和利润总额考核权重大幅提高，效益指标最高考核权重达到一半，业绩奖金进一步向年度效益突出单位倾斜，并将工资效益同向联动机制作为所属单位编制年度工资总额预算依据。年度工资总额内部分配中，将年度工资总额指标中一部分拿出来作为奖金池，按照各单位年度绩效考核成绩争抢分配奖金池额度，建立相配套的衔接机制。

四 持续推动中长期激励机制建设

重点推进科技型企业股权和分红激励工作。加快实施创新驱动发展战略，推动形成自主创新和科技成果转化的激励机制，起草制定了《中国海油关于实施科技型企业股权和分红激励的总体工作方案》。自2017年起，集团公司批复海油发展6家所属科技型企业岗位分红激励方案，激励核心骨干964人次，兑现分红激励2020万元，大幅提升了企业经济效益和科技创新能力，显著提高了激励对象人均收入水平，在中央企业和集团内部发挥了改革先锋作用。

五 优化应届毕业生待遇

下达《关于优化应届毕业生薪酬管理工作的通知》，进一步完善应届毕业生薪酬管理，提升集团公司优秀青年人才招聘吸引力和市场竞争力，薪酬收入不低于同行业75分位水平。对有利于集团公司长远发展或技术紧缺、能够直接上岗工作的优秀毕业生，可以一事一议。提高应届毕业生月度固定收入水平，增强应届毕业生薪酬竞争力。应届毕业生入职前三年绩效考核结果合格及以上的，工资级别每年晋升一级。

六 构建高效的全员绩效考核体系

一是提升绩效考核精细化程度。针对所属单位板块不同、业务差异较大的特点，为进一步推进绩效考核的科学性，引导所属单位在相对统一的平台进行竞争，追求效益优先，研究制定下发《中国海洋石油集团公司经营管理难度系数测评细则》。通过选取反映各单位普遍共性的资产总额、营业总收入、利润总额、市场竞争环境评价等六大指标，综合体现管理幅度和管理难度因素；采纳相对统一的衡量标准，提高年度业绩考评结果的可比性，提升绩效考核评价体系科学性；通过行业最佳实践，修正考核结果，引导企业绩效考评健康发展。经营管理难度系数测评的应用弥补了原企业分类办法比较粗放的缺陷，对于修正所属单位年度业绩考评结果会起到较好作用，深入落实了年度经营业绩考核差异化管理。二是把握业绩考核痛难点。总部业务部门和所属单位共同深入挖潜，精准落实集团公司可持续发展的战略方针，加强产业协同，鼓励开拓创新，积极推进行业对标工作，比优势、找差距、树标杆。打破阻碍协同发展的篱笆，最大限度减少内耗，以短期考核目标促进企业长远健康发展。上游板块加强精细化管理，勘探开发指标从过去偏重规模转向规模与效率的双轮驱动考核模式。专业公司与上游板块推进“风险共担、利益共享”的激励机制，双方共同设置“协同发展”指标，专业公司从挖潜增效入手，降低内部服务成本。将改善“年终翘尾，库存管控”和“两金”压减等重点专项工作纳入所属单位的年度考核，敲短板、增效益，打造集团公司核心竞争力。三是优化全员绩效考核体系。经营业绩考核模式进行了创新性改革，坚持目标导向、聚焦核心指标、实施分类管理、强化惩罚分明，业绩管理整体突出了重承诺、精管理、严考核、硬兑现的宗旨，对生产经营业绩的考核方向突出和明确了差异化、针对性考核。考核指标紧扣发展、突出重点、重实效促效率。上游板块着重全面提升“成本管控”；专业技术板块致力于打造核心竞争力，积极开拓国内外市场；炼油销售板块坚持市场导向和效益原则，推进产业结构调整和资源优化；金融板块遵循规范经营、优质服务，实现较好盈利。积极发挥绩效考核的激励约束作用，正向指标集中精力攻坚核心业务，落实党建工作责任制考核，设立约束激励类指标，明确奖励与惩罚对接传递压力。以有限公司为试点，各层级制定更加积极进取的奋斗目标，完善与考核评价结果紧密挂钩、与承担风险和责任相匹配的考核机制。

第七节

落实以人为本，做好员工服务保障

一　不断完善员工健康管理体系

稳步实施员工各项商业保险，简化程序，将补充医疗福利落在实处，积极探索建立全员医疗保障制度。逐步将员工及子女商保范围由新劳动合同制员工扩大到主体专业或主体工种岗位的全部职工。通过商业保险的有效实施为员工提供了有力保障，在一定程度上解决员工的后顾之忧；实施员工重大疾病保险，在对员工团体重大疾病保险市场实践广泛调研的基础上，制定并推动实施员工重大疾病保险方案，通过招标选取市场上优秀的保险公司作为服务供应商，保额20万元。持续与保险服务机构共同细化实施方案，做好政策宣贯，累计进行宣贯42场，覆盖集团公司各所属单位、四大片区共13个地区。员工重大疾病保险的建立标志着集团公司员工补充医疗保险体系的完善，为员工健康建立起了全方位的保障，逐步实现对员工的全方位全周期健康管理；构建海油员工健康之家，建立“海油员工健康之家”微信公众号服务平台，以“员工E家，智享互联”为服务理念，充分利用信息化手段简化医疗保险报销手续，最大限度方便员工报销，实现集团公司补充医疗保险医保小额快速理赔，实现实时在线审核和赔付。同时，建设数字化的海油员工健康之家，以实用、易用为宗旨，将涵盖政策宣导、理赔查询、通知通告、快速理赔、转账查询、健康贴士等涉及健康、医疗、保险等全方位内容以人性化界面呈现给员工。微信公众号服务平台，顺应了信息化时代的潮流，让员工真真切切地享受到了快捷、简单的服务。

二 稳妥推进退休人员社会化管理专项工作

根据中央和国务院国资委工作部署，印发《中国海洋石油集团有限公司退休人员社会化管理专项工作总体方案》和《集团公司统筹外费用分类处理办法》，成立集团公司专项工作领导小组和工作小组，统筹协调上级部委、地方政府和集团公司各地区退休服务管理单位，研究解决重点难点问题，督导检查工作落实情况。目前已实现社会化管理退休人员3.5万人，占比98.9%；人事档案移交3.51万份，完成率98.9%；党组织关系移交1.08万人，完成率99.2%；管理服务移交3.54万人，完成率99.1%。

三 持续规范企业年金管理体系

规范企业年金管理，完成企业年金投资管理人招标和在人社部的备案工作，已向人社部提交企业年金受托、投资管理、账户管理、托管合同备案。与此同时，调整了企业年金理事会组成，建立了新的企业年金管理架构，充实管理人员。通过建立健全对各专业机构的实时监督与业绩评估和考核机制，实现企业年金全面规范与专业化管理与有序运转，保持了平稳运作和保值增值；推动企业年金良性运转，与财务公司共同拟定企业年金资产转移方案、资金分配方案、企业年金投资政策、各专业管理机构业绩考核评价办法等各项制度获得企业年金理事会审议通过。企业年金完全步入合规发展的健康轨道，提高企业年金单位缴费比例（由5%提高到8%），与托管人、账户管理人一起，制定严密的资产移交与估值转换与定价日方案，企业年金新计划建立、各类账户开立与资金转移工作得以有序开展，为企业年金投资管理奠定坚实基础，在移交工作顺利进行的同时，保证企业年金投资收益不受任何不良影响，并为企业年金投资运作持续提供有力支持。

与此同时，通过积极支持地方建设，与中组部、国家人社部、北京市政府、北京市东城区政府加强沟通协调，用足用好各层次人才引进、渠道，推动解决员工在京工作生活的实际困难，促进员工安心在岗工作，争取办理在京落户政策和指标，同时开辟新渠道，为非京籍员工争取北京市工作居住证指标、北京工作居住证，为在京员工更好地融入当地生活、安心工作提供保障。

第八节

重点攻坚克难，积极推进三项制度改革

为确保国有企业改革三年行动计划落实落地，2020年，在集团党组的坚强领导下，组织部全面启动干部人事、劳动用工和薪酬分配三项制度改革工作，组建了由18名业务骨干组成的三项制度改革课题专项组，深入研究中国海油深化三项制度改革实施方案。希望通过三项制度改革，系统性地解决现存一揽子问题，形成更加符合我国基本经济制度和社会主义市场经济发展要求、符合行业特点和集团公司实际的三项制度体制机制，为公司健康可持续发展保驾护航。

一　全面实行经理层任期制和契约化管理

一是明确任期、业绩导向。对集团公司二、三级单位实行领导班子成员任期制和契约化管理，形成“有职务就有任期、有岗位就有考核、有业绩就有激励”的工作体系，明确处级及以上干部聘任期限和业绩目标，加大调整不适宜担任现职领导人员的工作力度，形成“能者上、优者奖、庸者下、劣者汰”的用人导向。二是聚焦职责、强化考核。优化集团公司两级技术专家考核评价机制，打破专家一评定终身局面，与专家签订聘期任务书，明确目标与职责，加大科研生产任务完成情况的指标权重，明确考核评价等级及各等级所对应的聘

期影响，实行以绩效考核结果为依据的“能上能下”的专家任期机制，充分调动专家人才积极性和主动性。

二 合理构建市场化劳动用工管理机制

健全以合同管理为核心、以岗位管理为基础的市场化用工制度。一是完善岗位序列管理。做精管理队伍，持续压缩管理人员编制；做强专业队伍，将现有专业技术人员划分为技术研发人员和技术支持人员，实施差异化激励策略；建立销售贸易队伍，搭建专门的晋升通道。二是科学调控用工总量。统一海油员工制的用工身份，推进劳务派遣和劳务用工转业务外包。按照直接用工和全用工两个口径，以全员劳动生产率为基础，建立基于战略导向和鼓励效益提升的用工总量调控数学模型。三是把好“进”“退”重要关口。健全市场化招聘机制，规范劳务外包岗位用人标准及其转为直接用工条件，在与员工签订劳动合同中，明确考核标准，考核不合格的，进入人力资源池，给予培训及转岗机会，如再次考核不合格，依法解除劳动合同。

三 构建能高能低的薪酬体系

一是明确改革思路和方案。根据党中央、国资委、集团公司党组精神及部署，按照集团公司关于推进三项制度改革的具体要求，针对薪酬福利制度、工资总额管控、直管领导人员薪酬等方面存在的系统性、差异性、激励性不足等问题，提出了深化分配制度改革的具体思路，构建结构统一化、标准差异化的薪酬福利体系，探索建立导向明确、激励有效的工资总额管控办法，建立直管领导人员与责任和绩效挂钩的年薪制。根据党组和改革领导小组批准的改革思路和方案，起草了三项制度改革总体方案、多项薪酬福利管理办法文件和工资套改指导意见文件。

二是健全薪酬分配制度体系。完善了岗位绩效工资制为主、其他薪酬制度为辅的分配机制，逐渐强化基于岗位特征的薪酬差异化管理。在管控机制上实现历史突破，不再实行统一的职工工资表，实行统一的MTW岗位序列工资等级和工资薪点标准，通过建立“结构统一化、标准差异化”的工资制度体系，总部权责的适度下放，给予所属单位更大分配自主权，进一步推进差异化的分类考核分配机制的构建，增强企业价值创造主体的动力和活力。在薪酬制度改革的工资套改人员范围、岗位基本工资薪点标准表、薪点值、定级定档、跨薪点值人员流动等方面做出了具体规范，指导各相关单位构建以岗位绩效工资制为基础、覆盖全系统的薪酬福利体系。选取海油发展等所属单位作为薪酬制度改革的试点单位，具体验证规范劳动关系、统一薪酬福利结构，结合区域、行业、经营贡献、管理年度等因素科学制定差异化的工资福利标准。

三是完善考核分配双对标机制。建立年度工资总额预算与利润总额及油气总产量双挂钩的结构化管理机制，设立战略发展系数，有所差别地确定工资总额增长幅度。实施经营管理难度系数测评，深化“业绩考核奖金池”与绩效考核得分的联动机制，奖金分配额度不纳入各单位年度工资总额基数，每年根据考评结果重新分配，形成每年调动所属单位生产经营积极性的有效机制。进一步提高集团公司工资总额一次分配中的业绩奖金占比，业绩考核奖金池占比逐步提升。推行年度目标管理和月度考核兑现机制，指导总部部门和所属单位月度绩效奖金发放，形成各级单位业绩与奖金的常态化正反馈机制。

四是加强超额贡献奖励兑现机制。制定《中国海洋石油集团有限公司超额利润奖励方案》，分类施策，按照业务属性设定挂钩机制，明确各类别所属单位以年度经营业绩考核责任书约定的净利润基本目标和奋斗目标为衡量标准，与净利润挂钩提取超额奖金或超额完成利润由单位留用，充分发挥业绩考核风向标、指挥棒作用，切实调动所属单位积极性。同步系统实施超额利润、超额产量、超额销量等定向激励政策，鼓励创利超产，鼓励拓市扩销。在年度考核目标基础上，合理设置业绩目标，明确奖金兑现办法。每年核定各相关单位的净利润、原油产量、天然气销量、液态LNG销量、成品油零售量、油品贸易量等核心业务指标，按照实际超额贡献给予奖励兑现。

第九章 弘扬石油精神，构建新时代海油文化体系

为全面深入贯彻习近平新时代中国特色社会主义思想，落实习近平总书记关于“文化自信是更基本、更深沉、更持久的力量”的指示精神，进一步践行社会主义核心价值观，大力传承石油精神、弘扬海油精神，随着海洋石油工业的发展，中国海油在创造了科学管理模式的同时，还创造了既符合社会主义特征又符合海洋石油企业实际的思想政治工作和企业文化建设的新经验。科学的管理和成功的思想政治建设，成为推动海洋石油这艘航船奋勇前进的两个强大的推进器。海油文化是公司在艰苦创业、对外开放、高速高效发展过程中积淀的宝贵精神财富，为战略实施提供坚实的文化支撑力和驱动力。近年来，中国海油开启中国特色国际一流能源公司建设，坚定贯彻党中央、国务院的重大决策部署以及“四个革命、一个合作”能源安全战略，以能源报国为己任，大力弘扬石油精神和新时代海油精神，不断加强企业文化建设，夯实公司发展的思想基础，为公司高质量发展和实现中国特色国际一流能源公司目标提供坚强思想保证和强大精神力量。

第一节

突出理论武装，筑牢思想建设主阵地

中国海油充分发挥宣传思想工作的引领作用，紧密围绕生产经营中心工作，以“跻身央企第一阵营”为目标，发扬“钉钉子”的精神狠抓重点工作，扎实履行“举旗帜、聚民心、育新人、兴文化、展形象”使命任务，为公司高质量发展提供坚强思想保证、凝聚强大精神力量、营造良好舆论氛围。

一 推动新时代党的创新理论武装走深走实

党的十八大以来，以习近平同志为核心的党中央高度重视思想建党、理论强党，习近平总书记在多个场合深刻阐述了理论武装的重要意义，指出“只有理论上清醒才能有政治上清醒，只有理论上坚定才能有政治上坚定”。中国海油坚持用习近平新时代中国特色社会主义思想武装头脑，与时俱进创新思路、改进方法、完善制度，多渠道并举推动理论武装走深、走实、走心。

（一）提高政治站位，及时跟进学，增强学习时代性

集团党组全面落实主体责任，以上率下，以学为先，紧跟理论热点、主题教育重点和战略焦点学深学透、把握精髓，在跟进学好党的创新理论中强根铸魂、举旗定向。

及时跟进学习最新理论。坚持理论创新每前进一步、理论武装就跟进一步，把学习贯彻习近平新时代中国特色社会主义思想作为学习主线，年度计划围绕这一主线，“第一议题”紧随这一主线，专题学习突出这一主线。一是全面落实“第一议题”学习机制。建立党组会议“第一议题”常态化学习机制、党员干部教育培训“第一堂课”机制，把传达学习习近平总书记最新重要讲话、重要指示批示精神、重要理论文章，以及党中央召开新的重要会议、出台新的重要文件作为党组会议的“第一议题”、干部教育培训的“第一堂课”，确保习近平总

书记重要讲话和指示批示精神在中国海油第一时间学习贯彻，将“两个维护”的政治忠诚落实到坚决贯彻落实习近平总书记重要指示批示精神和党中央重大决策部署上，推动学习往深里走、往实里走。二是扎实组织党组（党委）理论学习中心组学习。制定印发并严格执行《中国海洋石油集团有限公司党组（党委）理论学习中心组学习实施办法》，明确学习内容、形式、职责、管理和考核等要求，推动各级党组织理论学习中心组学习更加规范。采取集体研讨与个人自学相结合的方式，深入学习贯彻习近平新时代中国特色社会主义思想，跟进学习、深入贯彻落实习近平总书记最新重要讲话精神和重要指示批示精神，提高政治站位，强化思想认识，把党的创新理论转化为推进海洋石油事业各项工作的实践力量。每月至少组织一次集体学习和研讨，推动学习走深走实。三是持续提升学习质效。在学习中准确把握习近平新时代中国特色社会主义思想所蕴含的马克思主义立场观点方法，深入领会总书记重要指示批示精神和关于国有企业党的建设和改革发展的重要论述，反复学习习近平总书记关于建设海洋强国、加快深海油气资源勘探开发的重要指示精神和习近平总书记连线“深海一号”重要指示精神，不断提高政治判断力、政治领悟力、政治执行力，自觉做坚持真理、坚守理想的坚定信仰者、忠实实践者，努力把中国海油打造成为学习践行习近平新时代中国特色社会主义思想的重要阵地。

及时跟进党史学习教育。第一时间学习，第一时间部署，第一行动落实，把党史学习教育和“四史”宣传教育作为重大政治任务，围绕深入学习习近平总书记“七一”重要讲话精神，习近平总书记在福建、青海、西藏、陕西榆林等地考察时重要讲话精神等重点学习内容，举办专题报告会和专题读书班，党组书记讲授“学党史 守初心 担使命”专题党课，在“海学网”开设“党课开讲啦”所属单位负责人优秀课程展播，专题宣讲覆盖全系统处级及以上领导干部共计15400余人次，参加线上学习超过16万人次，引导党员干部员工学党史、悟思想、办实事、开新局，从百年党史中汲取奋进伟力，努力书写无愧于时代、无愧于人民、无愧于历史的海油新篇章。

及时跟进党和国家战略。坚持把党和国家战略作为企业发展的“风向标”，通过集体学习、自学和调研等多种手段，深入学习党的十九届历次全会精神，广泛学习经济、政治、法治、科技等重大领域国家战略，聚焦学习“重温总书记全国国有企业党的建设工作会议重要讲话精神”“深化国有企业改革”“碳达峰、碳中和目标战略”“打造原创技术策源地和现代产业链链长”等国资央企重点专题，在持续跟进对标对表学习中明确战略方位，在深刻融入国家经济发展大局中明确战略愿景，在准确判断行业发展态势中确定战略路径，牢记在经济领域为党工作的责任使命，坚持“1534”总体发展思路不动摇，为集团高质量发展奠定坚实的思想理论基础。

（二）创新学习机制，带头示范学，增强学习引领力

集团党组以创新学习机制为抓手，在高处引领、在实处着力、向深处推进，在全系统形成以上率下、以点带面的学习格局，勤学善学、学思践悟的良好导向。

带头示范，推动上下学思并进。“请进来”与“走出去”相结合，对于重要精神、重大主题，坚持邀请中央党史和文献研究院、中央政策研究室、中国人民大学等外部权威专家作专题辅导报告，促进准确理解、系统掌握理论精髓。在“请进来”的同时，积极“走出去”开展现场教学，先后集体前往香山革命纪念馆和中国共产党历史展览馆现场参观，从中体悟先辈的革命精神和人民情怀。“读书班”与“云课堂”相结合，举办党史学习教育、党的十九届五中全会精神和党的十九届六中全会精神读书班，精心编排读书班实施方案，采取个人自学、专家辅导、集体研讨等方式进行系统学习确保融会贯通，在海学网设置学习专区面向全系统开放促学，确保学习全覆盖。“重研讨”与“勤思考”相结合，坚持结合企业改革发展难点热点问题开展集中学习研讨，每期拟定重点发言人，形成“分题到人、事先准备、重点发言、大家补充”的研讨学习方法。同时认真开展自学，利用党报党刊、专题党课、专业会议等及时发布学习成果。集团党组率先垂范，带头撰写学习体会，先后在《人民日报》《学习时报》等国内重要党报党刊上发表理论文章30余篇，有效带动集团上下深学细研党的创新理论。

带头示范，推动上下同频共振。做精“上下联学”，在重大专题学习前提前向所属单位党组织释放党组学习主题，学习后及时将党组学习成果与所属单位分享，并在《中国海洋石油报》推出专版刊发党组学习报道和所属单位党委学习心得体会，为进一步统一思想、拓宽学习广度和深度开辟新途径。做深“上下研学”，坚持把理论学习与专题调研结合起来，党组书记带头深入基层调研，

其他党组成员根据分管业务领域赴基层调研、征求意见、查摆问题，坚持在学习中“把脉”，在研讨中“开方”，在调研中“问诊”，确保学习与贯彻中央部署“对上号”，与研究解决问题“接上头”，与促进改革发展“连成线”，提升学习实效。做新“上下同学”，发挥《中国海洋石油报》、微信公众号、微博、海油党建平台及全集团1000余块多媒体终端等宣传阵地作用，充分展示党组理论学习和实践转化的丰硕成果，以“关键少数”带动引领“绝大多数”，在全系统营造良好学习氛围。

带头示范，推动上下考督并举。建好四个考核机制，将所属各级党委中心组学习纳入党组（党委）重要议事日程、纳入党建工作领导小组季度例会重点报告事项、纳入党建工作责任制考核、纳入意识形态工作责任制，重点监管，不断完善理论学习的刚性约束机制，确保任务落实。创新开展常态化学习督导，出台《关于建立党委理论学习中心组学习情况督导调研常态化工作机制的通知》，成立四个督导组对18家单位开展督导，重点围绕学习主题是否聚焦、学习形式是否合理、思考感悟是否深入、结合实际是否紧密、工作措施是否扎实、学习管理是否规范、制度执行是否有力七个方面指导督导，推动理论学习与实际工作相结合，全力推进党委中心组理论学习制度化、规范化。

（三）促进学用贯通，联系实际学，加强学习成果转化

集团党组坚持在学习中寻找答案，在学习中破解难题，真正把学习成果转化为公司高质量发展的生动实践，向建成中国特色国际一流能源公司迈出更为坚实的步伐。

将学习成果转化为“两个确立”的高度自觉。通过学习，党组深刻领会“两个确立”这一党的十八大以来最重要政治成果的决定性意义，用习近平新时代中国特色社会主义思想统一认识、统一意志、统一行动，用习近平总书记关于国有企业改革发展和党的建设的重要论述统领集团公司各项工作，牢记习近平总书记关于建设海洋强国、加快深海油气资源勘探开发和连线“深海一号”的殷殷嘱托，真正把“两个确立”转化为践行“两个维护”的思想自觉、政治自觉、行动自觉，转化为对马克思主义的忠诚信仰，对中国特色社会主义和共产主义的坚定信念，对中华民族伟大复兴的坚强信心，确保海洋石油各项事业始终沿着习近平总书记指引的方向坚定前行。

将学习成果转化为“人民至上”的赤子情怀。通过学习，党组坚持宗旨使命、厚植为民情怀、强化责任担当、突出优势特色，把握社会民生和职工群众“两个维度”——办好社会民生3项“头等大事”，持续做好天然气安全稳定供应，做好脱贫攻坚成果同乡村振兴有效衔接，全力确保完成全年油气生产目标任务；办好职工群众10件“心头难事”，将基层一线员工技能培训难、海上平台网络信号覆盖弱、出海补贴标准不合理、单身职工住宿难、海外员工后顾之忧等职工群众的急事、难事、烦心事重点挂图督办，务求实效；办好所属单位204件“暖心事”，真正将职工群众所思所想所盼落到实处，把党史学习教育成效转化为推动工作的强大动力，不断提升广大职工群众的获得感、幸福感、安全感。

将学习成果转化为“历史主动”的政治担当。通过学习，党组积极发扬党的历史主动精神，自觉定位历史责任，将学习成果转化为“将能源的饭碗牢牢端在手中”的历史担当，转化为主动谋划实施“三大工程”和“一个行动”的具体举措，实施增储上产攻坚工程、科技创新强基工程、绿色发展跨越工程和提质增效升级行动，着力推动油气保供能力“再增强”、关键核心技术攻关“再加劲”、绿色能源转型“再提速”、企业经营效益“再攀高”。2021年，中国海油油气产量再创历史新高，原油产量同比增长322万吨，占全国原油总增量约80%，全年实现营业收入、利润总额、净利润均创同期历史最好水平，坚定不移发挥保障油气安全主力军作用，以昂扬奋发的精神谱写能源报国新篇章。

二 形势任务教育与生产经营深度融合

习近平总书记指出，做好新形势下宣传思想工作，必须自觉承担起举旗帜、聚民心、育新人、兴文化、展形象的使命任务。形势任务教育是党的宣传工作的重要内容，中国海油党组始终高度重视形势任务教育的重要意义，注重发挥其重要作用。特别是当前世界正经历百年未有之大变局，国际国内政治经济形势发生了深刻变化，世界能源行业接连出现革命性、历史性变革，中国海油作为旨在保障国家能源安全的中央企业，面临着复杂的形势和艰巨任务。为此，中国海油做到“三个突出”“三个全覆盖”“三个增强”，将形势任务教育打造成为生产经营和改革发展的关键环节，讲实情、说实话、出实招、求实效，取得了良好效果。

（一）“三个突出”，找准使命担当“主旋律”

近年来，中国海油始终坚持把习近平新时代中国特色社会主义思想作为形势任务教育的根本指引贯穿企业发展的全过程，确保公司在面对国际油价暴跌、新冠肺炎疫情暴发等各种复杂局面时，保持坚定的战略定力。

突出思想引领。形势任务教育紧扣习近平总书记对国有企业、能源行业、石油企业的重要指示批示精神，把总书记“四个革命、一个合作”的能源发展新战略，关于国内油气增储上产、天然气产供储销体系建设的批示精神讲透讲清，把总书记关于“大力弘扬石油精神”的指示贯彻落实到位，使广大干部员工在形势任务教育中进一步增强“四个意识”、坚定“四个自信”、做到“两个维护”。

突出政治担当。立足于党和国家事业的全局，中国海油始终把中央企业的担当和石油企业能源报国的责任摆在形势任务教育的突出地位。党中央提出“六稳”“六保”新任务后，中国海油把“六稳”“六保”工作作为形势任务教育的重点，特别是把“保粮食能源安全”这一点讲清讲透，让广大员工深刻体会到党中央在关键时期把能源安全摆到和粮食安全同等重要地位的深远意义和充分信任，切实增强广大干部员工的使命感和责任感。中国海油在各级形势任务教育中始终强调，即使油价下跌，投资减少，实现国内油气产量的目标也不能打折扣，保障国家能源安全的责任也不能打折扣。

突出使命任务。立足于中央企业“压舱石”“顶梁柱”的作用，中国海油始终紧扣“中国特色国际一流能源公司”这个目标。受新冠肺炎疫情和国际油价暴跌的影响，中国海油2020年一季度利润曾出现较大幅度下跌，在随后的形势任务教育中，中国海油通过历年利润指标排名和当前排名的对比，着重突出一种观念：公司利润指标始终在国资委系统内名列前茅，是国民经济增长的稳定器，不管遇到什么困难，决不能拖后腿。这一观念得到了广大干部员工的认同，激励广大干部员工不惧挑战，迎难而上。

（二）“三个全覆盖”，画好统筹全局“五线谱”

中国海油在形势任务教育的工作计划和总体部署上力求做到“顶格设计”，坚持高规格、高密度、高质量、高效用。

党组领导带头，层层动员，实现各层级党组织全覆盖。面对新冠肺炎疫情冲击和全球经济下行压力，集团党组第一时间研究部署应对措施，党组书记、董事长汪东进同志第一时间面向全系统开展形势任务宣讲，其他党组成员结合分工深入基层开展宣讲，各所属单位党委书记、党支部书记、党小组组长跟进宣讲，坚决杜绝“上下一般粗”，把公司整体形势任务目标分解到每个单位、每个部门，切实做到了层层推进、层层分解，真正做到了“千斤重担人人挑、人人肩上有指标”。与此同时，集团公司党组迅速下发《关于新形势下进一步开展形势任务教育的通知》，党组宣传部牵头多部门统一组织协调，成立联合指导组，下沉到基层二三级单位，指导形势任务教育的具体内容，倾听基层员工的反映，评估考察实际效果。

紧跟中央要求，层层推进，实现全年闭环的时间全覆盖。针对国际国内政治经济形势和能源行业的变局，按照中央要求和国资委党委部署，中国海油紧扣最新形势并及时调整宣讲内容。集团公司通过下发宣讲提纲、组织开展覆盖全系统的答题活动，以贯彻集团公司工作会议精神、力争实现历史最佳业绩为主题，开展形势任务教育，重点是常规的总体形势任务宣贯。针对新冠肺炎疫情暴发和油价断崖式下跌情况，集团公司通过视频会议等形式开展应对新冠肺炎疫情和低油价的形势任务教育，聚焦防疫抗疫复工复产以及应对低油价挑战，重点是公司面临的困难和具体应对的措施。遵照党中央和国资委党委提出的“六稳”“六保”目标和具体工作部署，集团公司开展“六稳”“六保”形势任务教育，重点内容是作为中央企业如何更好承担责任。形势任务教育开展做到从时间上贯穿全年，从内容上层层深入，做到年初有计划、工作中实时调整、过程中分阶段督导、随时开展评估考核。

内外交互联动，层层深入，实现沉浸式的空间全覆盖。注重不断延伸形势任务教育的内涵和外延，与宣传工作、党政工团工作有机结合，中国海油从内外部新闻报道到办公场所环境，配合形势任务教育内容，营造全面沉浸式的氛围环境。通过在线知识答题、“金点子”征集、“应对低油价大讨论”、党员立功立项承诺书等多种形式扩大形势任务教育的效果和影响。通过设计制作形势任务手绘漫画海报、推进多媒体信息发布系统视频进车间进一线等多种手段，加强视觉听觉环境建设，巩固形势任务教育效果。在形势任务教育过程中重点加大渤中19-6、垦利6-1、“深海一号”等大中型油气田开发成果的宣讲力度，不断激发广大干部员工“碧海丹心，能源报国”的积极性和主动性。

（三）“三个增强”，组织全员参与“大合唱”

中国海油着力把形势任务教育打造成宣传思想工作与生产经营深度有效融合的关键一环，坚持把工作做实做细，组织各级党组织书记深入基层开展宣讲，深刻讲清“三大工程”和“一个行动”的重大意义和目标内涵，坚持把员工“怎么看”“怎么想”和“怎么干”问题作为工作中的出发点，坚持通过启发式、引导式的形势任务教育方法，使广大干部员工真正理解认同对形势的研判和对任务的部署。

坚持结果导向，用行动效果说话，增强广大员工的紧迫感。形势任务教育最容易走入的误区就是过于“务虚”，中国海油坚持把这项工作的“虚功”做实。在应对低油价挑战的形势任务教育过程中，集团公司出台了一系列关于应对低油价的竞争激励性和负向约束性措施，对实现超额利润、超额产量（或其他业务量）的单位进行奖励，对不能完成年度效益、产量指标的单位进行处罚，集团党组成员、各单位各部门领导在宣讲中详细介绍了相关政策的实施细则。在形势任务教育中大力宣传集团公司出台的作风建设“七不准”要求，大力推行“严实快新”的工作作风，确保形势任务教育和政策激励、工作部署同步推进，真正让广大干部员工深刻意识到压力和动力。

坚持问题导向，针对关键问题说话，增强广大员工的方向感。各单位各部门在形势任务教育过程中坚持刀刃向内，自我革命，从深入分析自身问题入手，坚持一行一策、一企一策，敢于揭丑亮短，毫不遮掩。在低油价的环境下，各业务板块纷纷将问题展示出来，将短板展示出来，进行全面深入分析，并在一定范围公开讲出来，通过“红脸出汗”让干部员工切实感受到压力，并再通过“建言献策”让干部员工更加明确下一步改进和拼搏奋斗的方向。

坚持目标导向，引导员工自己说话，增强广大员工的责任感。在部署全系统形势任务教育时，中国海油特别强调要充分发挥每一名员工的作用，让每一名员工不但当好听众，而且还要结合自己岗位当好讲师。结合党支部“三会一课”、基层班组会等形式，明确各级干部肩上背负什么样的责任，每个岗位要完成什么样的任务，每名员工要贡献什么样的力量。这种“变被动为主动”的教育方式，促进了广大干部员工立足岗位想对策、出实招，从而使形势任务教育有力地转化为具体的行动，取得实效。对于基层的建言献策，集团公司大力组织展开二次宣传，启发各条战线的海油员工比学赶超，反响热烈，来自基层的意见、建议应用到生产实际中并产生了良好效果。

三 筑牢意识形态工作前沿阵地

中国海油党组坚持以习近平新时代中国特色社会主义思想为指导，深入学习领会习近平总书记关于意识形态工作的重要论述以及党的十九届历次全会精神，始终牢记“两个确立”，坚决做到“两个维护”，自觉向以习近平同志为核心的党中央看齐，坚持和巩固党对意识形态工作的领导，认真贯彻落实党中央关于意识形态工作的决策部署，“紧扣三个纳入”“运行好三个机制”“严抓三个关键点”，把意识形态工作作为政治优势常抓不懈，推动公司发展实现新突破。

（一）“紧扣三个纳入”，坚持党对意识形态工作的领导权和话语权

纳入重要议事日程。将意识形态工作与党的建设紧密结合，一同部署、一同落实、一同检查、一同考核。集团党组压紧压实主体责任，推动意识形态工作落地、落细、落实，切实做到守土有责、守土负责、守土尽责。党组书记带头抓意识形态工作，定期听取意识形态工作汇报，分析研判形势，重要工作亲自部署、重要问题亲自过问、重大事件亲自处置，推动工作开展。党组成员按照工作分工，把意识形态工作融入业务工作和日常管理中，主动落实“一岗双责”，抓好分管部门的意识形态工作。

纳入党建工作责任制。把意识形态工作作为首要任务，纳入党建工作计划，并且及时进行督查。党委（党组）理论学习中心组将意识形态相关理论学习作为首要学习内容来统一安排，认真学习贯彻党中央、国资委党委关于意识形态工作的决策部署及指示精神，牢固树立“四个意识”，严守政治纪律和政治规矩，坚决维护党中央权威，在思想上政治上行动上同以习近平同志为核心的党中央保持高度一致。

纳入领导班子目标管理。把意识形态工作作为党的建设、领导班子建设和干部队伍建设的重要内容，科学设定考核指标，与综合考评、经营业绩考核相衔接，与领导人员薪酬、任免、评先选优、奖惩挂钩，实现所属单位党委向集团党组报告年度党建工作、党委书记抓党建述职评议考核、党委委员履行“一

岗双责”抓党建工作制度“三项制度”意识形态责任制全覆盖，以硬约束推动责任落实。

（二）“运行好三个机制”，推动意识形态工作落地落实落细

运行好意识形态工作机制。一是完善集团党组统一领导、党政齐抓共管、宣传部门组织协调、有关部门分工负责、全系统共同参与的意识形态工作大格局，充分发挥各部门职能作用，工会、共青团等群团组织充分发挥联系职工群众的桥梁和纽带作用。二是建立健全制度。制定下发《中国海油党组（党委）YSXT管理办法》《中国海油党组（党委）网络YSXT工作责任制实施细则》《中国海油贯彻落实关于加强WLWM建设的意见的实施办法》等制度文件，明确党组、各级党组织、各级党建宣传思想工作部门的责任，明确监督考核和责任追究要求，确保牢牢把握意识形态工作的领导权。三是严格监督检查。把意识形态工作责任制落实情况作为党组织书记工作述职考核评议的重要内容，作为党组（党委）班子成员民主生活会和述职报告的内容进行考核，组织开展意识形态专项检查，确保落实到位。

运行好人才培养机制。持续加强队伍建设，提升意识形态工作战斗力。一是牢牢抓住“关键少数”重点培训。举办党组直管干部政治能力提升培训班，不断增强党组直管干部的政治敏锐性和政治鉴别力。二是大力开展“宣传骨干”系统培训。举办“四力大讲堂”，邀请政府机关、主流媒体专家授课，推动宣传思想工作人员不断掌握新知识、熟悉新领域、开拓新视野。三是积极组织“新闻宣传”实操培训。通过线上学习、课程直播、实时指导等方式，对系统内2000多名宣传骨干进行培训。通过加强意识形态工作培训，努力建设一支政治强、业务精、作风正、纪律严的意识形态工作队伍。

运行好舆论引导机制。重视舆论引导工作，在舆情处置过程中牢牢把握话语权、赢得主动权。编制舆情预案、口径库，抓好舆情监测、研判与管控，持续提升舆情处置能力。加强网络评论员队伍建设，对重大网络舆情中的倾向性苗头性问题，及时开展网上评论引导。与中宣部、国资委宣传局等上级新闻主管部门，《人民日报》、中央电视台、新华社等中央主流媒体，集团总部职能部门建立沟通协调机制，为舆情管控创造有利条件。举办新闻发言人培训班，开展突发事件新闻发布演练，提升各单位新闻发言人媒介素养和舆情处置能力。

（三）"严抓三个关键点"，营造风清气正发展环境

严抓意识形态阵地建设。加强公司网站、新媒体建设管理，严格履行审批备案程序，扎实开展政务新媒体清理整顿内容运营违规外包和规范宣传报道秩序专项工作，进一步增强责任意识、安全意识，全面提升网站、新媒体权威发布和舆论引导工作效能。推动OA系统宣传阵地管理模块上线，厘清现有台账，清理僵尸系统，规范准入制度，强化信息发布，实现对全系统意识形态阵地的规范管理。推动多媒体发布系统项目成功实施，打通宣传落地"最后一公里"。规范微信工作群管理，依托海油移动云等内部通信软件，逐步清理与工作有关的微信群。

严抓新媒体宣传报道秩序。牢牢把握意识形态工作的管理权、话语权和主动权。按照"谁主管、谁审批，谁发布、谁负责"的原则对发布内容进行严格审核。严格信息发布管理，定期组织开展隐患排查，保障重大时间节点无负面网络舆情，准确掌握舆情动态，及时做好解读、答疑工作，避免引发网上负面舆情。

严抓重保期间意识形态防范。制定下发《关于做好庆祝中国共产党成立100周年WLYSXT工作的通知》，督促指导各单位在重保期间加大安全防范力度，对各级网站和新媒体实行分级分类管理，确保意识形态工作平稳有序进行。密切关注"两会"、建党100周年、党的十九届六中全会等重要时间节点员工的思想动态，持续加强警示教育，筑牢精神堤坝。

第二节

构建了"碧海丹心，能源报国"文化体系

海油文化是公司在艰苦创业、对外开放、高速高效发展过程中积淀的宝贵精神财富，为战略实施提供了坚实的文化支撑力和驱动力。经过三十多年生产

经营管理实践的反复历练，中国海油形成了深厚的文化自觉和文化自信，员工精神风貌健康向上，对企业有较高的认同感、归属感；企业环境风清气正，文化软实力日益增强。

一　文化体系建设守正固本、与时俱进

中国海油自1982年成立以来，伴改革开放而兴，从小到大、从弱到强，通过几代海油人的努力，不但实现了自身的跨越式发展，还为国家和民族作出了突出贡献。在此发展过程中，形成了中国海油特色文化和优良传统。

艰苦创业时期（1956—1977年），以石油工业传统文化为基础，弘扬“三老四严”“苦干实干”的大庆精神、铁人精神；对外合作时期（1978—1992年），在经历了中西文化的交汇、碰撞、融合后，形成了海油文化特色的“三信精神”“合作理念”“双赢理念”；跨越发展时期（1993—2012年），以建成“海上大庆油田”为标志，实现四大跨越，形成了具有“敢闯新路、勇担责任、善于学习、包容创新”特征的精神风貌和“拼搏、创新、务实、奉献”的海油劳模精神；高质量发展时期（2013年至今），以习近平新时代中国特色社会主义思想为指导，践行社会主义核心价值观，坚定文化自信，传承弘扬石油工业文化传统，融入新发展理念，形成以“碧海丹心，能源报国”为核心的文化体系。

“碧海”是中国海油的文化渊源。中国海油已完成全产业链的重要跨越，始终铭记何处出发。莺歌海的油气苗开启了海油人“战风斗浪，与海共舞”的创业史诗，深耕蓝海，专注于海洋能源的勘探、开发、应用；远征海外，积极响应“一带一路”倡议，拓展海外合作，致力国际化经营；以海为师，海纳百川的胸怀培养出开放包容的文化气质。“丹心”是海油文化的精神内核。中国海油始终坚持以习近平新时代中国特色社会主义思想为指导，坚持中国共产党的领导，肩负能源央企“我为祖国献石油”“在经济领域为党工作”的崇高使命，为国家创造财富，为人民创造幸福。

“能源报国”是中国海油的历史使命。“我为祖国献石油”的拳拳报国情孕育了海油人，中国海油也始终铭记“为祖国加油，为民族争气”。在近40年的发展历程中，面临一次次危机与考验，中国海油用实际行动证明了自己不变的誓言。迈入关键时期，中国海油将坚定不移做能源报国者，做“四个革命、一

个合作”践行者，全力以赴保障国内能源安全。

（一）企业精神：“爱国、担当、奋斗、创新”的海油精神

“爱国”——“为祖国加油、为民族争气”是海油人的精神核心。爱党：永远跟党走，一切听党指挥，在经济领域为党工作。爱祖国：保障国家能源安全，助力海洋强国、“一带一路”建设。爱人民：贡献清洁能源，守护碧海蓝天，建设中国特色国际一流能源公司。

“担当”——“功成不必在我，功成必定有我”是海油人的精神品格。要有担当魄力：勇挑重担，不讲条件，坚定执行。要有担当能力：提升素质，苦练本领，能打胜仗。要有担当定力：咬定目标，行稳致远，永不放弃。

“奋斗”——“战风斗浪，与海共舞”是海油人的拼搏写照。顽强拼搏：无畏艰险，自强不息，做攻坚克难的创业者。苦干实干：爱岗敬业，求真务实，做脚踏实地的老黄牛。精益求精：不计名利，潜心钻研，做永争第一的工匠人。

“创新”——“敢为天下先”是海油人的特色基因。追求卓越：不甘平庸，志存高远，争当弄潮儿，勇做排头兵。解放思想：打破常规，敢想敢干，推进企业高质量发展。自我革命：持续深化改革，推动全面创新，打造创新生态。

（二）企业使命：我为祖国献石油，在经济领域为党工作

“我为祖国献石油”是石油行业的优良传统。在过去40年的发展中，海油人传承和诠释了“苦干实干”“三老四严”的石油精神，进一步丰富和拓展了“我为祖国献石油”的精神内涵。进入新时代，“我为祖国献石油”有了更高的标准和要求，中国海油将努力提供更加清洁安全高效的能源供给，为保障国家能源安全、建设现代化能源体系作出更大贡献。

“在经济领域为党工作”是中央企业的本职担当。身处掌握国民经济重要命脉的关键领域，中国海油将以对党、国家和人民的赤诚之心自觉肩负起在经济领域为党工作的责任，坚决落实“四个全面”的战略部署，成为讲政治守规矩、按市场规律办事的中央企业排头兵，为促进国民经济持续健康发展、全面建成小康社会、实现“两个一百年”奋斗目标作出更大贡献。

（三）企业愿景：建设中国特色国际一流能源公司

“中国特色”是根本依据。中国海油是中国共产党领导下的国有企业，必须始终坚持党对国有企业的领导，坚持“在经济领域为党工作”，坚持为人民服务的根本宗旨，认真履行好党和人民赋予的责任和使命。“国际一流”是鲜明特征。要始终对标国际先进同行，着力加强核心能力建设，打造一流的科技能力、管理能力和市场经营能力，实现一流的经营业绩，培养一流的人才队伍，培育一流的公司品牌，不断把企业做强做优做大，力争早日进入全球石油公司第一阵营。“能源公司”是本质属性。为适应能源转型趋势和社会需求的变化，中国海油的业务边界不断拓展，但本质属性不会发生改变，即努力追求成为一家致力于提供高品质综合能源产品与服务的公司，遵循市场规律，在市场竞争中不断发展壮大，成为国际市场中的竞争主体。

（四）企业方略：总体发展思路“1534”

“1534”是指：一个目标、五个战略、三个作用、四个跨越。“一个目标”是建设中国特色国际一流能源公司。“五个战略”是创新驱动、国际化发展、绿色低碳、市场引领、人才兴企。“三个作用”是中国海油要争做推进关键技术攻关的先锋队，争做油气上产的主力军，争做国民经济持续健康发展的“稳定器”“压舱石”。“四个跨越”一是要扩大发展领域，实现从常规油气向非常规油气的跨越；二是要顺应发展趋势，实现从传统油气向新能源的跨越；三是要拓展发展空间，实现从海上向陆上的跨越；四是要变革发展模式，实现从传统管理模式向现代化、数字化、智能化的跨越。

围绕“1534”总体发展思路，中国海油大力实施“三大工程”“一个行动”，全力建设“四个中心”，勇当海洋强国排头兵。“三大工程”，即聚焦保障国家能源安全重大政治责任，实施增储上产攻坚工程，着力推动油气保供能力“再增强”；聚焦实现高水平科技自立自强，实施科技创新强基工程，着力推动关键核心技术攻关“再加劲”；聚焦践行“双碳”目标要求，实施绿色发展跨越工程，着力推动绿色能源转型“再提速”。“一个行动”，即聚焦落实国民经济稳增长工作要求，实施提质增效升级行动，着力推动企业经营效益“再攀高”。“四个中心”，即全力建成油气资源供给保障中心、海洋工程技术研发中心、海洋装备设计建造中心、人本理念践行示范中心。

（五）企业作风：严、实、快、新

“严”就是要把自我要求调整到最严，严格遵守工作纪律，严格执行各项制度，严格履行岗位职责；“实”就是要察实情、讲实话、出实招、办实事，注重结果，彻底扫除形式主义之风；“快”就是要强化效率意识，做任何事都要有效进行时间管理，把握进度、加快节奏、提高效率；“新”就是要开拓创新，遇到困难不能只想“等、靠、要”，要不断寻求新的思路和方法，使执行的力度更大、速度更快、效果更好。

（六）企业标识

中国海油的标志以“CNOOC”为基本设计元素设计而成（图9-1），蓝色外圈和波纹象征着海洋，“CNOOC”的红色图案有海上钻井平台托举着一轮朝阳的意象，寓意着中国海洋石油事业欣欣向荣；标识中的“圆”与中国文化息息相关，寓意着圆满、成就和美好；呈现波纹状流动的“水”的图案，寓意能够适应任何环境、克服任何困难，充满灵动的智慧，既有海洋的远大追求，又有滋润万物的企业关怀；大写字母“N”的变形给人以强烈的向上动感，象征自强不息、奋斗进取。标识传达了海油人艰苦创业、战风斗浪、越是艰险越向前的顽强斗志；善于将风浪转化为前进动力的智慧；由海上向陆地、从国内到国际，从未停止追求卓越的信心；开放包容、协作双赢、共创未来的心态。

图9-1 中国海油企业标识

二 典型选树百花齐放、凝心聚力

善于发现典型，培养典型，运用典型，用先进典型引路和发挥示范作用，是开展宣传思想工作的重要途径，历来是我们党重要的工作方法和政治优势。党的十八大以来，习近平总书记多次在重要的公开场合强调向先进典型、道德模范学习。一直以来，中国海油始终坚持将典型选树作为加强企业文化建设的重要手段，坚持以习近平中国特色社会主义思想为引领，扎实推进典型选树宣传工作，做好正向舆论引导。

自1986年起，中国海油以选树海洋石油工业劳动模范为抓手，大力发挥先进典型的示范、激励、引领作用。中国海油始终坚持面向基层、面向群众，不断构建先进典型评选推荐、学习宣传、激励帮扶等制度机制。2020年，中国海油在进一步总结经验的基础上，参照中宣部“时代楷模”和国资委“央企楷模”评选，启动了“海油楷模”“最美海油人”年度评选活动，即自2020年起，每年在全系统选树3~5个先进集体作为“海油楷模”、3~5名先进个人作为“最美海油人”进行表彰。每年10月组织开展评选，11月提交党组审议，次年年初集团公司工作会议期间进行表彰，3~5月组织宣传材料，6~9月开展全系统巡讲，形成“评选+表彰+宣传巡讲”的年度工作闭环。2021年1月19日，在中国海油2021年工作会议上，首届“海油楷模”和“最美海油人”获得表彰。有限天津辽东作业公司、有限深圳流花16-2油田群开发及投产项目团队、气电集团技术研发中心工程应用技术研究所荣获“海油楷模”荣誉称号，白登文、尚捷、刘克建荣获“最美海油人”荣誉称号（图9-2）。

积极挖掘身边典型人物、典型故事，推荐人选参评全国劳动模范、全国五一劳动奖章、全国技术能手、中央企业劳动模范等荣誉。2020年，白登文作为“全国抗击新冠肺炎疫情先进个人”和“全国优秀共产党员”在人民大会堂接受表彰（图9-3）；“海上铁人”郝振山荣获新中国“最美奋斗者”荣誉称号（图9-4）。2021年，“深海一号”勘探开发项目组荣获“央企楷模”称号，这是中国海油首次获得“央企楷模”荣誉称号（图9-5）。2021年，侯静荣获“全国三八红旗手”称号。

图9-2　中国海油党组书记、董事长汪东进为“海油楷模”“最美海油人”颁奖

图9-3　白登文在北京人民大会堂接受“全国抗击新冠肺炎疫情先进个人”和“全国优秀共产党员”表彰

图9-4 “最美奋斗者、全国劳动模范、全国政协委员、海上铁人”郝振山

图9-5 “深海一号”勘探开发项目组荣获“央企楷模”称号

一花引来百花开。在先进典型的感召下，在身边人身边事的影响下，“碧海丹心，能源报国”价值体系深入人心，为中国海油高质量发展凝聚了磅礴力量。

三 文化宣传活动出精品、树品牌

（一）做优典型宣讲报告会，推动企业文化落地生花

宣讲报告会是典型宣传工作有形化的有效方法。中国海油宣传工作部聚焦服务生产经营重点任务、聚焦企业文化宣传，深度挖掘、宣传海洋石油系统先进典型，坚持讲好身边人、身边事，始终将唱响主旋律、弘扬正能量、引导价值观作为根本方针。自2014年以来先后开展了“最美一线海油人”“不忘初心，牢记使命”“见证初心，能源报国”等数十次近百场典型宣讲报告会（图9-6），取得了良好反响。

图9-6 “不忘初心，牢记使命”主题报告巡讲

融入中心，释放宣传思想工作生产力。2014年，国际油价断崖式下跌，面对严峻形势，中国海油党组连续四年在全系统开展“质量效益年”活动，并将活动办公室设在宣传思想工作部门。围绕提质降本增效，开展了包括形势任务宣讲、主题报道、大讨论等在内的一系列活动。注重总结活动经验成果，培育“质量效益”文化，通过开展特色文化主题活动广泛进行传播渗透：2014年组织了“最美一线海油人”故事会巡讲，2015年组织了“质量效益年”典型案例报告会巡讲，2016年组织了“家园·梦想”主题报告会巡讲，2017年组织了“交响海油梦”主题报告会巡讲，四项活动共举办36场，覆盖海油主要业务片区，共计2.4万名干部员工现场观看。“质量效益年”活动得到了公司党组和广大干部员工的高度认可和积极参与，取得了显著成效，每年为公司创造效益都在百亿元以上，有效促进了生产经营中心任务的完成。

鼓舞人心，发挥榜样引领作用。2018年6月25日，中国海油集团公司党组追授中海石油气电集团技术研发中心工程总师屈长龙同志“中国海洋石油集团有限公司优秀共产党员”称号，并发起向屈长龙同志学习的号召。中国海油党组宣传部先后在六地举办了12场先进事迹报告会，总计近6500名观众到场观看。屈长龙同志先进事迹报告会用质朴的语言、真实的情感讲述了屈长龙在中国天然气行业作出的突出贡献，报告会所到之处，观众心共振、情相通、责共勉，许多人落下感动的泪水（图9-7）。报告会巡讲活动迅速在中国海油各条战线掀起了向屈长龙同志学习的热潮，将榜样的力量转化为干事创业的具体行动是所有到场观众共同的心声。

图9-7　观众在观看屈长龙先进事迹报告会时感动落泪

2021年9月28日，中国海油召开了“能源报国志，百年正当时”2021年度“两优一先”宣讲报告会，特别故事《大国重器，挺立深海》讲述了“深海一号”建设团队攻坚克难、不负使命挺进深海的奋斗历程，体现了海油人为保障国家能源安全、建设海洋强国的使命担当，进一步激励各级党组织和广大党员干部更好地发挥战斗堡垒作用和先锋模范作用。

凝练精神，加强文化传承与发扬。2020年1月，集团公司党组在工作会议上提出了“爱国、担当、奋斗、创新”的新时代海油精神。随后举办的“见证初心，能源报国”报告会上，以海上铁人郝振山、“蓝鲸号”船长刘克建等八名典型人物的典型事迹，生动诠释了海油精神。报告团在系统内进行了巡讲，并受中国石油大学（北京）邀请走进校园，海油故事在700余名师生心中激起波澜，反响热烈，海油精神熠熠生辉。

善用创新，开拓典型宣传新局面。“交响海油梦”宣讲会以话剧的形式，以向党的十九大献礼和弘扬石油精神为主题，讲述了10万海油人兴海强企、干事创业的动人故事。宣讲报告会在前三年“一线人到一线讲一线故事”思路的基础上，对形式进行了全面创新，采用了话剧的形式，注重情理交融，更接地气，实现了思想性与艺术性的有机融合，得到了广大干部员工乃至员工家属的高度认可。2020年，受新冠肺炎疫情影响，传统的线下巡讲活动不适宜开展。中国海油宣传工作部引入互联网变量，以变应变，将典型宣讲活动从线下变为线上，制作了“非常2020·非凡中国海油”系列视频（图9-8），展现在2020年这一

图9-8 “非常2020·非凡中国海油”视频展播

非常之年，中国海油各条战线勇挑重担、排除万难取得的突出成绩、涌现的典型故事。并通过官方微博、海学网、“国资小新”、“学习强国”等平台进行展播，满足防疫要求的同时，扩大了宣传范围，提升了宣传效能。

（二）创建海油精神（党性教育）践行示范基地，抓好文化宣传阵地建设

为深入学习贯彻习近平新时代中国特色社会主义思想，赓续红色血脉，传承大庆精神、铁人精神，大力弘扬海油精神，中国海油在全系统选取了生产经营业绩突出、企业文化特色鲜明、宣传思想工作作用发挥显著的基层单位创建海油精神（党性教育）践行示范基地。将践行示范基地作为广大党员锤炼党性、开展理想信念教育的重要平台，建设成了解公司发展、开展爱国爱企教育的生动课堂。

2021年，中国海油在全系统选取了渤海石油研究院等18家基层单位作为首批海油精神（党性教育）践行示范基地开展创建工作，并下发了《关于加强海油精神（党性教育）践行示范基地的意见》，指导各践行示范基地以“五个一”标准为原则，持续提升建设水平，求实效、出成果。“五个一”具体指：要有一套成型的文化体系，将加强党性教育功能作为践行示范基地建设的首要任务，将践行示范基地建设成为开展党史学习教育、“四史”宣传教育以及中国海洋石油工业发展史教育的重要阵地，建设成为爱国主义教育、员工思想政治教育的生动课堂；要有至少一个集团层面的重大工程、重点项目或科技攻关重点任务，并将服务生产经营作为践行示范基地建设的核心任务；要有至少一个集团公司级以上荣誉称号的先进典型，并加大宣传力度，将先进典型作为最鲜活的教材、最直观的导向，激励广大干部员工为海洋石油事业发展贡献力量；要有一批宣传文化作品，既立足于本单位特色，又适合对内文化宣传、对外形象展示；要建立一个具有浓厚文化氛围与党性氛围的展示场所，供广大党员干部员工群众开展主题教育活动。

第三节

构建具有海油特色的全媒体传播格局

在中国海油集团公司党组坚强领导下，新闻宣传工作始终顺应国家宣传大势，秉承围绕中心、服务大局理念，不断丰富传播载体，主动设置选题议题，以讲好海油故事、传播好海油声音为己任，在公司内部逐步形成“新闻宣传就是生产力”的共识和“人人都是传播者”的大宣传大舆论工作格局。

40年来，中国海油紧扣我国海洋石油工业历程和公司业务发展实际，先后策划推出了“蓝色国土”“上产5000万吨建成海上大庆”“海洋石油981开钻”“深海一号大气田投产”等一系列具有时代特点和海油特色的重大新闻宣传活动，对中国海油提升品牌价值、树立良好形象起到了积极的促进作用。

党的十八大以来，中国海油新闻宣传工作得到快速发展，实现了理论与实践“双提升”，公司新闻宣传工作成体系、成规模发展，逐步形成“线上与线下”“国内与海外”“传统媒体与新媒体”“新闻报道与内参报告”的全媒全覆盖传播模式。年度新闻宣传活动和媒体报道量持续创新高。近五年，公司围绕“建设中国特色国际一流能源公司”目标，聚焦加大国内勘探开发、打赢三大攻坚战、国有企业改革发展和科技创新驱动等中心工作，策划推出百余项重点报道活动。以《人民日报》、新华社和中央电视台为代表的主流媒体累计播发报道超5万篇，央视《新闻联播》56条，创历史新高，为公司改革发展稳定营造了良好的外部舆论环境。

一 新闻宣传主动融入国家大势和企业生产经营各个环节

中国海油始终坚持新闻宣传工作与国家大事、生产经营“同频共振、深度融合”，在贯彻落实国家重大决策部署和公司科技创新、重大工程、安全生产管理等生产经营活动中做到新闻宣传工作同部署、同推进。多年来，中国海油充分利用党的历次全国代表大会、历年全国“两会”、新中国成立70周年等重要宣传契机，推出了一系列具有影响力的主题宣传活动。

立足大局，加强宣传重点管理。公司始终将深入贯彻落实习近平新时代中国特色社会主义思想，践行“四个革命、一个合作”能源安全新战略，大力提升油气勘探开发力度、保障国家能源安全，大力弘扬石油精神，脱贫攻坚等主题宣传作为常态化宣传议题。主动寻求与国家战略的契合点，积极服务粤港澳大湾区、海南自由贸易区（港）、京津冀一体化、长三角一体化发展建设的对外宣传工作，大力提升公司新闻宣传的传播力；时刻关注能源行业动态和公司生产经营改革发展，将宣传的第一落点放在保障国家能源安全、国企改革、数字化智能化转型等方面，以此为基础进行宣传策划，始终在能源行业领域发出海洋石油工业“最强音”。

例如，在“海洋石油981”钻井平台系列宣传报道中，中国海油将该平台作为重点打造的“海油名片”，对其设计开建、完工出坞、启程南海、首次开钻、海外作业等重要时间节点予以全方位、大力度、高规格对外报道。以发现“深海一号”大气田新闻宣传为例，2014年，中国海油邀请20余家中央主流媒体赴“海洋石油981”现场采访钻获我国首个超深水自营大气田，并做深入报道，累计报道量超2400篇。其中，新华社所发通稿在该社重要栏目《今日关注》的采用量居当季度新闻排名第一，中央电视台《新闻联播》播发单条报道；人民网、新华网等推出专题页面。2015年以来，中国海油还围绕“海洋石油981”策划了一系列深水宣传活动，包括整体回顾、海外作业、深水高温高压井完钻、超深水井测试等。几年来，公司不但借助《人民日报》、新华社、中央电视台、新华网和人民网等中央主流媒体做多频次大范围主题宣传，还通过电视专题深度报道、微博（微信）平台解读、H5（第5代HTML）动态展示等“宣传组合拳”在全网范围强力出击，增加企业宣传报道的可读性、趣味性、感染力，以及受众参与度，不但让“海洋石油981”这个名字深入国人心中，还有效提升了中国海油的公众形象，弘扬国企正能量，塑造了海洋石油工业的明星品牌，使之成为国人心目中的骄傲（图9-9）。

充分整合，加强宣传资源管理。中国海油新闻宣传工作坚持内外联动，对外与中宣部、中央网信办、国务院国资委和新闻媒体保持联络；对内与公司各业务部门、所属单位及时交流沟通。在宣传策划时积极寻找新闻选题和新闻线索，提高新闻宣传的有效性和针对性。在内部，由宣传工作部牵头，联合多个业务部门适时发布重大油气田投产消息，不仅展现公司生产经营良好业绩，还

图9-9 “海洋石油981”重大节点新闻报道时间轴

是对员工鼓舞士气、提振信心的重要方式。

融合传播，加强宣传形式管理。中国海油加强传播方式和手段创新，实现了新闻宣传工作的三个转变：一是从线下到线上，将以往的媒体深入海上平台、建造场地等一线的采访活动转移到线上视频采访；二是从平面到多维，因媒制宜，考虑多种平台的不同需求及各自传播优势，发挥电视台视频报道优势、行业报深度报道优势、网络媒体时效性强优势、微博微信等新媒体话题讨论优势，形成全媒体传播矩阵；三是从面对面到云端对话，更加注重与公众的互动交流，疫情期间试水带货直播、云采访、在线演讲等新的传播手段和方式运用，拉近与老百姓的距离，让海洋石油工业走近大众。近年来，中国海油积极推动媒体融合发展，统筹好传统媒体和新兴媒体、中央媒体和地方媒体、主流媒体和商业平台、大众化媒体和专业性媒体的关系，适应分众化、差异化传播趋势，利用传统媒体和新媒体、中央媒体和地方媒体、新闻报道与新闻内参、国内宣传与海外宣传四个结合，形成差异发展、协同高效的宣传机制。

例如，在中国海油成立40周年宣传活动中，公司在做好新闻传播的同时，重点发力新媒体作品，首次与全网科普类头部大号“星球研究所”合作，共同打造庆祝中国海油成立40周年“出圈”力作《中国如何走向深海？》，在短短数小时内“刷屏”朋友圈，“引爆”油气行业。该新媒体作品围绕物探、钻井和开发三个基本流程，通过科普的语言和30多幅精美图片，从海洋油气装备角度讲述了中国海洋石油工业发展史和中国海油成立40年来取得的辉煌成就。作品发布后，仅用时3.5小时阅读量便超10万次，《人民日报》客户端、新华社客户端、“国资小新”“共青团中央”等多个新闻客户端和公众号先后转载发布。截至2022年5月，累计阅读量超350万次、点赞量超7000次、转载量超4万次，为庆祝中国海油成立40周年营造了良好的舆论氛围，也为海洋石油工业全民科普提供了新思路。

统筹全局，加强宣传节奏管理。中国海油注重在宏观上把握宣传节奏，综合衡量宣传的时机和节奏，致力于提升新闻宣传的影响力和引导力。公司在策划宣传报道时，注意平均发力，让单位时间内的各个宣传项目不会过于集中或分散，宣传工作贯穿全年，保持良好的宣传节奏和宣传热度，从而掀起一个个传播热点和宣传高潮。而对于每一个重点宣传项目，则划分不同阶段实施运作，按照预热报道、正式报道和后续报道的层次，在进行整体策划时即明确各个阶段的释放时间点及内容侧重点，提升整个宣传项目的关注度和影响力。

典型案例1：“蓝色国土”系列宣传教育活动

20世纪90年代，为增强全民海洋意识，树立海陆一体的国土观，以《中国海洋石油报》为主体，开展了声势浩大的“蓝色国土”宣传，由此掀开了“蓝色国土”系列宣传教育活动的序幕。

从1994年到1998年，《中国海洋石油报》联合《光明日报》、《中国青年报》《中国环境报》、《人民海军报》、中央人民广播电台等众多主流媒体，先后举办了“蓝色国土”采风、“蓝色国土环保行”、“蓝色国土”知识竞赛、“蓝色国土”意识调查等丰富多彩的活动，在中国大地上掀起了一场“海洋热潮”。

1995年1月，《中国海洋石油报》主动牵手《人民文学》联合举办面向全球华人的“我爱蓝色国土”有奖征文活动，吸引了当时国内众多老中青专业作家和全国各地关心蓝色国土的普通公众，征文反响强烈，并先后得到《人民日报》、新华社、中央人民广播电台等10多家主流媒体的报道。

同年9月，为集中对我国海洋问题进行一次全面巡礼，讴歌海洋战线的新气象，总结海洋行业的新经验，思考蓝色国土领域存在的突出问题，《中国海洋石油报》又与中央人民广播电台联合选派记者采写“来自蓝色国土的报道”。随后，《中国海洋石油报》和中央人民广播电台各选取精干力量，联合组成采访小组在我国沿海地区深入采风。从地方到军队、从港口到海岛，他们对海洋石油等新兴产业的成功经验深度提炼，对南疆卫士的无私奉献热情讴歌。在此基础上，双方精心制作了10集系列报道《来自蓝色国土的报道》，并在中央人民广播电台《新闻纵横》栏目播出，《中国海洋石油报》也在显著版面同步推出系列文章。该沿海采风活动受到国家海洋局、国家环保局、农业部和沿海省市的重视，新闻媒体对海洋问题如此深入系统的采访在我国尚属首次。

1997年4~6月，中国海洋石油总公司举办了首次“蓝色国土知识竞赛”活动。从4月底起，《中国海洋石油报》连续刊登了10期“蓝色国土”知识，内容涉及海洋政治、经济、历史、地理、文化、环保、法规、科技和海洋石油基本常识。截至6月底知识竞赛结束，海洋石油系统共有近1.3万人参与竞赛活动。以此为契机，中国海油决定从1997年起，把每年10月18日所在的一周作为“蓝色国土宣传周”，用以弘扬爱国主义、振奋献身海洋的士气。与此同时，《中国海洋石油报》还与中国产业报协联合举办“在国际海洋年”专栏，特约4位海洋专家撰写了宣传海洋意识的文章，供各产业经济报选择刊登；协助中央电视台青少年部“第二起跑线”节目组摄制完成了六集电视专题片《重返海洋》。

此外，1998年4月，《中国海洋石油报》与《中国青年报》联合主办大型读者调查活动——“中国青年蓝色国土意识调查”，深入调查了解中国青年对海洋知识和海洋权益的认知情况，新华社等媒体专门报道了这次调查活动及调查报告相关内容，中央电视台也对此进行了深入报道。

至此，《中国海洋石油报》以对社会负责的有力担当、专业化的系统策划、持续性的跟踪报道，完成了一项意义重大的蓝色国土宣传教育活动。

典型案例2：“深海一号”大气田系列宣传活动

2021年“七一”前夕，我国首个自主建设的1500米超深水大气田——“深海一号”正式投产，标志着我国油气开发实现了从300米到1500米超深水的历史性跨越，这是中国海油继“海洋石油981”后，进军深海的又一重大成果，是我国海洋石油工业发展史上的重要里程碑，也是贯彻落实习近平总书记加大国内油气勘探开发工作力度、加快关键核心技术攻关等重要指示批示精神取得的重要突破，让全体海油人深受鼓舞、倍感振奋。

“深海一号”是多年难得的重大宣传题材。中国海油提前谋划、周密部署、广调资源、全面发力，取得了重大主题宣传的新突破——实现16次登上央视《新闻联播》（图9-10），3次登上《人民日报》头版（图9-11），6次被新华社作为全系统通稿播发，累计媒体报道量2万余篇次，并在庆祝建党百年前夕通过央视新闻连续3天开展直播，彰显了海油人许党报国的良好形象。

图9-10　2021年6月25日，中央广播电视总台《新闻联播》对我国自营勘探开发的首个1500米超深水大气田“深海一号”正式投产进行报道

人民日報
RENMIN RIBAO

2021年2月
8
星期一

习近平《让多边主义的火炬照亮人类前行之路——在世界经济论坛“达沃斯议程”对话会上的特别致辞》单行本出版

牢记统帅关爱重托 在新的起点上 不断开创部队建设新局面
——习近平主席春节前夕视察看望空军航空兵某师在全军引起强烈反响

浙江在农村基层干部中推行“导师帮带制”十六年——
帮出真本领 带出好作风

汪洋出席宗教团体负责人迎春座谈会

云南鲁甸县卯家湾安置区居民
“家门口稳稳增收”

“深海一号”能源站顺利抵达目标海域

南水北调累计调水超400亿立方米
2020年度供水任务完成

导读
5年左右 基本建成高标准市场体系
奋斗百年路 启航新征程
有了“田保姆” 种地更划算
各地关爱一线工作者
金融加把力 小微增活力
探测捕捉高能粒子

图9-11　《人民日报》头版图文报道“深海一号”能源站顺利抵达目标海域

（一）高站位策划，打好宣传主动仗

中国海油提前制定宣传方案，做到早谋划、早部署、早行动。一是把准宣传立意，提升宣传高度。紧扣习近平总书记提出的“四个革命、一个合作”能源安全新战略和加大国内油气勘探开发力度的重要指示批示精神，挖掘“深海一号”大气田项目在保障国家能源安全，科技自立自强，弘扬石油精神、海油精神等方面的重大意义，为宣传定调。二是把握宣传节奏，增强传播厚度。前期持续跟踪报道气田开发建设过程中的重要进展，强化公众对于“深海一号”气田的印象。预热阶段邀请中国工程院院士及历届全国海洋人物代表走进“深海一号”，保持宣传热度。投产阶段，组织央视连续3天开展6档新闻直播，《经济日报》《科技日报》《工人日报》等21家媒体的记者共同见证气田投产，形成全网全媒的宣传舆论强势。三是延伸宣传生命，拓展文化品牌价值。在做好“深海一号”新闻宣传的基础上，进一步向企业文化和品牌延伸。“深海一号”项目团队获评“央企楷模”称号，并组织策划先进典型报告会，总结提炼“深海精神”，在“十三五”国家科技成就展、服贸会、进博会等国家级平台展示，设计制作文创产品，征集主题歌，将“深海一号”打造成为中国海油的闪亮名片。

（二）高效能组织，下好宣传一盘棋

中国海油充分调动内外部资源，构建上下协同、内外联动的宣传工作格局。一是全系统组织动员。成立了由宣传工作部牵头，项目组、业务部门、新闻中心和相关单位组成的宣传报道组，定期召开联席会议，明确任务分工，使整个宣传在人力、物力、财力各方面都得到有效保障。二是强化媒体资源获取。组织8次媒体沟通会、12次现场采访，使“深海一号”的新闻价值得到广泛认同。为做好央视大型直播，组织直播团队两次到“深海一号”进行踩点和前期拍摄，落实好直播技术保障。三是全力准备宣传素材，为媒体报道提供充足“弹药”。成立由文字、摄影、摄像记者组成的融媒体报道团队常驻项目组深入采访，辗转海陆6地，采访600余人，完成15个科普片、1部巡礼片的制作，编撰出版一部报告文学和一部全景画册，为媒体报道提供了丰富而有深度的基础材料。

（三）高质量传播，打出宣传组合拳

中国海油主动适应新时期媒体受众分众化、差异化趋势，依托全媒体传播矩阵，做到宣传的“四个结合”。一是传统媒体和新媒体宣传相结合。组织新华社参编部和人民日报社海南分社围绕深水油气开发采写4篇内参递交高层。对气田投产进行大小屏直播，观看量近千万次。制作发布新媒体推送近百篇，在“两微一端”、抖音、快手、视频号等多个平台分发，阅读量超5千万次。二是新闻宣传与专题宣传相结合。组织拍摄央视《超级装备》《新闻1+1》、东方卫视《未来邀请函》、海南卫视《潮起海之南》等多个纪录片和专题节目，挖掘投产背后的故事，让宣传更有深度。三是事件宣传与人物宣传相结合。在直播中，采用新闻背景、新闻链接、新闻特写、记者探访等多种报道形式，展现海洋石油工人的衣、食、住、行、工作等。对水下机器人领航员、“深海一姐”、安全员等投产背后的典型人物进行报道，让宣传更有温度。四是新闻宣传与科普宣传相结合。在央视、B站、微博、视频号等平台推出多条科普视频，设置“3项世界首创”“30年不回坞”等通俗易懂的传播标签，使用“机器岛”、7座埃菲尔铁塔的用钢量等形象生动的类比，对“深海一号”应用的多项“黑科技”进行趣味科普，收获了广泛关注。

二　新闻宣传紧扣海洋石油工业发展热点难点

中国海油坚持“企业发展的热点难点，就是新闻宣传工作的靶向”，尝试让新闻宣传工作做“先行军”，充分发挥舆论引导的作用。近年来，我国石油和天然气需求持续提升，但国内石油产量却呈下降态势，原油对外依存度大幅攀升。2017年，中国超过美国成为全球最大石油进口国。加大国内勘探开发力度势在必行。然而，中国海油主力油田渤海油田受诸多因素影响勘探开发遇到瓶颈。对此，中国海油主动与人民日报社沟通协调，以内参形式向中央主要领导同志和上级主管部门反映情况，并提出相关建议。人民日报社撰写完成《原油对外依存度超国际警戒线威胁能源安全，建议多措并举加大勘探开发力度提高产能》内参。习近平总书记和中央有关领导同志对内参反映的情况高度重视，作出重要批示。相关部委积极贯彻习近平总书记批示精神，一些原先制约和影响国内

油气勘探开发的问题迅速得以解决，有效推动了国内油气勘探开发。在公司大力发展的LNG清洁能源产业领域，针对市场、相关部门对LNG安全风险及罐式运行方面的质疑声，中国海油结合实际，主动设置议题，精心制定宣传方案，有计划、有步骤地策划一系列宣传报道。通过邀请媒体现场报道、举办“媒体开放日”活动、推送新闻稿件等多种形式，策划了天然气冬季保供、天然气夏季保供、天津LNG新建储罐投产、深圳LNG投产、LNG罐箱“南气北运”及“江海联运”等多项宣传报道，大力宣传LNG的安全性、可靠性及环保性。新闻宣传让政府相关部门、下游企业更多地了解到LNG的安全性，增强了市场对中国海油品牌的信任度，越来越多的客户主动找到海油洽谈合作，对优化天然气产供储销体系建设起到了积极作用。

三 新闻宣传坚持“温度”和情怀

中国海油新闻宣传工作始终坚持立足一线，突出人文关怀，切实起到内聚士气、外塑形象的作用。2016年年初，与中央电视台《了不起的挑战》节目合作，邀请央视主持人尼格买提和演员阮经天登上“南海六号”钻井平台，亲身体验海油人工作生活的一天，开创了央企以“明星效应”带动企业宣传的先河，积极展示中国海油可亲可敬可爱的央企形象。2017年，中国海油与中央电视台中文国际频道共同推出五集系列片《走遍中国》之《挺进深海》，拍摄历时五个多月，拍摄足迹遍布中国的渤海、东海和南海，拍摄了几十位海油一线员工，运用航空摄影、水下摄影、特效摄影、动画合成等多种视觉表达方式，充分展现了中国海油在挺进深海进程中取得的辉煌成就。该片连续三集收视率列全国同时段电视收视率第一名。同年，组织策划海上一线员工参加湖南卫视献礼党的十九大特别节目《儿行千里》（图9-12），全方位、多角度展现海油人战天斗海、无私奉献、能源报国的拼搏精神和家国情怀。节目在“芒果TV”网站上的播放量超过1500万次，点赞近3000次。2022年，聚焦全国“三八红旗手”侯静先进事迹，组织策划中央电视台2022年“三八”国际妇女节特别节目《花开中国》及《为爱而歌》，节目微信、微博浏览量达6亿次，《新闻联播》《晚间新闻》亦推出相关专题；协调《人民日报》与《中国妇女报》（头版）刊发专题报道，在全社会引起强烈反响。这些电视节目，对于弘扬石油精神，宣传普及海洋石油行业知识，展现我国海洋石油工业的发展成就具有积极作用。

图9-12　中国海油深水钻完井团队“海底驯龙师”登上湖南卫视《儿行千里》节目

四　跨文化融合与国际传播初具规模

中国海油积极响应国家“走出去”战略，海外油气业务经历了实体化、改革整合等重要历程，实现了从无到有、从小到大、从弱到强的历史性跨越。为建设有中国特色的国际一流能源公司，在树立国际一流的企业文化方面持续提升，不断凝聚全体员工的共识，明确公司使命、愿景和价值观，统一思想，使员工对企业有归属感、认同感和荣誉感，同时更好地促进了全球团队融合，助力业务增长。

随着中国海油国际业务发展壮大，员工的国籍、种族及文化教育背景日趋复杂，为做好跨文化融合和团队融合，公司组织开展“青年榜样”“优秀青年”评选时，把外籍优秀青年纳入评选范围，自2017年，已有十余名优秀外籍青年获颁荣誉称号。中国海油还组织开展了“我的中国故事”征文、“好Young青春”青年才艺比赛活动，以及“激扬青春”系列青年英语演讲比赛，吸引了大量外籍员工参与，推进了中外籍员工之间的互知互信。

近年来，中国海油走向海外步伐日益加快，公司坚持将国际传播工作与国际化发展同部署、共推进。在国际舞台多措并举讲好海油故事，传播好央企声音，初步构建起一条国际传播新路径，有效带动了各海外机构宣传工作走深走实、见行见效。

紧扣实际，建立海外宣传联动工作机制。中国海油初步探索建立起一套具有海油特色且符合区域和国别特点的海外宣传工作体系，基本确立了与各海外机构统筹联动的工作机制。2021年以来，公司系统梳理了三类主动策划的外宣主题：公益慈善类、重大项目投产类、海外收并购类。提出了“一条新闻，四种呈现”的外宣工作方法，即新闻要在企业自有海外社交媒体、中央外宣媒体、国内媒体和所在国媒体四种平台上呈现，扩大海外宣传影响力。公司注重提升各海外机构国际传播能力建设，积极探索以“一带一路”建设座谈会、中非合作论坛、联合国生物多样性公约和第26届联合国气候大会为宣传契机，策划开展“深化中非能源合作”“中海油助力乌干达首个油田开工建设”“巴西超深水项目进展”等多项海外宣传活动，取得了较好的宣传效果。

丰富载体，推进海外媒体矩阵建设。近年来，中国海油各海外机构加强与所在国智库高校、驻外机构、国际组织及其他企业的联络，初步建立了信息沟通机制。重点推进海外社交媒体平台矩阵建设，2021年新建上线四个海外社交媒体账号，覆盖了领英、推特和脸书等重点平台，账号以图文、视频等形式宣传公司海外生产经营、工程建设、履行社会责任和中外员工故事等内容，提升公司国际品牌形象。截至2022年年初，中国海油已上线运营六个官方海外社交媒体账号，累计粉丝量超16万。2021年，六个海外社交媒体账号共计发布信息近百条，阅读量超25万次，互动量5000余条，同比大幅增长。

拓展资源，在国际舞台讲好海油故事。在积极推动海外社交媒体矩阵建设的同时，中国海油持续加强与新华社、《人民日报》、中央广播电视总台等的外宣媒体的沟通合作，伊拉克公司、乌干达公司等10余家海外机构分别与中央外宣媒体驻外地区总分社、所在国分社及记者站建立联系，并相继开展了多项具有影响力的宣传报道。其中，新华社非洲总分社和乌干达分社共同发表了《我亲眼目睹了中海油给家乡带来的变化——一名乌干达留学生的社会调查报告》文章，以乌干达留学视角，讲述了中国海油在乌干达积极开展捐资助学、保护生态环境、创造就业后机会出现的成效，展现了中国海油为共建“一带一路”、促进民心相通、带动当地共同发展作出的贡献；《人民日报》长文报道中国海油伊拉克公司助力当地教育发展、增进民生福祉而作出的贡献。中国海油还积极开拓所在国主流媒体资源，目前公司海外机构已与14个国家的30多家当地主流媒体建立合作关系，乌干达第一大纸媒《New Vision》整版刊登社会责任报道《CNOOC's Impact on My Hometown》；中国海油乌干达公司社区捐赠活动得到乌干达国家电视台UBC专题报道，《Daily Monitor》在头版报道中国海油助力乌干达首个油田开工建设；中国海油英国公司在行业媒体《Energy Voice》刊登低碳转型文章《CNOOC teases floating wind plan to 'build a new energy business' in UK》；中国海油圭亚那公司开展“青少年绿色低碳有奖征文”活动，得到该国政府部门和主流媒体的广泛关注和报道。

第十章 履行央企责任，助力全面建成小康社会

40年风雨兼程，中国海油作为大型能源央企，在海上油气勘探开发大潮中不断壮大，始终坚定不移贯彻落实党中央、国务院各项决策部署及国务院国资委相关要求，坚守初心使命，履行央企责任，长期致力于安全环保、扶贫援藏、公益慈善、社区共建等工作，努力将自身发展成果大力回馈社会，为全面建成小康社会做出积极贡献。

第一节

树牢安全发展理念，筑牢安全生产基础

海洋石油工业是世界公认的安全风险最大的行业之一，具有高风险、高投入、高科技的行业特点。中国海油自成立之初便牢固树立安全发展理念，始终将安全运营作为企业可持续发展的根基和生命线，把安全生产管理作为“天字号”工程来部署和落实，最大限度地保证安全生产。在40年的发展进程中，中国海油逐步建立起以理念引领、体系保障、文化引导、行为倡导的海洋石油工业健康安全环保监管体制和管理模式，以健康、安全、环保的责任担当，为企业可持续发展提供了坚实保障。

一 树牢安全理念，培育安全文化，营造安全生产氛围

40年来，中国海油始终秉承以安全、高效、环保的方式开采油气资源，致力于为社会提供清洁、可靠、稳定的能源。随着公司不断发展壮大，管理水平日益提升，公司逐步形成符合行业发展特点、契合自身发展要求的健康安全环保价值理念。2007年，中国海油颁布实施10条内容：健康安全环保是公司生存的基础、发展的保障；管理健康安全环保事务，不仅是经济责任，更是社会责任；员工是公司最宝贵的资源和财富，以人为本，关爱生命；设定目标，只有“执行”才能实现；体系化管理，持续改进，坚信“没有最好，只有更好”；安全行为“五想五不干”，注重细节、控制风险；管理承包商，分享信息和经验，实现双赢；尽量使用清洁无害的材料和能源，保护环境和资源；不仅遵守法规标准，更要争先创优、努力提高行业水平；健康安全环保是企业整体素质的综合反映。这些内容成为海洋石油工业健康安全环保管理工作纲领。2012年，集团公司又进一步提炼出“安全第一、环保至上，人为根本、设备完好”的十六字健康安全环保核心价值理念和以“人本、执行、干预”为特色的安全文化，成为集团公司在健康安全环保领域的精神内核和根本遵循。

中国海油历届党组始终高度重视安全生产工作，公司连续17年的“1号”

文件是关于安全环保工作的制度要求，每年的第一个工作会议是对于健康安全环保工作的研究部署，以一以贯之的扎实工作体现了公司领导层对“生命至上、安全第一”发展理念的深刻认识和坚定笃行。2018年，集团公司发布《关于推进中国海油安全文化建设的实施意见》，进一步强化完善了海油特色安全文化建设顶层设计，从全面落实安全生产责任制，加强安全生产培训工作，强化安全生产宣传教育，开展安全文化创建活动4个方面，全力打造安全文化精品工程。

历经数十年发展，中国海油通过持续强化安全理念、管理制度宣贯，广泛开展各类安全主题活动，全面推行“五想五不干”现场作业行为准则等举措，在公司内部建立起“全方位”“全过程”的健康安全环保管理矩阵，营造出“人人讲安全，人人抓安全”的浓厚氛围。集团公司2015~2017年连续3年被全国安组委办评为“安全生产月”优秀组织单位，所属5家单位获评全国“安全生产月”先进单位。多名员工在全国性的安全生产论文、征文、影视作品征集比赛中获奖，树立企业良好形象的同时，将安全打造成全体海油人最硬的“底线”、最暖的“防线”。

二　完善健康安全环保制度体系，夯实遵法合规的保障

中国海油在改革开放中起步，在对外合作中探索发展，在广泛吸取国内外先进的安全管理理念和实践方法中，逐步形成了既适应国内外法律法规监管要求又符合海洋石油工业发展规律的健康安全环保管理体系。2019年，基于中国海油自身业务风险特点和实际管理需求，通过总结历年来HSE（健康、安全、环保）体系化管理的成功经验，梳理现行HSE管理制度，结合国际油气行业HSE管理先进做法，编制发布了具有中国海油特色和国际先进管理理念的“中国海油HSE管理体系框架”，围绕中国海油HSE理念，突出中国海油HSE管理特色，坚持基于风险和持续改进，强调各级管理层的示范推动和全员参与，同时与国际能源行业良好做法保持一致。

中国海油健康安全环境管理体系框架的建立，既明确了中国海油健康安全环境战略方针和管理理念，又明确了中国海油对健康安全环境管理的方向与核心要求、风险管理方法和管理程序等相关要求，指导全海油系统内单位科学有序地开展健康安全环保管理体系建设工作，防范人员伤害、环境污染及财产损

失事故的发生，持续改善公司健康安全环保管理绩效，实现国际一流管理水平。

为保证体系持续改进和安全生产管理工作水平不断提升，持续深入开展管理审核成为实现PDCA（计划、执行、检查、处理）循环的重要环节，中国海油形成了包括上级审核和专项审核，对特殊承包商实施专项风险审核；管理评审和内审及专项审核；外部认证审核；政府类的常规或特殊的检查及季节性重点检查与督查等审核手段，按照2~3年全部覆盖的原则确定年度审核单位制订年度审核计划，通过审核发现管理中存在的问题与不足，督促所属单位制定落实整改方案，实现了体系化的管理和持续改进。同时，针对潜在风险高的作业、短期内事故多发的作业和政府主管部门的特殊要求组织专项审核；针对风险高、专业性较强的直升机、潜水承包商实施专项审核。

三 强化重大风险管控措施，提升健康安全环保管理水平

中国海油坚持把源头控制、过程监管作为安全生产管理的重中之重，严格落实建设项目安全评价，认真执行建设项目、环境保护、职业健康“三同时”制度，确保建设项目依法合规建设。强化对重点企业、重点项目、重点现场、重点时段的安全监督，确保重大安全风险有效受控。按照“突出重点、分级监管”的原则，实施隐患治理项目分级挂牌和后评估制度，推进隐患排查治理的常态化、规范化和科学化。

中国海油致力于风险分级管控和隐患排查治理双重机制建设，制定了《事故及隐患管理办法》和《重大事件和隐患跟踪督办细则》，通过建立统一的隐患管理信息平台，分析归类各级单位排查上报的隐患，实现对隐患报告、整改跟踪、关闭、统计全过程信息化，强化不同级别隐患的分级审批、督办、关闭，形成了隐患排查的“闭环式管理”。按照国务院安委办《关于实施遏制重特大事故工作指南构建双重预防机制的意见》（安委办〔2016〕11号）文件要求，中国海油印发《安全风险分级管控管理规定》，规范安全风险分级管控工作，明确危险源辨识和安全风险评价实施流程和管理要求，全面推行安全风险分级管理。

随着中国海油的快速发展，钻完井工作的作业区域扩大，作业水深增加，所面对的复杂区域、环境越来越多。2015年，中国海油首次提出了“五不开钻”，即地层压力不落实，审计审查不通过，不开钻；钻前准备不充分，后勤保

障不到位，不开钻；人员资质不合格，安全技能不具备，不开钻；钻机装备不合规，井控设备不达标，不开钻；风险识别不清楚，安全预案不完善，不开钻。并不断提升井控安全意识，加强井控应急能力建设。

2011年，中国海油开发建立《中国海油职业健康管理信息系统》，将接触职业病危害的岗位与危害因素进行关联，对危害因素检测数据进行统计分析及输出各项统计结果和表单，从而使各级管理人员精准了解职业病危害状况及分级控制措施。组织开展职业病危害控制优先性分级研究，建立了危害分级清单，综合岗位接触职业病危害因素的危害严重程度和接触状况两个维度，实现了通过信息化实施工作场所职业病危害控制优先性分级，提出了对应的控制指导措施，有力提升了公司的职业健康精细化管理水平。落实“以人为本”理念，针对海上作业人群工作环境等特点，于2010~2013年开展心理健康服务试点，构建了出海人群心理压力模型，在多个心理健康维度识别出海人群的心理压力状况，并采取多种形式提供心理健康服务，目前已实现对人员进行心理隐患识别和开展心理恢复工作。

针对国际局势复杂多变对海外项目造成的潜在风险与挑战，中国海油始终遵循国家关于央企境外安全管理的相关要求，通过“一企一方案”的形式建立桥接文件，逐步建立基于海外项目在不同国家的安全环保法律法规要求、业务管理模式，以及地区社会安全风险的海外健康安全管理办法和安保管理等制度，明确国际公司和海外项目的安全管理职责，强化现场高风险作业安全管理，提供资源协调保障，开展审核和检查等方式，指导海外项目做好安全环保管理工作。目前，中国海油海外业务分布在30多个国家（地区），外派中方员工超过1000人，未发生过一起社会安全重大事件，安全绩效表现在国际油气行业保持稳定良好的水平，为中国海油海外可持续发展提供了强有力保障，树立了企业良好的国际形象。

四　构建内外联动的应急管理体系，提升综合救援能力

历经多年发展，中国海油逐步构建起由集团公司总部、分公司、油气生产作业单位构成的三级应急管理架构，形成了涵盖应急预案、应急指挥中心、应急管理信息系统、应急救援队伍等基本要素的应急管理体系，公司应急管理机

制日趋完善，事故预防与应急处理能力显著增强。集团公司总部每年组织与所属单位和生产作业现场的三级联动应急演练，持续推动所属单位针对重大危险源和风险开展重大事故情景构建，分析场景演变关键环节，为完善应急预案流程、统筹应急能力训练、技术装备资源配置提供了支持和依据，为集团公司持续提升应急响应能力提供了有力支撑。

中国海油始终把人员安全放在首位，关注台风、风暴潮、海冰、洪涝灾害、泥石流等极端气候的防范工作，重点做好台风特别是超强台风的防范工作，坚持“十防九空也要防”；与专业台风和海冰预报资源及网站合作，及时收集跟踪信息，加强预测预警。各作业区域均制订了各自的防台应急计划，根据台风动向、强度、离作业点的距离和预计轨迹，制订中止作业、安排人员撤离及恢复作业的资源和行动计划，确保应对台风等自然灾害工作万无一失。

中国海油下属的中海油环保服务公司（COES），是中国第一家依照国际标准运作的专业化溢油应急响应公司，是国家重大溢油部际联席会议制度成员单位。自成立以来，持续着力提高海上设施、陆地终端及沿海码头溢油应急处理能力，不断推动沿海溢油应急基地建设。截至2019年，已在渤海、南海东部和南海西部沿海建成8个溢油应急基地（站/点），研发配置了9艘环保工作船。此外，公司还配备了专职溢油应急队伍，海上各区域均成立了兼职溢油应急队伍，定期开展现场级溢油应急培训和演练。公司在溢油预防、监测、探测和清除等技术研发领域进行了大量投入，形成了海上溢油立体化监测预测系统、水下（深水区）溢油应急技术、极端条件下溢油应急技术等成果，并成功运用到多次海上溢油应急培训、演练和数次溢油事故中（图10-1）。

自2017年以来，中国海油持续参与和推动所属单位针对重大危险源和风险开展重大事故情景构建，在科学可信基础上对最坏事故情形进行全景式描述，分析场景演变关键环节。为完善应急预案和流程、统筹规划应急能力训练和技术装备资源配置提供支撑和依据，为应急能力提升提供工作方向。

长期致力于健全完善应急管理体系、提升应急处理能力，不仅是公司自身高质量发展的需要，也是中国海油作为能源央企承担履行社会责任的必然要求。集团公司积极参加国家应急救援基地建设，先后申请承建了国家油气管道应急救援深圳队和国家海上油气应急救援渤海（天津）队，后续还将申请建设覆盖南海深水油气项目的国家海上油气应急救援海南队，为海上油气勘探开发提供

图10-1　海上应急救援

专业井控应急救援支持。集团所属各相关单位与地方政府、海事机构、相关企业等建立了多方联动机制，确保资源共享，在突发情况下第一时间获得援助。2011年4月，中国海油与中国石油、中国石化联合成立“应急救援联动协调小组”，划分海上联防和陆上联防区域，建立应急救援资源共享的区域联防机制，通过对可能发生的突发事件进行横向和纵向的有效协调，加强应对海域内和陆上突发事件的应急处置和资源动员能力。

中国海油的应急管理系统不仅满足公司的管理要求，在提供保障安全生产的同时，还为社会提供应急救援支持。多年来，中国海油积极履行企业社会责任，每年均应政府部门、海事部门要求多次参加海上搜救和救援行动，成功救援多人，多次获得各省市及涉海单位海上搜救“先进单位”称号，赢得了社会各界的广泛赞誉。

中国海油不断完善应急管理机制，加强应急救援体系建设，努力提高事故预防与应急处理能力。坚持每两年修订集团公司应急预案，从集团公司内、外（含海外）两个维度推动完善区域应急系统联动机制：在内部，建立和完善区域应急协调联动管理机制要求，目前4个基地的应急联动方案基本完成；在外部，完善三大石油公司应急联动机制，不断推进统筹应急联动工作；在海外，加强与国际安保及应急救援力量的业务交流，有效推动建立海外安保信息的收集、预警发布的工作机制。

第二节

加强环境保护，推动绿色发展，助力美丽中国建设

实现海洋石油产业可持续发展的同时尽责效力“美丽中国”建设大业，是中国海油始终不渝的承诺。中国海油始终积极践行习近平生态文明思想，秉持绿色低碳发展理念，坚持生态优先、绿色发展，持续加大资源节约型、环境友好型企业建设力度。

一 实施全生命周期环保管理，构建和谐生态环境

中国海油坚决贯彻“在保护中开发，在开发中保护”原则，推动以严格环评、严控排污、严防事故为重点的生态环境保护管理，将生态环境保护理念贯穿于海上油田设计、建设、运营、弃置等全生命周期各阶段。

中国海油秉持“事后管理不如事前管理，事前管理不如全过程管理”理念，持续健全完善环保管理制度体系，努力实现纵向“管理制度、管理办法、操作细则”三层级，横向建设项目生命周期全覆盖。同时，集团公司积极探索信息化手段在环保管理领域的应用，通过搭建覆盖公司所属各层级、各项环保工作的“环保信息化管理系统”，初步形成环保管理数据库，实现对各类环保信息的模块化、精细化、智能化管理，管理“触角”直达基层一线，真正实现“横向到边、纵向到底”的管理目标。

为形成监管闭环，集团总部连续多年对所属单位组织开展环保专项督查，有效提升了上级单位环保监督和基层企业环保管理水平。在此基础上，中国海油于2013年正式发布《环保专项督查实施细则》，明确了在环保专项督查组织实施、问题整改等方面的工作要求，主要涉及环保合规、污染物达标排放等18项，可满足企业自查，以及上级管理部门和受委托单位对不同类型企业的检查需求，使环保专项督查更加行之有效。

二　积极推进绿色清洁生产，贡献央企环保力量

为坚决守护海洋生态环境，中国海油制订了海上设施生产污水“零排放”，井喷失控“零记录”，溢油污染“零事故”目标，主要从新设备、新工艺应用和环保设施提标改造两方面入手，全力推进绿色清洁生产。2019年，中国海油投入约7.3亿元用于海上新建平台环保设施“三同时”建设，投入7000余万元用于运营期平台环保设施升级改造。

此外，中国海油高度重视渤海油田的健康可持续发展，已于2018年制订并积极推进《渤海油田环保升级三年行动计划》。2015~2020年，中国海油投入70多亿元用于生态保护，未来还计划继续投入45亿元实施62个环保升级项目，积极推动渤海生态环境的改善。

“十三五”以来，中国海油累计实施448个节能项目，年收益4.5亿元，其中，重点减排项目60余项，国控污染物大幅下降。中国海油在国务院国资委能源节约与生态环境保护考核中，连续多年被评为“节能减排突出贡献企业”。在此基础上，中国海油于2019年6月发布《绿色发展行动计划》，提出从建立海洋生态保护长效机制、加强资源和能源的综合利用、提高油气生产环境友好水平、提升环境风险分级防控能力等四大方面引导绿色油田建设，给予海洋生态环境保护有力的支撑。

自2013年以来，中国海油为维护生物多样性、改善水域生态环境及促进渔业增效和渔民增收，先后发布了《生态系统服务决策者指南》《生态系统服务指导手册及核查清单》等管理制度，并几乎每年都会配合国家和地方定期开展海洋生物资源修复、增殖放流等活动。

2013~2017年，中国海油累计资助950万元用于“辽宁海洋哺乳动物与海洋生态保护项目”。2018年6月，在来自农业农村部、辽宁省人民政府、中国海油的代表和众多渔民的共同见证下，500余万尾中国对虾、褐牙鲆等经济苗种被放流大海，同时被放生的还有近年来救助的8头斑海豹；2019年，中国海油在辽宁锦州开展增殖放流活动，投入约1000万元，向辽河和渤海放流1600万只三疣梭子蟹、9.4亿尾中国对虾；2020年5月，中国海油公益基金会联合相关单位在葫芦岛对救助的斑海豹放归大海；2020年6月，中国海油在东营举办增殖放流活动（图10-2）。中国海油持续开展海洋生物资源增殖放流，积极履行

图10-2 增殖放流活动

社会责任，倾力保护海洋生物多样性。下属的中国海油海洋环境与生态保护公益基金会（简称中国海油公益基金会）联合国家有关部委、地方政府和相关涉海科研单位，组织开展了一系列海洋生物多样性保护研究项目和活动，累计投入近1亿元，为推进“美丽中国”建设贡献了海油力量。

此外，中国海油还把绿色低碳发展理念深度融入企业文化，通过组织开展“蔚蓝力量”微公益、绿色低碳办公生活方式创意活动征集、创建中国海油蚂蚁森林公益林等系列活动，努力在全体员工心中牢固树立低碳环保意识，切实增强企业社会责任感。

三 加快推进清洁能源技术发展，为美丽中国贡献力量

中国海油积极迎接能源行业转型发展趋势，以习近平生态文明思想为指导，矢志能源报国，始终将自己作为绿色发展的践行者、推动者和贡献者。特别是新一届党组不仅将绿色低碳确立为公司的核心发展战略之一，而且提出了努力实现从常规油气向非常规油气，从传统油气向新能源，从海上向陆上，从传统管理模式向现代化、数字化、智能化“四个跨越”的战略愿景。

（一）海上风电项目是中国海油发力新能源的一个突破点

2007年，作为国内最早探索海上风电业务的中央企业，中国海油在渤海湾成功安装了中国第一台海上风力发电机组，有力助推了我国海上风电行业实现零的突破。2018年年底，集团党组完成了中国海油开展海上风电业务的最终决策；2019年4月，中国海油的首个海上风电商业项目（中国海油拥有47%权益）在江苏开工建设（图10-3）；同年5月，中海油融风能源有限公司在上海临港正式注册成立，标志着中国海油正式进军海上风电市场。

图10-3　中国海油首个海上风电项目

2021年10月19日，中国海油首个海上风电项目实现全容量投产运行。该海上风电项目位于江苏省附近海域，海上风电场中心离岸距离39千米，规划装机总容量30万千瓦，包括67台风力发电机组、1座220千伏海上升压站、1座陆上集控中心、两回路220千伏电缆。该项目全容量并网后，年上网电量可达8.6亿千瓦时，每年可减排二氧化碳57.1万吨，为绿色美丽长三角建设做出新贡献。

作为国内最大的海上油气生产商，中国海油在深远海的海洋工程和油气生产作业方面，是国内作业经验十分丰富的企业之一，在深远海风电场开发中可形成后发优势。未来，中国海油还将通过加快百万千瓦级海上风电场建设，全力推动深远海浮式风电技术的研究与示范，全面加速新能源业务发展，探索融合发展新模式：一是推动将海上风电与海上油气田开发相结合，利用分散式海上风电，降低油气田开发的用电成本，减少油气开发生产过程中的碳排放；二是有序实现产业协同，建立海上风电行业良性发展的生态链，通过技术进步、规范管理、规模化发展等手段推动项目降本增效，最终实现海上风电平价上网盈利目标，并协同发展海上牧场、海上旅游、海上采矿、海上油气等融合型海洋经济产业；三是发展海上风电电解水制氢，利用现有的海底油气管道送到陆地终端，提供从获取、储存、运输、使用全周期零碳排能源解决方案。

（二）岸电应用示范项目建成投产

2021年9月23日，中国海油携手国家电网推动的绿色能源典型项目——我国首个海上油田群岸电应用示范项目建成投产，也是迄今为止世界海上油田交流输电电压最高、规模最大的岸电项目。这是继协同推进港口岸电推广和岸电上船后，我国在岸电领域取得的又一重大突破，标志着我国海洋石油工业向绿色开发、高效开发、智能开发又迈出了历史性变革的一步。

2018年以来，中国海油联合国家电网，围绕世界海上油田交流输电电压最高、规模最大岸电项目——渤海油田岸电项目，开展技术攻关，探索建设模式、商业模式，推动海上油气田由自发电模式转变为岸电供电方式，实现用能方式的深刻变革。渤海油田岸电项目一期工程，建设内容主要包括在河北乐亭、曹妃甸新建2座220千伏开关站，在秦皇岛32-6油田群、曹妃甸11-1油田群新建2座电力枢纽平台，努力将这两个油田群打造成绿色低碳发展战略的先行样板（图10-4），推动能源变革发展、海上油田开发模式升级的“世界名片”。

按照规划，岸电应用工程分三期实施，将在河北、山东、辽宁区域建设5个陆地开关站，8个海上供电枢纽平台，搭建起总接入规模达980兆瓦、覆盖渤海7个油田区域150余座生产设施的电力网格。项目将于2023年全部投产。岸电工程全部投用后，用电高峰每年降低原油消耗17.5万立方米，降低天然气消耗23.8亿立方米，相当于新增一座大中型油气田。同时，相比于自发电，用电高峰可年节能约100万吨标煤，减排二氧化碳近175万吨，相当于植树1.75亿棵。而且随着可再生能源上网比例的不断提升，减碳效果将更加明显。渤海油田未来70%~80%的新油田都将利用岸电进行开发，这将为渤海油田上产4000

万吨油当量奠定坚实基础，对于提高国内原油供给能力、保障国家能源安全具有重要意义。

图10-4　中国海油秦皇岛-曹妃甸油田群岸电应用示范项目

四　提升绿色低碳管理能力和发展战略

中国海油积极应对气候变化，以国际化视野提升绿色低碳管理能力，深入践行绿色低碳发展战略。坚持全面推进国际先进对标，从低碳管理水平、清洁能源供应水平、温室气体排放水平、能源消耗水平、低碳技术研发水平、减碳手段成效等方面进行对标挖潜、持续优化。重视项目设计源头的碳排放管控，2017年起，对新建、改扩建固定资产投资项目实施碳排放影响评估和审查制度，这是我国油气行业内首次将温室气体排放影响纳入项目投资决策。拓展公司参与国际化碳交易能力，2019年，与荷兰阿姆斯特丹资本交易集团签署了合作开发欧洲核证减排量（UER）项目协议，开创了近年来国内大型能源公司参与国际碳减排行动的先河。中国海油积极稳妥推进新能源业务，构建新能源技术路径研究及产业化体系，深入践行创新驱动发展战略。聚焦中国海油特色，差异化优快发展海上风电，建立了中国近海海上风资源数据库，推进海上风电产业开发并走向深远海，300MW竹根沙海上风电项目将于2020年年底建成并网发电；打造海上综合能源体系，推进漂浮式海上风电、分散式风电、电解水制氢等技术开发。积极探索发展氢能、地热能、储能及海洋能等新能源，建立新能源技术规律研究新方法，推动了对新能源领域的新认识，梳理产业发展方向和关键技术，推进新能源示范工程。推动氢能研究和产业布局，开展氢能关键技术研究与应用示范。完成国内首个10MW全海试温差能电站概念方案，开展海洋温差能发电及深层海水综合利用研究。

（一）碳排放影响评估技术

为支持低碳发展战略和绿色行动计划，开发中国海油海上油气田碳排放数据平台，形成覆盖海上油气田新上项目及中下游（炼化气电）的碳排放评估和碳盘查业务体系，助力油气“增储上产”。建立多维度、多层次的能源公司低碳发展评估指标体系和能源公司低碳发展水平评估模型，支持低碳发展。

（二）天然气水合物勘探开发技术

早在2004年，中国海油超前部署成立天然气水合物研究室，围绕深水油气生产中水合物防控和天然气水合物资源开发，启动了流动安全、资源勘探开发和环境风险评价等领域的研究和探索，建立了国际先进的天然气水合物基础研究和试采模拟研发平台，天然气水合物关键技术、核心装备自主研制取得突破性进展。珠江口盆地、琼东南盆地等天然气水合物有利区带目标勘探取成效显著，锁定了61个疑似目标、2个上钻井位和试采目标区。目前，中国海油正在大力开展海域天然气水合物产业化先导试验区建设，以期稳步推进天然气水合物的商业化开发，实现我国天然气绿色能源的可持续发展。经过20多年的发展，初步建立了资源勘探、资源开采、流动保障、风险评价等覆盖勘探、开发、生产、环境安全在内的全链条天然气水合物相关技术研究体系。资源勘探领域形成了南海北部深水水合物地震处理－识别－矿藏评价－钻探取样技术体系；国际首次提出了海洋浅层水合物固态流化开发概念，并结合降压、注剂等其他水合物开发方法，形成了根据目标区基本条件进行试采方案优选－方案详细设计－现场实施一体化能力；围绕深水油气开发流动保障工程，初步建立了1500米水深、150千米长距离回接深水油气水多相集输系统流动安全保障工程设计、监测和运维技术体系，为荔湾气田群和我国第一个自营深水油气田陵水17-2气田提供了技术支撑；自主研制了海域水合物保真取样、在线转移和实时测试系统，成功获取超深水海域水合物目标区全层段代表性取样，打破国外垄断，使我国成为世界上第三个掌握海洋天然气水合物钻探取样全套技术的国家；建立了含水合物能源土的环境风险评价机制，服务于荔湾气田群、陵水气田群等气田群；初步建立了海洋浅层天然气水合物风险识别、评价及对策一体化技术体系。

（三）海洋天然气水合物目标勘探与固态流化一体化试采工程

自2004年启动天然气水合物开采前沿技术探索，10余年来，依托国家863项目、总公司528项目、国家重点研发计划、国家重大专项等重大科技攻关项目，联合国内优势单位，实现了海洋天然气水合物目标勘探、钻探取样、多尺度开采工艺模拟评价、非成岩水合物固态流化试采工艺和装备等关键技术突破。

项目集成创新了一套海上水合物资源勘查、目标评价、储层识别与水合物检测技术，提出了“流体底辟垂向输导、深水重力流水道侧向运移、构造高部位孔隙分散式成藏”的天然气水合物成藏模式，预测了目标区潜在的天然气水合物资源量；自主研发了海洋水合物保温保压水合物取心和带压转移工具、随钻测井装置、水合物现场在线分析系统等全套国产化装备；建立了世界先进的水合物沉积物基础物性、微观可视化、多尺度开采工艺模拟评价系统，建立了世界首套非成岩水合物固态流化试采实验室模拟系统；针对我国南海水合物埋深浅、矿藏疏松、胶结程度低、易于碎化、泥质粉砂为主等特点，首次创新提出了海洋天然气水物固态流化试采技术；2017年，依托“海洋石油708”船，国内首次使用自主技术和装备成功钻获天然气水合物样品，并于5月25日全球首次成功实施了天然气水合物固态流化试采，我国天然气水合物事业实现了历史性突破，对世界天然气水合物资源开发具有重要意义。

固态流化试采的成功实施使中国海油在国际水合物领域占据了一席之地，具有深远的社会意义，为我国海洋天然气水合物开采技术和工艺的深入研究奠定了坚实的基础。

第三节

落实扶贫援藏责任，坚决打赢脱贫攻坚战

摆脱贫困，冀以小康，这是人民群众对于美好生活的向往，也是中国海油持续为之奋斗的目标。自1995年开始承担定点扶贫任务，2002年开始参与援藏工作，20多年来，中国海油坚决贯彻落实党中央、国务院决策部署及国务院国资委相关要求，始终将扶贫援藏作为政治任务持续抓好抓实，累计投入帮扶资金超8.7亿元，对口帮扶的甘肃省夏河县、合作市，内蒙古卓资县，海南省保亭县、五指山市，西藏自治区尼玛县等6个国家级贫困县全部提前脱贫摘帽，助力减贫超过10万人。中国海油的扶贫贡献获得各界高度肯定，5次获得我国政府设立的最高规格慈善奖项“中华慈善奖”，连续4年获中央单位定点扶贫工作考核最高等级（“好”）评价，多次被相关省市评为脱贫攻坚先进集体等。

一 坚持党的领导，强化组织保障

党的十八大以来，在以习近平同志为核心的党中央的坚强领导下，中国海油坚持“解困、扶本、造血、建立长效机制”的扶贫援藏工作总思路，加大投入力度，补齐民生短板，精准推进产业、教育、就业、消费扶贫，走出了一条具有海油特色的扶贫之路。

（一）党组成员以上率下

中国海油党组书记、董事长汪东进多次强调，要自觉站在党和国家大局上，把脱贫攻坚作为一项重大政治任务持续抓实抓好，在全面履行三大责任中发挥骨干作用。为全面加强党的领导，做好精准扶工作。中国海油不断调整完善相关组织机构，成立了由党组书记、董事长任组长，党组副书记为副组长，11个部门主要负责人为成员的扶贫与对口支援工作领导小组，深入学习贯彻习近平总书记关于扶贫工作的重要论述精神，连续18年每年定期召开专题会议进行研

究部署，及时了解最新工作进展，统筹部署精准扶贫工作，切实加强组织保障。集团党组成员多次赴对口帮扶县市进行实地调研，了解当地扶贫措施落实情况，慰问精准扶贫帮扶户。

（二）各级党组织强化担当

所属单位各级党组织认真贯彻落实集团公司党组部署，强化责任担当，不断提升基层党组织组织力，为精准扶贫工作提供坚强保障。结对帮扶，捐赠衣物、图书……中国海油组织集团总部及6家所属单位与对口帮扶县市贫困高中生开展“结对帮扶”活动，党组领导带头结对，广大党员领导干部充分发挥先锋模范作用，为700多名贫困高中生每人每年提供1000元资助，通过各种方式为贫困地区贡献自己的一份力量。

2021年3月，中国海油乡村振兴工作领导小组成立，助力巩固拓展脱贫攻坚成果，全面推进乡村振兴。

二　落实精准方略，突出因地制宜

中国海油围绕“两不愁三保障”，产业、教育、消费、就业等扶贫重点，因地制宜，精准施策，出硬招实招，办实事好事，取得了明显成效。

（一）全面实现“两不愁三保障”

在夏河县，针对医疗卫生和基础设施建设方面的困境，集中优势资源，因地制宜“输血”，同时多措并举“造血”，扶植当地畜牧业发展。在合作市，从当地急需解决的民生问题入手，援建一大批生态文明小康村、卫生院、畜牧兽医站。在卓资县，解决当地看病难、出行难、喝水难等亟待解决的问题，建设实施了一批民心项目。在保亭县，以教育扶贫为主，同时重点提升基础设施建设、促进产业发展。在五指山市，着力改善当地教育环境，设立助学基金，促进当地教育事业发展。在尼玛县，实施安居房、道路、学校、县城配套等社会保障建设，再从乡镇医疗队伍建设，到各领域人才培养，持续增强当地经济社会发展的可持续性和内生动力。

（二）精准推进产业扶贫

产业扶贫是最直接、最有效的帮扶办法，也是增强贫困地区造血功能、帮助群众就地就业的长远之计。项目是产业的载体，资金是产业的血脉。中国海油精心遴选帮扶项目，力求帮到点子上、扶到关键处，实现效益最大化。

内蒙古卓资县特色产业丰富，中国海油挂职干部深入各个乡村实地考察调研，针对制约产业发展的瓶颈，重点帮扶，逐步实现特色农产品标准化、品牌化、规模化发展。以卓资熏鸡为例，作为全国“三大名鸡”之一，拥有近百年的历史。为了让这道大山里的美食“飞”得更远，中国海油为卓资老字号熏鸡食品销售公司提供了真空气调设备和冷藏车，帮助延长熏鸡的保质期，使其真正具备“走出去”的条件，更有利于在电商平台销售，产品已经进入北京等多地市场。五指山市地处海南省生态功能核心区，光伏发电项目不仅有利于保护当地生态环境，还为老百姓带来了实实在在的收益，是群众致富增收的“金银板”。晴天发电，雨天挡雨，白天年轻人在下面打篮球，晚上老年人能跳广场舞……光伏发电板年发电量在18万千瓦时以上，年收益超过15万元，为村里群众收入提供了保障。作为“牦牛乳都”，合作市最重要的产业便是牦牛养殖。中国海油援助合作市优化产业布局、延伸产业链条、创新产业生态，建设畜牧兽医站，教授动物防疫技术，带动更多农牧民从事畜牧健康养殖，进一步优化畜种畜群结构，构建现代化生态产业体系，助力当地打造畜牧业可持续发展示范区。

多年来，中国海油在对口帮扶地精心打造帮扶产业项目，因地制宜开展种植养殖、光伏发电站、扶贫车间、旅游营地等各类产业扶贫项目，带动更多产业项目落户贫困地区，激发贫困群众脱贫的内生动力和发展活力。

（三）精准推进教育扶贫

教育扶贫是阻断贫困代际传递的重要途径，也是拔除穷根的根本之策。中国海油把教育扶贫摆在优先位置，从项目、资金等方面重点支持，积极改善对口帮扶县市教育基础设施，努力做到“有学上”“上好学”“学成才”，为贫困学生、贫困群众铺就一条通往梦想的光明之路。

在海南保亭，中国海油为保亭中学建设了1栋育才大楼、3栋学生宿舍，购置了一批现代化教学设备和图书，极大改善了教学条件和环境。近年来，学校先后有近百名教师获评国家级奖项和荣誉，4名学生考取北京大学、清华大学。学校被教育部评为“读书活动示范学校”，成为黎族、苗族聚居区的一所名校。在内蒙古卓资县，贫困人口基数大，适龄儿童入园难、入园远问题突出，中国海油2017年按照国家一级标准，建成卓资县幼儿园，为500名困难家庭儿童提供设施齐全的幼儿园。在西藏尼玛县，中国海油出资支持的完小维修改造工程已完工。改造完成后，孩子们拥有了宽敞漂亮的运动场，校园环境得到明显改善。

此外，中国海油开展针对性强的助学、技能培训等教育扶贫项目，当地需要哪方面的人才，中国海油就提供资金和资源合力开展哪方面的培训，共同提升贫困群众综合素质和就业技能，帮助他们用知识改变命运。

（四）精准推进消费扶贫

中国海油持续探索、建立“315”特色消费扶贫模式，即建立“集团公司－扶贫办－所属单位”三级联动机制，以中海油能源发展股份有限公司（简称海油发展）配餐公司为集团消费扶贫工作的一个主要抓手，形成扶贫产品标准、检测、研发、品牌、营销等5个方面统一的扶贫特色工作模式，努力丰富和拓宽消费扶贫的路径通道。

线上线下齐发力，在消费者和贫困户之间畅通销路，让越来越多的扶贫产品走向更广阔市场。海油发展配餐公司已建立较为畅通的内部销售渠道和平台，充分发挥“线上商城＋线下扶贫产品体验中心”这一消费扶贫体系的重要作用，在经营好线上商城“智选生活”的同时，在线下已开设扶贫产品体验中心19家，分布在北京、天津、上海、深圳、湛江等城市。在内蒙古卓资县，卓资熏鸡、亚麻籽油、杂粮等产品，通过“线上商城＋线下扶贫产品体验中心”，实现了“走出去”，收获了较好的市场口碑。中国海油重视销售模式创新，紧跟时代和市场脚步，试水“直播带货”，搭建互联网电商平台，推进扶贫产品进驻各大银行电商平台，创新银企扶贫合作新模式；同时充分利用中国海油加油站等实体平台，形成线上线下联动互促的销售网络。

（五）精准推进就业扶贫

中国海油启动定向招聘贫困地区大学毕业生工作，为公司发展再增刻苦、勤奋的新鲜血液。2020年，中国海油启动对口帮扶6县市贫困大学毕业生“点对点”招聘，招聘范围扩大到近5年毕业的大专以上毕业生，并适当放宽专业对口等招聘条件。中国海油专门成立了由集团公司人力资源部、扶贫办、各招聘单位相关人员及挂职干部组成的定向招聘工作组，全力推进招聘计划落实。2020~2021年，共有370余名对口帮扶地区大学毕业生入职中国海油。对于来自贫困地区的新员工，中国海油给予充分关心关爱，及时了解他们的困难、需求，加强培训力度，帮助他们提高能力水平，确保就业稳定。吸纳贫困地区劳动力“走出来”就业是中国海油推进就业扶贫的又一项举措。集团公司所属中海实业有限责任公司发挥在办公楼宇物业管理领域的优势，优先招聘贫困地区劳动力“走出来”就业。截至目前，已累计为贫困地区近千名劳动力提供就业岗位。

此外，在中国海油援建的项目中，优先招聘当地贫困人口，实现贫困群众就地、就近就业和“增收不误顾家，顾家也可致富”的经济效益和社会效益，让他们用自己的双手托起“一人就业，全家脱贫”的希望。

三 选好挂职干部，做到尽锐出战

中国海油切实按照党中央、国务院要求，选拔工作能力突出的精兵强将到贫困县市挂职，截至目前，已累计派出挂职干部42人、工程技术人员16人。中国海油历届挂职干部对党忠诚、热爱祖国、心系人民、心怀大爱，在工作中发扬“钉钉子精神”，深入乡村角落、下到田间地头，掌握第一手资料，履职尽责，真抓实干，实实在在为当地群众解决“急难愁盼”问题，在当地群众心中留下了“作风硬、能力强、感情深”的深刻印象，赢得了对口帮扶地干部群众的广泛赞誉，多名挂职干部获得“全国脱贫攻坚创新奖”“全国民族团结进步模范个人”“全国对口支援西藏先进个人”以及省级扶贫工作先进个人等荣誉。

四 凝聚企地合力，推进乡村振兴

中国海油与6个县市结对帮扶以来，找准开展对口帮扶的切入点和突破口，加强与各地方政府对接合作，切实用好帮扶资源，确保项目接得住、资金用得好，扎实推进各项帮扶工作顺利开展，不断提高帮扶的质量和效益。这些年来，中国海油与对口帮扶县市像“走亲戚”一样常来常往，越走越亲，既增进了双方的友谊，深化了交流合作，也为脱贫攻坚形成了强大的合力，取得了显著的成效，6个县市城乡面貌日新月异，群众生活水平不断提高，地方经济社会发展取得长足进步。

除了承担国家级扶贫援藏任务外，中国海油各所属单位按照驻地政府关于结对帮扶的工作部署和安排，承担部分地方扶贫任务。如向南海西部地区结对帮扶广东、广西、海南的10个贫困村，累计投入资金1143.31万元，带动贫困人口17501人；向南海东部地区结对帮扶广东省的3个贫困村，先后派出9名工作人员开展扶贫工作；辽宁天然气公司与盖州市什字街镇签署精准帮扶协议，围绕“两不愁三保障”，解决贫困户实际问题。贫困村结对帮扶工作主要围绕改善基础设施，发展壮大集体经济，增加农民收入，完善基层治理机制，培育乡风文明等方面开展，为乡村振兴的美好蓝图添砖加瓦。

第四节

广泛参与公益慈善，做好社会公民

一　树立央企志愿服务品牌形象，青年志愿服务常态化

（一）“蔚蓝力量”凝聚青年志愿者力量

为激发广大员工的责任公民意识，中国海油“蔚蓝力量”青年志愿行动以青年员工为主体，旨在开展科学开发、保护海洋的公益、环保、志愿项目。2014年，中国海油成立“蔚蓝力量”青年志愿者服务队，进一步推动青年志愿服务工作向规范化、常态化、品牌化发展。目前，公司在全国各地所属单位已组建了数百支“蔚蓝力量”青年志愿服务队，数万名青年志愿者参与其中。

以“蔚蓝力量”青年行动为载体，在内部，中国海油以构建和谐家庭、和谐矿区、和谐海油为目标，鼓励动员员工积极参加内部志愿服务和公益慈善活

动，先后开展了种植红树林、清洁海滩和社区服务等活动。在外部，“蔚蓝力量”志愿者走进社区、福利院、希望小学，看望孤寡老人和贫困地区儿童，为他们送去温暖。同时，中国海油联合各院校和社会团体，发起和支持了中国青年海洋意识大型调查、“蔚蓝力量·关爱海洋”青年微公益行动等项目，努力宣传国家“海洋强国”战略，提升青少年海洋知识，促进海洋生态环境保护（图10-5）。

图10-5 “蔚蓝力量”之沿海环保公益行

“蔚蓝力量”青年行动得到社会广泛认可。“蔚蓝力量”青年志愿者系列品牌活动获评全球契约组织中国网络“中国企业十大绿色行动”，获第二届中国青年志愿服务大赛铜奖。2015年6月27日，在由中国青年报社、北京大学光华管理学院主办的“青年态度·大型企业社会责任评价”发布会上，中国海油获得“最佳责任管理创新奖”。

（二）“布谷鸟”志愿服务队为自闭症儿童“添翼”

2017年，海油发展配餐公司团委成立中国海油“布谷鸟”志愿服务队，在“阳光助残”“社区助老”“环境保护”等领域长期开展志愿服务，在册志愿者86

名，累计志愿服务时长超1500小时。

“天翼行动——帮扶自闭症儿童”是“布谷鸟”志愿服务队经常开展的帮扶项目，志愿服务队以天津市滨海新区近百名自闭症儿童为服务对象，从赠送食品、衣物等日常志愿服务，到为自闭症儿童做爱心午餐，为福利院提供水、电等设施的安全检查和维修等基础服务，有效改善了孩子们的生活环境。随着志愿服务深入开展，志愿者有目的地针对孩子们的健康问题、营养问题进行帮扶，通过开设绘画、舞蹈、音乐课堂帮助自闭症儿童身体机能的自我修复；带着他们走到户外做游戏，帮助孩子们养成乐观、开朗的精神面貌，提供精神关爱和陪伴；通过“感统康复治疗”“自闭症群体基本特征”“如何与自闭症群体沟通”等专业知识培训，提升保育员的看护能力；具有国家营养师、国家营养配餐员等资质的志愿者充分发挥在食品研发领域的专业技能，认真专研国内外关于自闭症儿童的研究成果，并结合自闭症儿童健康体检的数据，编写了《自闭症儿童膳食营养研究方案》《自闭症儿童营养改善食谱》，为自闭症儿童创造了一个“科学、营养、均衡、健康”的膳食搭配环境。目前，孩子们的贫血、营养不良等问题得到了有效改善，有5名自闭症儿童基本康复，离开了福利院，开始了新生活。同时，志愿者正积极和多家医疗机构进行沟通、协商，争取早日实现自闭症儿童健康数据的资源共享，打造“互联网+”的志愿服务模式。

“布谷鸟”志愿服务队得到了社会各界的广泛肯定，先后荣获“第四届中国青年志愿服务项目大赛银奖”“天津市青年志愿服务项目大赛二等奖”“天津市优秀志愿服务项目”“天津市学雷锋志愿服务五个10先进典型”等。2020年，志愿服务队被中宣部评为“2019年度学雷锋志愿服务‘四个100’先进典型暨百名疫情防控最美志愿者”最佳志愿服务组织。

二 持续开展海洋环保特色项目，推动生态文明建设

2012年7月9日，经民政部批准，中国海油发起成立了非公募基金会——中国海油海洋环境与生态保护公益基金会。经过近几年的努力，该基金会在项目运作、制度保障、公信力建设、规范管理等方面取得长足进步，综合实力得到了全面加强。2017年8月，中国海油公益基金会被民政部评定为国家4A级基金会。

为突出中国海油公益基金会业务上的海洋环保特点，从建立之初，基金会就注重打造特色海洋环保项目。经过不断的探索与实践，现海洋环保项目的实施以持续资助自然资源部、生态环境部及相关专业机构开展海洋生态环保专项研究和保护为主，辅以海洋环保政策研究以及海洋环保公益活动。自2017年起，基金会尝试用小额资金资助小型公益机构开展校园垃圾减量、水系生态调查等项目，希望借机推动校园的环保公益活动以及提升公众对于水生态的认识，以协助当地政府和社区更好地开展环境管理和环境保护，达到可持续发展的目标。

近几年，中国海油公益基金会资助范围涵盖了山东典型海岸带生物资源与环境保护修复、甲壳类增殖风险评估、沉潜油监测及防控、西沙增殖放流、斑海豹保护研究等20余个项目，充分发挥了央企在海洋环境保护中的作用，为推动生态文明建设贡献了力量。

三 加大与其他慈善组织合作力度，广泛开展社会公益

中国海油借助公益基金会平台，与中国宋庆龄基金会、中国妇女发展基金会、中华健康快车基金会、中国法律援助基金会等知名社会组织长期开展助学、“母亲水窖”、“健康快车”、法律援助等合作项目。

中国海油联合宋庆龄基金会设立了“中国海油贫困大学生助学基金”，17年累计捐资超过4700万元，37所高校的15000名贫困学子得到帮助。与中国妇女发展基金会合作开展“母亲水窖”“校园饮水安全”“健康快车”等项目，如2019年为夏河县引进10套净水设备，让拉卜楞镇九甲双语幼儿园等学校的孩子们喝上了纯净水，确保饮水安全。与中国法律援助基金会合作，在夏河县、合作市、保亭县、五指山市等地开展法律援助志愿者行动，为少数民族群众提供法律援助，帮助维护他们的合法权益。与成美基金会共同开展“救急难”专项活动，帮助因灾、因病、因学致贫返贫家庭缓解燃眉之急。

四 全力打造中国特色的海油国际形象

公司积极履行企业社会责任，为推动构建人类命运共同体贡献价值。公司

在生产经营中注重与海外当地文化的融合和交流，注重人员培训和技术交流，努力推动有条件的当地人员就业，通过这些社会责任的管理和实施充分发挥企业的社会价值，塑造海油品牌形象。

（一）共建当地社区

中国海油在各国开展作业的同时，尊重当地人民的宗教信仰和行为方式，通过学习研究当地风俗习惯，不断加深理解和交流，逐渐建立起与当地政府和人民的互信互惠关系。在伊拉克，公司每年在当地开斋节和宰牲节期间走访慰问当地议会、油田区内村落、边防口岸以及安马拉至巴士拉沿线的检查站等，为他们送去公司节日慰问及良好祝愿。在中国传统节日春节期间，还会积极组织开展各项文娱交流活动，邀请当地员工及合作伙伴共同参与，积极推进社区融合。在乌干达，中国海油一直努力融入当地社区，促进地区融合，通过赞助各类文化项目与当地政府和居民打成一片。已连续7年在项目所在地多个区域举办"海油杯Amasaza足球锦标赛"，比赛已成为当地居民一年一度重要的地区活动。通过举办足球赛，社区居民的文化生活变得更加丰富，青年人也借此机会增加社交。

海油国际伊拉克公司每年投资500万美元用于支持项目所在地米桑省的基础设施建设，其中包括援建学校、医院，修建道路、桥梁、水电等基础设施。在乌干达，公司联合项目合作伙伴对乌干达博物馆进行了翻新和改造。中国海油出资在乌干达博物馆建立了一个油气中心，为参观者提供有关乌干达石油和天然气工业的参考历史，记录乌干达石油和天然气项目取得的成就，是一个存有油气基本资料的研究中心。

（二）保护绿色环境

作为一家负责任的公司，中国海油致力于作业油田的绿色高效和可持续开发，按照安全健康环保的相关法规开展生产经营活动。

2019年，中海油乌干达公司开展翠鸟项目的环境社会评价（ESIA）听证会。听证会当天，超过一万名乌干达人到场，经充分讨论后，一致同意通过该项目环评方案。乌干达公司使用国际范围认可程度高、较成体系的IFC绩效标准来实施环评，并作为后续油田开发的环境标准。针对油田附近的黑猩猩森林保护区，中国海油专门邀请黑猩猩研究保护领域的专家到场，综合分析油田开发活动可能对保护区造成的影响，并提出应对措施，对项目各个环节进行优化。确保区域内生态环境不会因油田施工遭到破坏，黑猩猩以自然状态延续原有生活。

2019年11月16日，哈斯基－中海油马杜拉有限公司（HCML）在印度尼西亚塞马尔（Semare）村种下了15000棵红树林幼苗。此前，CML在印度尼西亚东爪哇省的马杜拉海峡开展业务，在沿海地区管线铺设中，一片红树林挡住管道的必经之路，在多次调整设计方案无果后，经与当地政府协商，征得政府和村民同意后，HCML砍掉了位于Pasuruan地区塞马尔村的部分红树林，并于项目后期将砍伐的红树林数倍归还，助力当地生态环境保护。

（三）参与救济援助

在乌干达，中国海油积极参与援助因自然灾害影响而无家可归或因失去亲人而备受创伤的当地百姓，向其捐赠包括大米、豆子、毯子、床垫等在内的生活必需品。在新冠肺炎疫情席卷全球后，公司第一时间通过伊拉克公司向伊拉克政府捐赠15万只口罩，在非常时期体现中资企业的担当和与伊方携手抗击疫情的决心。同时，公司向地方政府捐赠了价值850万先令的各类药品，用以应对霍乱疫情。各海外公司积极与社区组织建立伙伴关系，开展艾滋病预防普及，并提供自愿的艾滋病毒检测和咨询服务。为了激励长期在布胡卡这样偏远且条件艰苦地区服务的医护工作者，每个月公司还向当地健康中心的医护人员提供补助。

（四）培养当地人才

自2012年中国海油进入乌干达项目，公司即有计划地从教育培训、公共卫生、地区发展、安全环保、救济援助等方面开展社区公益活动（图10-6）。教育方面，公司连续8年为在布胡卡小学执教的教师提供补助，为偏远和条件艰苦的地区留住教师资源，并连续7年设立“中国海油绩优奖学金”，鼓励学生通过努力学习脱离贫困、改变命运。至今，已有超过600名成绩优异的中小学生获奖。此外，中国海油与中国驻乌干达大使馆合作开展高等教育奖学金项目，赞助5名乌干达学生到中国石油大学（华东）进修油气课程，加强专业人才队伍建设，促进乌干达石油天然气行业的发展，互利共赢。中国海油还为当地尼罗河职业学院的学生提供了为期一年的课程，课程涵盖了木工、细木工、砌体、砌砖、管道、金属板制造、焊接、电气安装和美发等方面的培训，其中，69名学生通过并获得了具有行业资格的结业证书。在伊拉克，中国海油在米桑当地的外资公司中一直维持着较高的本地化人员率，为米桑当地提供了大量且稳定的就业机会。

图10-6 海油国际乌干达公司当地员工

中国海油在全球超过20个国家和地区开展业务，在对标“世界一流”的进程中，公司每走一步都积极履行企业社会责任，本着理解尊重，协同发展，共建共享的原则，在安全、合规、可持续经营的同时融入当地，造福当地，使得油气开发切实惠及各个利益相关方。

心相通则民相亲，民相亲则国相近。履责担当，诚心诚意，树立中国形象，展示央企担当，这份责任中国海油时刻记在心头，行在路上，筑起了一座座联通世界各地的民心之桥。

附　录

中国海油及各所属公司全称及简称

序号	总公司及各所属公司全称	简称
1	中国海洋石油集团有限公司	中国海油（集团公司）
2	中国海洋石油有限公司	中海油（有限公司）
3	中国海洋石油有限公司天津分公司	有限天津
4	中国海洋石油有限公司上海分公司	有限上海
5	中国海洋石油有限公司深圳分公司	有限深圳
6	中国海洋石油有限公司湛江分公司	有限湛江
7	中国海洋石油有限公司海南分公司	有限海南
8	中国海洋石油国际有限公司	国际公司
9	中海油研究总院有限责任公司	研究总院
10	中海石油气电集团有限责任公司	气电集团
11	中海石油炼化有限责任公司	中海炼化
12	中海石油化学股份有限公司	中海化学
13	中海油田服务股份有限公司	中海油服
14	中海油国际贸易有限责任公司	中海油国贸
15	中海石油化工进出口有限公司	海油进出口
16	海洋石油工程股份有限公司	海油工程
17	中海石油财务有限责任公司	财务公司
18	中海实业有限责任公司	中海实业
19	中海信托股份有限公司	中海信托
20	中海石油保险有限公司	海油自保
21	中海油国际融资租赁有限公司	海油租赁
22	中海石油投资控股有限公司	海油投资
23	中联煤层气有限责任公司	中联公司